JN260919

手続からみた
子の引渡し・面会交流

村上正子・安西明子・上原裕之・内田義厚

弘文堂

はしがき

　2014年4月に子の奪取に関するハーグ条約が発効し、条約実施法が施行されたことをきっかけにして、子の監護事件をめぐる議論が大きく動き出した。身分関係の国際化が進み、家族の形や価値観が多様化する中で、子の利益という普遍的な理念をいかに手続に反映させ、実現させるかは喫緊の課題である。そして、ハーグ条約に基づく子の返還のあり方はその1つの解決策を提示しているように思われる。

　もっとも、本書の対象はハーグ条約それ自体の解釈や運用にはない。あくまでも日本における子の引渡しや面会交流の手続・執行のあり方を中心としている。本書は、ハーグ条約事案の解決の方法は、日本におけるこの種の事案の解決と密接に関連し、かつ、大きな影響を及ぼすものであるという問題意識を出発点としている。そのため、子の返還・引渡しと面会交流に関する手続・執行の問題に絞って、条約実施法の立法経過、国内の面会交流と子の引渡しに関する従来の実務の工夫と運用を明らかにし、それらを踏まえて、既存の制度や運用で対応できる点はないのか、新たな立法や運用を考える必要はないかといった点についても言及している。執筆者の4人は、経歴・専攻分野も考え方も様々であるが、日本における子の利益を確保するための手続・執行はいかにあるべきかという共通認識のもと、子の監護事件の手続のあり方に1つの方向性を示すべく、研究会を重ね、互いの考え方やスタイルを尊重しながらも、時にはぶつかりあいながら試行錯誤を繰り返し、この一冊の本を完成させた。なお、執筆にあたっては、理論と実務のつながり、またハーグ条約事案と国内事案のつながりを意識し、かつ、関係する箇所は互いにリファーしてつながりがわかりやすいように工夫した。

　思うに、子の引渡しや面会交流など、一般に子の監護事件と呼ばれるものは、実務の運用とその理論的根拠づけが互いに影響しあう中で発展してきた。子の利益という抽象的な理念を反映させて手続を構築し運用するには、現場での柔軟な判断に基づく実務の工夫が必要になる。それと同時に、それが理論的にみて正当なものといえるのか、また、今後のあるべき方向性としてはどのようなものが考

えられるのかという、理論との協働も不可欠である。本書が、子の監護事件に関わる実務家だけでなく、実体法や手続法の研究者、それらを志す院生らにとって、子の引渡しや面会交流を含めた子の監護事件の手続・執行のあり方を幅広く検討するきっかけになれば幸いである。

　弘文堂の北川陽子さんには、本書の企画から刊行にいたるまで、われわれ4人の束ね役として、適確なアドバイスと温かくも厳しい激励を頂いた。執筆者一同、心より感謝の意を表したい。

　なお本書は、2012年度～2014年度科学研究費 挑戦的萌芽研究（課題番号24653011）「国境を越えた子の返還に関する判断・執行手続理論の構築」の成果の1つである。

　　　2015年8月20日

執筆者を代表して
村上正子

目　次

　　はしがき　i
　　凡　例　viii

序章　子の監護紛争(子の引渡し・面会交流)をめぐる現状……………1

Ⅰ　子の監護に関する紛争処理のための手続…………2
Ⅱ　ハーグ条約および条約実施法の概要…………5
　1　ハーグ条約の目的と基本的枠組み(5)
　2　条約実施法の概要(7)
　　　(1)中央当局の指定および役割　(2)子の返還に関する裁判手続
　　　(3)面会交流について
Ⅲ　本書の目的と構成…………12
　1　本書の目的(12)
　2　本書の構成(14)

第1章　条約実施法の施行とその影響……………17

Ⅰ　条約実施法の立法経緯…………18
　1　条約加盟を検討するまでの背景(18)
　2　諸外国からの条約加盟の要請とそれへの対応(18)
　3　条約加盟と条約実施法立法への動き(19)
　4　条約実施法の基礎にある考え方(20)
Ⅱ　子の返還の強制執行についての議論…………21
　1　議論の始まり(21)
　2　中間とりまとめまでの議論(23)
　　　(1)返還命令の主文のあり方　(2)子の返還の実現方法
　3　中間とりまとめと意見募集(パブリックコメント)(30)
　　　(1)中間とりまとめと補足説明
　　　(2)中間とりまとめに関する意見募集(パブリックコメント)の結果
　4　立法に向けての調整(35)
　　　(1)事務局案　(2)「代替執行に準ずる仕組み」の構築に向けての議論
　　　(3)間接強制より強い心理的強制方法の可否
　　　(4)「代替執行に準ずる仕組み」の構築に向けての議論再び──代替執行類似執行

5　最終調整(48)
　　　(1)論点の確認　　(2)間接強制前置について
　　　(3)解放実施を行うべき場所および要件について
　　　(4)返還実施における執行官の役割　　(5)警察上の援助を求めることについて
　　　(6)民事執行法との関係
Ⅲ　**面会交流についての議論**…………52
　1　事務局の提案とそれに対する意見(52)
　2　中間とりまとめと意見募集(パブリックコメント)(54)
　3　その後の議論(55)
　　　(1)面会交流の実効性確保のための措置　　(2)管轄についての特則
　　　(3)記録の閲覧等の制限
Ⅳ　**条約実施法と国内実務・理論との相関関係**…………57
　1　従前の国内実務・理論が条約実施法の立法および運用に与える影響(57)
　　　(1)国内の子の引渡しとハーグ条約事案における子の返還
　　　(2)条約実施法における子の返還執行手続の理論的根拠　　(3)面会交流
　2　条約実施法が今後の国内実務・理論に与える影響(64)
　　　(1)子の引渡し　　(2)面会交流
　3　残された問題(68)

第2章　「面会交流・子の引渡」事件の実務……………71

Ⅰ　**はじめに**…………72
　1　関係者の基本姿勢(72)
　　　(1)子への配慮——ふたりのロッテ　　(2)子のことでの協力
　　　(3)親子関係の構築——親子関係断絶の阻止
　2　面会交流事件の進め方(76)
　　　(1)調停事件の進め方　　(2)調停スタイルの選択と組合せ
　　　(3)審判事件の進め方
Ⅱ　**面会交流事件の実務**…………83
　1　面会交流の目的と特徴(83)
　　　(1)目的　　(2)特徴
　2　面会交流に向けての支援(88)
　　　(1)家庭裁判所による支援　　(2)家庭裁判所以外の支援
　3　面会交流事件に関わるときの注意点(98)
　　　(1)面会交流権の権利性　　(2)原則的実施論の台頭
　　　(3)将来のための「調停条項と審判主文」　　(4)面会交流の障害
　　　(5)ハーグ条約と子の面会交流事件

Ⅲ 子の引渡事件の実務……………112
1 子の引渡事件の目的と特徴(112)
 (1)目的 　(2)特徴
2 「子の引渡」事件の進め方(116)
3 「子の引渡」事件の解釈の変化(118)
 (1)直接強制の可否 　(2)子の引渡しと強制執行
4 子の引渡しの許否の判断(124)
 (1)子の生命・身体等に危害が及ぶおそれがあるとき
 (2)子の違法な奪取などがあり見過ごせないとき
 (3)即時に対応する必要性に乏しい場合

第3章　引渡しと面会交流の執行手続
──当事者の関係調整のための執行の手続化……………131

Ⅰ 条約実施法による引渡執行の特色と国内事案の引渡執行への影響…………132
1 子の引渡執行に関する裁判例(132)
 (1)子の引渡執行の基本的理解
 (2)直接強制による子の引渡しが完了した事例──東京高裁平成24年10月5日決定(判タ1383-330)
 (3)直接強制が不能に終わった事例──東京高裁平成24年6月6日決定(判時2152-44、判タ1383-333)
2 条約実施法による引渡執行の特色と国内事案執行への影響(136)
 (1)条約実施法による執行の構造
 (2)家庭裁判所による判断・執行手続の継続的関与と地裁執行官との連携
 (3)引渡断行手続の分節化・明確化
3 執行手続をみる視角──条約実施法における執行規定の位置づけ・評価(140)

Ⅱ 面会交流の執行──間接強制の検討…………142
1 面会交流の間接強制に関する裁判例(142)
 (1)面会交流の法的根拠と履行確保　(2)間接強制が否定された2事例
 (3)間接強制決定が肯定された事例(最決平成25・3・28民集67-3-864)
2 間接強制に必要な債務名義の特定の意義(147)
 (1)債務名義の特定のテクニック
 (2)間接強制における債務名義特定の意義──債務者による任意履行の促し

Ⅲ 子の拒否を主張する手続…………150
1 面会交流と引渡しとの議論状況の違い(150)
2 再調停・審判手続の利点(151)
 (1)家裁調査官の関与 　(2)審理の範囲・効果

3　債務者への動機づけ、起動責任転換の必要(154)
　　4　子の拒否の主張構成のあり方──請求異議訴訟と間接強制決定の手続の比較(157)
　　　（1）請求異議事由としての構成──義務履行済みによる請求権の消滅
　　　（2）間接強制決定を妨げる事由としての構成──債務者のみでなし得ない債務
　　　（3）債務者の手続負担──抗弁か、請求異議事由か
Ⅳ　まとめ──執行手続における当事者間の協議…………162
　　1　執行の手続化(162)
　　2　2つの執行方法の選択と移行(164)
　　　（1）執行方法の選択
　　　（2）執行方法の移行──後行手続の開始と間接強制の終了の手続

第4章　子の引渡執行の過去・現在そして未来…………169

Ⅰ　はじめに…………170
Ⅱ　過去──人身保護請求による解決…………171
　　1　2つの最高裁判例──消極的容認から積極的評価へ(171)
　　　（1）最高裁昭和33年5月28日大法廷判決(民集12-8-1224)
　　　（2）最高裁昭和43年7月4日判決(民集22-7-1441)
　　2　人身保護請求の多用(174)
　　　（1）迅速性・実効性との関係
　　　（2）事後における執行の問題を残さない(事実上の)引渡し
Ⅲ　現在──人身保護請求から家事事件手続へ…………177
　　1　最高裁平成5年10月19日判決(民集47-8-5099（共同親権者間の事例))(177)
　　　（1）事案　　（2）法廷意見　　（3）可部恒雄裁判官補足意見
　　2　実務における高揚と戸惑い(180)
　　　（1）家庭裁判所における議論の高揚　　（2）地方裁判所(執行機関)の戸惑い
　　　（3）地方裁判所(執行機関)の態度に対する疑問・反発
　　3　学説の分立(184)
　　　（1）間接強制限定説　　（2）直接強制説　　（3）折衷説
　　4　民事執行実務での直接強制の受容と家庭裁判所との連携(186)
　　　（1）直接強制の受容と家庭裁判所との連携　　（2）運用論によることの問題性
　　5　ハーグ条約および条約実施法(187)
　　　（1）間接強制と代替執行の段階的実施形態　　（2）解放実施行為と返還実施行為
　　　（3）解放実施行為での執行方法に関する配慮
　　　（4）返還実施行為での執行方法に関する配慮
　　6　条約実施法の規定および運用上の留意点──関係者の連携という視点(189)
　　　（1）解放実施申立ての留意点　　（2）債権者からの情報提供

（3）家庭裁判所からの情報提供　　（4）小括
　7　条約実施法の国内執行に対する影響(191)

Ⅳ　未来──対人執行手続の立法化……193
　1　対人執行に関する立法による規律の必要性(193)
　　　（1）人身の自由等に対する制約の観点
　　　（2）運用のみに委ねることの問題性ないし危険性
　　　（3）人身保護法による救済の限界
　2　規律の方向性──様々な知見を十分に活用した迅速・柔軟かつ適切な対応(195)
　　　（1）子の引渡請求権の性格
　　　（2）債務名義作成段階──条件付審判や確認審判等の可能性
　　　（3）強制執行着手前の家庭裁判所と執行機関との連携
　　　（4）任意履行の催告および進行協議期日　　（5）間接強制前置について
　　　（6）直接強制か代替執行か間接強制か　　（7）引渡しの対象となる子の年齢
　　　（8）直接強制の実施方法　　（9）執行後の事後措置　　（10）人身保護手続との関係

Ⅴ　おわりに……210

　事項索引　212
　判例索引　215

凡　例

【法律等】

ハーグ条約	国際的な子の奪取の民事上の側面に関する条約
条約実施法	国際的な子の奪取の民事上の側面に関する条約の実施に関する法律（本法条文は、条文数のみ表示）
条約実施規則	国際的な子の奪取の民事上の側面に関する条約の実施に関する法律による子の返還に関する事件の手続等に関する規則（同規則は、「規」として条文数を表示）
家手	家事事件手続法
家審	家事審判法
裁	裁判所法
児福	児童福祉法
人訴	人事訴訟法
民	民法
民執	民事執行法
民保	民事保全法

【判例集・雑誌等】

家月	家庭裁判所月報
民集	最高裁判所民事判例集
裁時	裁判所時報
集民	最高裁判所裁判集民事
判時	判例時報
判タ	判例タイムズ
ジュリ	ジュリスト
金法	旬刊金融法務事情
自正	自由と正義
曹時	法曹時報
法教	法学教室
法時	法律時報
法セミ	法学セミナー
リマークス	私法判例リマークス
論叢	法律論叢

序章

子の監護紛争(子の引渡し・面会交流)を
めぐる現状

I　子の監護に関する紛争処理のための手続

　夫婦の別居や離婚に伴い生じる子の監護をめぐる問題を法的に処理する方式には、様々なものがある。子の監護をめぐる問題、すなわち子の監護に関する処分には、子の監護者の指定、面会交流、子の監護に要する費用の分担等に加えて、子の引渡し等の給付を命じることも含まれる（民766条、家手39条、別表第二の3、154条3項）[1]。子の監護に関する処分の中でも、子の引渡しの手続は、それが行われる場所も方法も様々である。実務においては、現に子を監護していない親（非監護親）から子の監護者指定の申立てがされる場合には、併せて子の引渡しの申立てがされることが通常であるし、さらには、審判前の保全処分が併せて申し立てられることも多い[2]。また、離婚訴訟における附帯処分として判決で定められることもある（人訴32条1項）。以上の手続（調停も含む）は、いずれも家庭裁判所が扱うものであるが、それ以外にも、子の奪い合いをめぐっては、人身保護手続や民事訴訟などの手続も存在する。人身保護請求についての裁判例をみると、人身保護規則4条でいう拘束の違法性が「顕著である」というためには、拘束している親の監護が子の福祉に反することが明白であることを要するとされ[3]、さらには、明白である場合については、一方の親の親権が家庭裁判所の仮処分または審判により実質上制限されているのに当該親（拘束者）がこれに従わない場合と、拘束者の子に対する処遇が親権行使という観点からみても、これを容認することができないような例外的な場合であるとされている[4]。これらはいずれも、離婚前

---

1) 民法766条は、文言上は離婚時の適用を想定したものだが、婚姻関係が破綻して別居状態にある夫婦間においても類推適用されるとするのが、判例・通説の立場である。最決平成12・5・1民集54-5-1607参照。
2) 石垣智子＝重髙啓「第7回 子の監護者指定・引渡調停・審判事件の審理」曹時66巻10号（2014）2741頁。
3) 最判平成5・10・19民集47-8-5099。
4) 最判平成6・4・26民集48-3-992。たとえば、離婚調停において調停委員会の面前で成立した合意に従って、夫婦の一方が他方に対して期間を限って幼児を預けたにもかかわらず、他方の配偶者が合意に反して約束の期日後も幼児を拘束し、その住民票を無断で

の夫婦間における紛争であるが、離婚後の夫婦間においては、親権または監護権を有する親の親権の行使または監護が、子の幸福の観点から著しく不当なものでない限り、親権または監護権を有しない親による拘束の違法性は顕著であるとされている。また、明文の規定はないものの、親権者・監護権者が、その権利を実現するための妨害排除請求として、不法に子を支配下に置いている者に対して、子の引渡しを求める民事訴訟を提起することもできる。

　夫婦の国籍が異なる場合など、子の監護をめぐる問題が国内にとどまらず、国境を越えて複数の国にまたがる場合には、その処理はいっそう複雑さを増す。国境を超える子の監護事件では、前述の監護者指定や子の引渡しを求める場合でも、どの国が事件を処理する権限をもつかという国際裁判管轄の問題と、どの国の法を適用するかという準拠法の問題が生じる。また、外国の裁判所の監護者指定の裁判に基づいて、日本の裁判所に子の引渡しが求められたり、外国の裁判所の子の引渡しを命じる裁判を、日本で執行することが求められることもある。これらの場合には、外国裁判の承認執行の問題が生じる。それに加えて、前述の人身保護請求が、国際的な子の監護事件の解決のために使われることもある。そして、これらの子の監護事件の解決にあたっては、平成23年の民法改正以来、面会交流の占める重要性が増しつつある。

　　自己の住所に移転したなどの事実関係のもとで、拘束に顕著な違法性があると判断された例もある。最判平成6・7・8家月47-5-43。同様のものとして、最判平成11・4・26家月51-10-109。
5) 最判平成11・5・25家月51-10-118。
6) 最判昭和35・3・15民集14-3-430等。
7) 子の監護紛争の国際化は夫婦の国籍が同じ場合でも生じ得る。大谷美紀子「国境を越える子の監護問題の法的処理の現状と課題―日米間の事案を中心に」判タ1376号（2012）4頁。
8) 最決平成22・8・4家月63-1-97。事案は、外国判決で監護権者に指定された父親が、子を連れて日本に帰って来た母親に対して、子を釈放して引き渡すことを求めて人身保護請求を提起したものである。ただし、人身保護請求は、子が国外に連れ去られた場合には実効性がない。また、外国判決の承認・執行は、現行法のもとでは地方裁判所において判決手続で行われるため、時間・コストがかかり、時間の経過とともに子が新しい環境になじんでしまえば、子の引渡しを命じる外国判決を執行することが公序に反すると判断される可能性が高くなる。

このように、子の監護をめぐる問題は、一方で迅速性や実効性の要請があり、他方で子の利益の保護に常に配慮することが求められ、家庭裁判所や地方裁判所、訴訟や非訟など、多様な手続で争われてきた。ただし、いずれの手続も子の処遇を決定するものである以上、最も優先されるべきなのが「子の利益」ないし「子の福祉」である点は、共通した認識である[9]。平成26年に改正された家事事件手続法でも、子の利益を確保することを目的として、子の意思を尊重するなど子の手続保障への配慮がされているところである（家手42条、65条、151条2項、152条2項、258条1項等）。紛争の類型や程度に応じて、いかなる手続がその解決に最も適しているのかという、それぞれの手続の棲み分けないし役割分担については、従来から議論されているところであるが、実際には、子の監護をめぐる問題に適切に対処するために、家裁調査官や医師である裁判所技官などの専門的知見を有するスタッフが配置されている、家庭裁判所における家事審判や家事調停手続が広く活用されているようである[10]。裁判例においても、人身保護請求について判断した最高裁が、その補足意見において、家庭裁判所における審判前の保全処分の活用を示唆しているし[11]、人事訴訟も家庭裁判所に移管され、およそ家事事件は家庭裁判所で処理されるべきであるという傾向は強まり、子の監護をめぐる紛争処理も家庭裁判所に一本化し、家庭裁判所を中心にして連携体制を構築するという流れができつつあるともいえる。ただ、子の引渡しや面会交流の手続については、明文の規定がなく、各裁判所や個々の執行官の運用に委ねられていて、統一的な運用を実現するまでには至っていないのが現状である。

---

9) 1989年の「児童の権利に関する条約」（児童の権利条約）なども参照。最近のものとしては、二宮周平＝渡辺惺之編著『離婚紛争の合意による解決と子の意思の尊重』（日本加除出版・2014）参照。

10) 石垣＝重髙・前掲注2) 2742頁。

11) 前掲注3) 最判平成5・10・19。それ以降、人身保護請求手続ではなく家庭裁判所の審判前の保全処分による審理が増加したとの指摘もある。梶村太市「子の引渡請求の裁判管轄と執行方法」司法研修所創立50周年記念特集号2巻（1997）313頁、314頁注（1）等。

II　ハーグ条約および条約実施法の概要

　このような状況を変えるきっかけとなり得るのが、日本が、「国際的な子の奪取の民事上の側面に関する条約」に加盟したことである。平成 26（2014）年 4 月 1 日から、本条約実施のための「国際的な子の奪取の民事上の側面に関する条約の実施に関する法律（平成 25 年法律第 48 号）」が施行され、これに基づいて国境を越えて子を連れ去られた親が、迅速に子を元々居住していた国（常居所地国）に返還することを求める手続が行われることになった。

　以下では、ハーグ条約の目的および基本的枠組みを簡単に説明し、その基礎にある考え方を確認するとともに、本条約に加盟する場合に必要とされる国内援助体制および子の返還裁判の手続の規律を定めた条約実施法の概要をみていくこととする。

1　ハーグ条約の目的と基本的枠組み

　ハーグ条約は、1980 年 1 月に開催されたハーグ国際私法会議第 14 回会期において採択された[12]。その目的は、①締約国に不法に連れ去られた、または留置されている子を、その子の常居所地国に迅速に返還すること（同条約 1 条 a）、②締約国の法律で認められた監護権・接触の権利（right of access：以下本書では「面会交流権」とする）が他の締約国において実効的に尊重されることを保障すること

---

[12]　条約の概要については、南敏文「ハーグ国際私法会議第 14 回会期の概要」民事月報 38 巻 2 号（1983）3 頁、織田有基子「『子の奪取に関するハーグ条約』の実際の適用と日本による批准の可能性」国際法外交雑誌 95 巻 2 号（1996）35 頁、早川眞一郎「国境を越える子の奪い合い(1)」名大法政論集 164 号（1996）49 頁、大森啓子「ハーグ条約及び実施法の概要」自正 64 巻 11 号（2013）8 頁、坪田哲哉「国境を越えた子の連れ去り防止のためのハーグ条約」時の法令 1946 号（2014）4 頁等参照。また、条約と条約実施法の概要、立法の経緯ほか関連法令の趣旨と内容については、金子修編集代表「一問一答 国際的な子の連れ去りへの制度的対応、ハーグ条約及び関連法規の解説」（商事法務・2015）参照。

（同条ｂ）、である。同条約はこれらの目的を達成するために、①各締約国において中央当局を指定し、相互の連携・協力により、子の所在の発見・連れ去られ親の返還請求の援助等をさせ、国際協力のシステムを構築する、②連れ去り国の裁判所が子をその常居所地国へ迅速に返還することを命じるための裁判手続を整備することを、基本的枠組みとしている。その基礎にある考え方は、子の奪取の防止、および子の奪取が生じた場合の迅速な原状回復が、子の保護のために強く要請されるとするものである。すなわち、子が、奪取によって慣れ親しんだ生育環境から、自己の意志によらずに見知らぬ言語的・文化的環境で暮らすことを強いられること自体が、子にとって重大な危害となるのであり、これを回避することこそが、子の最善の利益にかなうとするものである[13]。子が現に居住する国に監護権問題の裁判管轄が認められる例が多いこと、そしてその際には、ある程度の期間が経過したことで子が新たな環境に適応していることを理由に、子の最善の利益の名のもとに、奪取した親に監護権が与えられることも少なくないことに鑑み、一方の親が自己に有利な監護裁判を求めて子を他国に連れ出すフォーラムショッピングを防止し、親の思惑から子の養育環境が頻繁に変えられる事態を防止するということが、ハーグ条約の法政策的なねらいであるとされる[14]。そしてハーグ条約においては、子の監護権の所在については、子の常居所地国の裁判所が判断するべきであるという考え方に基づき、連れ去り国における返還の裁判においては、監護権の所在については判断しないこととされている。

　ハーグ条約はさらに、面会交流権の尊重の確保も目的としている。その基礎にあるのは、子は両親と意味のある関係を維持すべきであるという考え方である。すなわち、両親が別居・離婚した後も、親子関係を継続し、子が両方の親と交流をもつことが子の利益にかなうという考え方である。ハーグ条約においては、締約国の中央当局が面会交流権の効果的な権利行使をオーガナイズし、かつ確保す

---

13) Elisa Pérez-Vera, Explanatory Report on the 1980 Hague Child Abduction Convention. 早川眞一郎「ハーグ子の奪取条約の現状と展望」国際問題607号（2011）17頁、18頁参照。
14) 渡辺惺之「国際化する紛争への対応－ハーグ条約と合意解決の志向」二宮＝渡辺編著・前掲注9) 178頁。

るための調整をすることが規定され（同条約21条）、非監護権者の面会交流権を保護し促進しようとしている。ただし、子の返還の裁判とは異なり、面会交流権を司法上実現するための規定は何ら置かれていない。このことから、子の返還裁判と面会交流は一見切り離され、それぞれが独立しているようにもみえるが、両者はともに子の奪取を防止するという目的を支えているのである。すなわち、子の迅速な返還が、奪取によって一方的に、かつ、強制的に変化した状況を再構築するという要請に応える一方で、面会交流権を尊重することは、それが子の奪取の最も多い原因の1つの解消につながり得るという限りで、子の奪取を未然に防ぐことになるとされる。つまり、離婚して監護権を失うと子と自由に交流することができなくなるという危機感から、子を無理やり国外に連れ去ったり、面会期間終了後に子が不法に留置されるかもしれないという不信感から、監護権者が非監護権者の面会交流権を制約しようとする結果、非監護権者が子を奪取しようとすることもある。これとは別に、転勤や他国籍者との結婚など、親の側に環境の変化があった場合に、悪意のある動機がなくても子を国外へ連れ出すことが、非監護権者の正当な面会交流権の行使を妨げるということもある。このように、面会交流と子の奪取とは密接に関連しているのであり、非監護権者の面会交流権をいかに保護し、促進するかは、子の奪取を未然に防ぎ、両親の離婚後も親子関係を維持するためにも重要なのである。

2　条約実施法の概要[15]

（1）　中央当局の指定および役割　すでに述べたように、ハーグ条約では、その目的を達成するために必要な国際協力のシステムを機能させる責任を負う組織として、各締約国に中央当局を指定することを義務づけているが、日本では中央当局として外務大臣が指定されている（3条）。中央当局は、対外的には、他

---

15) 条約実施法の概要については、堂薗幹一郎「ハーグ条約実施法」時の法令1946号（2014）35頁以下、とくに子の返還の執行手続については、山本和彦「ハーグ条約実施法の概要と子の返還執行手続」新民事執行実務12号（2014）27頁等参照。

の締約国の中央当局と協力し、また対内的には、条約実施法を適用するうえで国内の裁判所や行政期間相互の協力を促進するという役割を担っている[16]。中央当局は、子の返還請求および面会交流それぞれについて、子が日本国内に所在する場合には、外国からの子の返還請求に基づく当該国への子の返還の援助および当該国にいる親との面会交流の援助（外国返還援助・日本国面会交流援助）を、また子が他の締約国に所在する場合には、日本への子の返還の援助および日本にいる親と外国にいる子との面会交流の援助（日本国返還援助・外国面会交流援助）を行うことになる。子の返還の援助については、子の連れ去りまたは留置の存在（2条3号・4号）が要件となり、子が国境を越えて移動した事案を対象としている（4条1項、11条1項）が、面会交流の援助は、子が所在している国と申請権者が住所または居所を有している国とが異なる条約締約国であれば、子の連れ去りまたは留置の存在は要件とされていない（16条1項、21条1項参照）。具体的に援助を求めるには、援助を求めようとする者が、中央当局に援助の申請をする。この援助申請は、外国の中央当局経由でも可能である。援助の具体的内容は、外国返還援助については、①子の住所等に関する情報収集（提供の求め）（5条1項）、②都道府県警察に対する子の所在を特定する措置（同3項）、③合意による子の返還の促進（9条）である。これらの規定は、日本国面会交流援助について準用されている（20条）。中央当局は、各援助申請を受けた場合には、その申請が不適法である場合（7条1項各号、13条1項各号、18条1項各号、23条1項各号参照）を除き、申請に応じた援助決定をし、これを遅滞なく申請者に通知することとされている（6条1項、12条1項、17条1項、22条1項）。この援助決定を経て、中央当局は返還と面会交流の機会を確保するため、他の条約締約国の中央当局との連絡をとり、当事者間での解決に向けて情報を提供するほか、あっせん等の支援を行い、子の返還についてはできるだけ合意が成立するように援助する。中央当局による援助が奏功しない場合には、（2）で述べるように、裁判所が子を元々居住していた国に返還するかどうかについて判断を下すことになる。なお、裁判所

---

[16] 横山潤「国際的な子の奪取に関するハーグ条約」一橋大学研究年報・法学研究34号（2000）26頁。

によって子の返還決定がされた場合には、中央当局は、子を安全に返還するための支援を行うことになる（142条）。

（2）　子の返還に関する裁判手続　子が日本国内に所在する場合で、中央当局による外国返還援助にもかかわらず、当事者が任意の返還に合意できない場合には、裁判所が子を常居所地国に返還するかどうかを判断することになる。条約実施法においては、子の利益を最大限に尊重し、子の迅速な返還を実現するという条約の目的にかなうよう、管轄の集中や審理対象の限定、子の返還が命じられた場合の執行手続などについて特別な規律が設けられている。

　子の返還事件を審理する裁判所は、東京家裁または大阪家裁の2庁に集中されている（32条）。審理の対象は、ハーグ条約の定めに従い、子を常居所地国に返還するかどうかに限定され、子の監護権の所在については判断しない。裁判所が返還命令を下すためには、①子が16歳に達していないこと、②子が日本国内の所在していること、③常居所地国の法令によれば、連れ去りまたは留置が申立人の監護の権利を侵害するものであること、という返還事由のすべてが存在していることが必要とされる（27条）。そして、次に掲げる返還拒否事由が1つでもあれば、返還命令は出されない。返還拒否事由は、①子の返還申立てが、連れ去り・留置開始の時から1年経過後であって、子が新たな環境に適応していること、②申立人が子の連れ去り・留置開始の時に現実に監護の権利を行使していなかったこと、③申立人が連れ去り・留置前に同意し、または連れ去り・留置後に承諾したこと、④返還が子の心身に害悪を及ぼすなど、子を耐え難い状態に置くこととなる重大な危険があること、⑤子の年齢・発達の程度に照らし子の意見を考慮するのが適当な場合で、子が返還を拒んでいること、⑥返還が日本における人権および基本的自由の保護に関する基本原則により認められないことである。また、上記④の重大な危険の有無を判断する際には、ⓐ子が暴力など心身に有害な影響を受けるおそれ、ⓑ相手方が申立人から子に心理的外傷を与える暴力などを受けるおそれ、ⓒ申立人・相手方が子を監護することが困難な事情を考慮することとしている（28条1項・2項）。以上を要するに、裁判所が返還命令を下すのは、返還事由がすべて認められ、かつ、返還拒否事由が1つも認められない場合に限られる。なお、返還拒否事由のうち、①から③および⑤の事由があっても、裁判所

はいっさいの事情を考慮して、返還することが子の利益に資すると認めるときは返還を命じ得るとされている（同3項）。

また、返還裁判の審理において子の利益を確保するために、裁判所は、子の陳述の聴取、家裁調査官による調査その他の適切な方法により子の意思を把握するように努めなければならず、また、裁判をするにあたり子の年齢および発達の程度に応じて子の意思を考慮しなければならないとされている（88条）。さらに、返還裁判の審理中であっても、裁判所は常に任意の返還について当事者の合意形成に努めるべきであることから、当事者の同意を得て、いつでも職権で事件を家事調停に付することができるし（144条）、また、和解も認められる（100条）。

条約実施法では、子の返還の裁判の係属中の保全措置として、出国禁止命令についても定めている。これは、返還申立て事件の一方の当事者の申立てにより、他方に対し、子を国外に出国させてはならない旨を命じる裁判である（122条1項）。現に子を監護している者による子の連れ去りや、子を連れ去られた者による自力救済としての子の連れ去りを防ぐ目的で設けられたものであり、返還命令の申立人だけでなく、相手方も申し立てることができる。さらに、この出国禁止命令の実効性を確保するため、裁判所は、出国禁止命令事件の相手方が子名義の旅券を所持すると認めるときは、申立てにより、出国禁止を命じる裁判において、中央当局である外務大臣に旅券を提出することを併せて命じなければならないとされている（同2項）。

子の返還を命じる決定が出された場合に、いかにその履行を確保するかは重要であるが、返還を命じられた者が子とともに常居所地国に帰国するなどの方法で任意にその義務を履行することが、子にとって最も負担が少ないと考えられることから、条約実施法では、子の返還の義務の履行状況を調査し、相手方にその義務の履行を勧告することができるとする制度を設け（121条）、相手方に自発的な返還を促すことができるとしている。ただし、これは事実上の効果をねらって適宜の方法で行われるものであり、強制力を伴うものではない。このような試みにもかかわらず、任意の返還がなされない場合には、子の返還を命じる裁判の強制執行が行われることになる。条約実施法においては、返還命令の強制執行の方法として2段階の強制手段が設けられている。子の返還につき強制執行をする場合

にも、子の利益の観点から、子に与える心理的負担がより少ない方法から行うのが望ましいことから、第1次的執行方法として、まずは、間接強制によって子の返還義務を負う者にその履行を心理的に促すこととしている。そして2週間経過しても子が返還されない場合には、第2次的執行方法として、より強力な手段である代替執行の申立てができるとしている（136条）。代替執行は、債務者による子の監護を解く行為（解放実施行為）と、解放された子を常居所地国まで返還する行為（返還実施行為）とに分けられる。裁判所は、代替執行開始の裁判において、解放実施者として執行官を指定し、相手方に代わって子を返還する返還実施者として、債権者が特定した者を指定することが子の利益に照らして相当か否かを判断することになる（137条、139条）。債務者による子の監護を解くにあたっては、執行官は、相手方の説得（140条1項柱書）、その住居等への強制的立入り（同1号）、子および相手方と返還実施者との面接の援助（同2号・3号）等の権限を有する。ただし、解放行為の実施は、子が債務者とともにいる場合に限り、することができるとされている（同条3項）。債務者が説得に応じず抵抗する場合には、執行官はその抵抗を排除するために威力を行使したり、警察上の援助を求めたりすることができるが、子の利益の観点から、子に対して威力を行使してはならず、子以外の者に対する威力の行使も、それが子の心身に有害な影響を及ぼすおそれがある場合にはすることができないとされている（同条4項・5項）。

（3）　面会交流について　　ハーグ条約は、すでに述べたように、面会交流権の尊重にも重きを置いてはいるが、子の返還の裁判とは異なり、締約国に特別な裁判手続を義務づけてはいない。このことから、条約実施法においても、中央当局による援助について定めるほかは、面会交流の内容を決める裁判手続やその実現のための執行方法などについては、若干の例外を除いて特別な規定は設けられていない。したがって、面会交流については、家事事件手続法上の監護に必要な処分の1つとして、通常の事案と同様に審判手続により、家事調停に関しても調停前置主義が課されることになる。具体的には、子の返還裁判の管轄が東京家裁と大阪家裁の2庁に集中しているのに対して、日本の家庭裁判所に面会交流を求めて調停を申し立てる場合には、相手方の住所地を管轄する家庭裁判所、審判の場合には子の住所地を管轄する家庭裁判所がそれぞれ管轄をもつ（家手245条、

167条)。ただし、前述の条約実施法による日本国面会交流援助決定もしくは外国返還援助決定を受けている場合、あるいは、子の返還の申立てをした場合には、面会交流調停(審判)手続を東京家裁または大阪家裁においてもすることができる(148条)。また、子の利益を保護する観点から、一定の場合には記録の閲覧・謄写に制限が課されている(149条)。

III 本書の目的と構成

1 本書の目的

　以上みてきたように、日本では、ハーグ条約に加盟したことにより、子の監護をめぐる紛争、とくに子の引渡し(返還)に、新たな手続が加わったことになるが、ハーグ条約が適用される事案は限定的であり、実際の事件数もそれほど多くないと予想される。[17]それにもかかわらず、本条約に加盟し、条約実施法が施行されたことが、日本の国内実務に少なからず影響を与えると思われるのは、以下の理由による。第1に、子の利益の保護を目的とした手続を構築することをめざし、子の利益に配慮して改正された家事事件手続法を準用しつつ、それをより具体化したこと、第2に、とくに子の返還の執行方法について、従前の国内執行で蓄積されてきた理論・運用を活かし、これを明文化したこと、第3に、面会交流については条約実施法で審判に関する具体的な規定が設けられず、従前の国内事案の運用を活用することが求められることから、これまで以上に、その位置づけや運用の工夫が必要になることの3点である。

　本書は、このような観点から、子の引渡し・面会交流の手続をめぐる現在の国

---

[17] 最高裁によると、平成27年3月末までの間、東京家裁に12件、大阪家裁に4件の返還裁判の申立てがあった(http://www.sankei.com/affairs/news/150410/afr1504100033-n1.html)。また、平成27年8月21日の時点で、日本の中央当局が申請を受け付けた事案の中で、日本から外国への子の返還が実現した例は9件、外国から日本への子の返還が実現した例は6件ある(http://www.mofa.go.jp/mofaj/fp/hr_ha/page22_001004.html)。

内の理論および実務にどのような問題点があるのか、そして、ハーグ条約に加盟したことを契機としてそれらをどのように変えていくべきかについて、子にとって最善の方法は何かという共通理念のもと、その方向性を示すことを目的としている。したがって、本書はハーグ条約や条約実施法そのものの運用のあり方やその解説を目的とするものではない。

たしかに、条約実施法自体の適用場面は限定されたものであるが、その基礎にある考え方は、今までの国内の理論および実務の集大成とも評価できるものであり、条約実施法が適用されない大多数の事案において今後生じ得る様々な問題点を考える契機となると考えられる。本書は、ハーグ条約事案に関わる者のみならず、子の監護紛争の処理に関わるすべての者で共有すべき問題意識とその解決の方向性を示すことを目的としている。子の監護紛争の処理については、ハーグ条約が志向している合意による解決のあり方について、家庭裁判所における調停や和解、さらには裁判外のADR手続の利用可能性等、すでに活発な議論が展開されている[18]。また、迅速な原状回復、すなわち、子の常居所地国への返還を原則とするハーグ条約および条約実施法における返還拒否事由の解釈・運用についても、従来国内事案で子の監護紛争を処理する際に基準とされてきた子の利益を前提とすると、さらに議論する必要がある[19]。このように、検討すべき問題は少なくないが、本書は、子の返還および引渡しと面会交流の手続に、検討の対象を限定する。その理由は以下のとおりである。すなわち、子の返還の強制執行については、条約実施法において初めて明文で詳細な規定が設けられたことにより、国内事案への影響が最も大きいと思われるからである。また面会交流については、国境を越えた子の連れ去りのケースでは、親子関係の断絶がより深刻であり、非監護権者

---

18) 子の監護紛争の処理については、ハーグ条約が志向している合意による解決のあり方について、家庭裁判所における調停や和解、さらには裁判外のADR手続の可能性等、すでに活発な議論が展開されている。たとえば、二宮＝渡辺編著・前掲注9)、とくに第3章。
19) 磯谷文明＝杉田明子「ハーグ条約の実務上の課題(1)―返還申立ての要件と返還義務の例外(抗弁)事由の審理手続」自正61巻11号 (2010) 55頁、山口亮子「国内的な子の奪い合い紛争の解決と課題」二宮＝渡辺編著・前掲注9) 181頁、早川眞一郎＝大谷美紀子「対談 日本のハーグ条約加盟をめぐって」ジュリ1460号 (2013) 2頁等参照。

の面会交流権を確保することが、子の任意の返還さらには子の奪取の防止につながることから、ハーグ条約の2本柱の1つとされている。日本においても、近時、面会交流の重要性が認識されつつあるものの、議論はいまだ発展途上であり、ハーグ条約への加盟が、面会交流の意義を再確認し、いかにこれを適切かつ確実に実現するかを今以上に具体的に議論する契機となると思われる。さらに、条約実施法においては面会交流についてとくに規定が設けられず、家事事件手続法の適用のもと、通常の事案と同様に処理されることから、国内事案への影響がやはり大きいと思われるからである。

2　本書の構成

第1章では、条約実施法の制定が、国内における子の引渡し・面会交流の手続をめぐる理論および実務の問題点を明らかにし、今後の方向性を考える出発点として位置づけられるという前提のもと、その立法の経緯を概観したうえで、ハーグ条約の目的との関係で重要な役割を果たす子の返還の強制執行および面会交流について、立法過程でどのような議論があったかを整理する。強制執行については、日本の国内法において、子の引渡しの強制執行の手段として直接強制が一般には認められていないことが、日本がハーグ条約に加盟する際の最大の障害になるとも指摘されていたことから[20]、その障害をどのように克服し、実効性のある制度を設けるに至ったのかについて議論の経過をみていくことは、今後の国内における子の引渡しのあり方を考えるうえで有用であると思われる。また、面会交流については、国内における運用がいまだ確立されたとはいえない状況において、どのような課題があるかを認識することが、今後の議論の発展に資するものと考えている。さらに、条約実施法における子の返還命令の強制執行の規律が、子の引渡しをめぐる実務および議論からどのような影響を受けているか、そしてそれが反対に今後の国内理論および実務にどのような影響を与えるかについて概観し、

---

20) 西谷祐子「国境を越えた子の奪取をめぐる諸問題」水野紀子編（辻村みよ子監修）『家族―ジェンダーと自由と法』（東北大学出版会・2006) 426頁。

条約実施法を契機として国内の議論が今後どのように変わっていくかについて、そのおおまかな方向性を示し、第2章以降の各論的部分につなげていく。

　第2章は、面会交流・子の引渡事件の問題点と、今後めざすべき方向を、主に実務家の視点から論じる。面会交流権を尊重することが子の監護紛争の処理において重要であるとの認識のもと、面会交流実務において重要な問題とされる論点、具体的には、面会交流に際して必要な内外の支援について、家庭裁判所による内側の支援と、裁判所以外の外側からの支援のあり方、面会交流権の権利性の意味、面会交流を認める調停条項や審判主文のあり方等合意形成の仕方について、従来の実務の問題点をふまえたうえで詳細に議論している。そこで示された方向性は、ハーグ条約事案についても同様にあてはまる。また子の引渡事件については、子の引渡しが問題となる事案を類型化し、それぞれの特徴に応じた手続の進め方、強制執行のあり方を論じるとともに、子の引渡しの判断についても、条約実施法の影響も考慮したうえで、類型別に論じている。

　第3章は、子の引渡しと面会交流の執行手続について、裁判例を分析しつつ、執行手続をして、債務名義に記載された実体権を機械的に実現する手続ととらえてきた従来の考え方を見直し、当事者間の協議を促進・保障する手続と位置づけるべきことを論証する。条約実施法において、子の返還命令の実現方法として代替執行の方法が採用されたことを評価し、債務名義を作成した家庭裁判所が執行も担当することで、債務名義作成手続とその執行手続を一連のものとしてつなぎ得ること、さらには、家庭裁判所と地裁執行官が連携し、執行の場面で当事者の協議を促進する手続が国内事案においても実現されるべきであるとする。また、子の引渡しや面会交流の執行において、執行を阻止する理由としてしばしば主張される、子の拒否の扱いについて、当事者間の協議を促進・保障するという観点から、その主張構成のあり方を論じている。

　第4章は、子の引渡しに関する強制執行について、これまでの国内事案に関する解釈・運用論がどのように変遷してきたか、そして、それが条約実施法に与えた影響と、同法が国内事案の解釈運用にもたらしつつある変容について考察し、国内執行のあり方を再検討する。さらには、子の引渡しを中心とした対人執行手続を立法によって規律する必要性があることを前提に、条約実施法の諸規定を参

考にして、具体的な規律の方向性を示している。そこでは、子に対する強制執行が、子の人格に大きな影響を与えるものであるという認識に立ち、子にとって最善の方法は何かという観点から、その執行方法の選択と実行においては様々な配慮が必要であること、加えて執行の前段階である債務名義作成段階や、執行申立て後執行開始までの各段階、執行終了後の事後措置に至るまでの一連の手続の流れにおいて、家庭裁判所と執行機関との協力が不可欠であることを論じている。

　以上示したように、本書は、条約実施法それ自体の解釈運用を論じるものではなく、あくまでも、従来の既存の手続の解釈運用のあり方を再検討するものである。そして、このように国内の議論を再検討することは、条約実施法のもとでハーグ条約事案が適切に処理されるためにも不可欠である。というのも、ハーグ条約の基本的な構造は、国境を越えて奪取された子を速やかに常居所地国に戻し、返還後の監護紛争の処理は、その国の機関にまかせるというものである。したがって、本条約が全体として円滑に機能するためには、子の返還を受けた国が、子の監護をめぐる紛争について、子の最善の利益を実現するための公正で実効的な国内制度を実施していることが必要なのであり、条約の仕組みは、各締約国が、返還先の国の制度を信頼して初めて活かされることになる[21]。子の監護紛争の処理にあたっては、子の最善の利益を尊重すべきであることは、世界中で共通した認識であろう。ただ、それが抽象的なレベルにとどまっているのでは意味がなく、ハーグ条約事案に限らず、子の監護紛争の処理にかかわる様々な手続を通して、どこまで子の最善の利益が具体化され、実際にそれを尊重した手続が運用されているかが問われているのである。日本はハーグ条約に加盟して条約実施法も整備したが、条約上の義務を果たすためには、子の引渡しや面会交流を含めた子の監護をめぐる国内の様々な制度をより充実させる必要がある。その意味でも、条約実施法の施行を契機として、今後国内の制度に関する議論がさらに発展していくことが望まれるのである。

---

21) 早川眞一郎「子の奪い合い紛争解決のためのわが国の課題－子の奪取に関するハーグ条約の適用事例に照らして」法学65巻6号（2001）1頁、18頁参照。また、国際的な子の監護をめぐる紛争処理については、大谷美紀子「子の監護をめぐる国際問題－家族の国際化と国際的対応の必要性」国際問題607号（2011）5頁、同・前掲注7) 4頁等参照。

第 1 章

条約実施法の施行とその影響

I 条約実施法の立法経緯

1 条約加盟を検討するまでの背景

　ハーグ条約は、1980 年にハーグ国際私法会議で採択され、1983 年に発効し、ハーグ国際私法会議の条約の中でも最も成功したものの 1 つとされているが、日本が条約に加盟するまでには、相当の時間がかかった。序章で述べたように、ハーグ条約は、奪取された子を速やかに常居所地国に返還し、子の生活の安定・継続を確保することが子の最善の利益にかなうという理念に基づき、条約のもとで国際的協力システムを担う中央当局を指定するとともに、子の迅速な返還のための裁判手続を整備することを締約国に求めている。そのようなハーグ条約実務が、子の監護紛争の処理をめぐる日本の実務と大きく異なることから、日本が条約に加盟するのは難しいとされてきた。具体的には、日本が単独親権制をとっていること、子の引渡しを求める裁判では、両親の子の監護の実態を詳細に調査したうえで、裁判官がいずれの親に監護されるのが子の利益にかなうのかを実質的に判断し、引渡しを認めるか否かの決定をするという、これまでの実務における子の利益のとらえ方が、ハーグ条約における子の利益とは大きく異なること、子の返還を原則とする枠組みにおいては、ドメスティック・バイオレンス（DV）の被害者の保護に対して不安が残ることなどから、条約加盟への懸念が示されていたのである[1]。

2 諸外国からの条約加盟の要請とそれへの対応

　しかし、ハーグ条約に加盟していない日本に対しては、欧米各国をはじめとす

---

[1] 大森啓子「ハーグ条約の理念と実務及び子の監護に関する日本の実務─条約締結の懸念と必要性・国内実務への影響」自正 61 巻 11 号（2010）47 頁、50 頁以下参照。

る国々から、加盟を求める要請が何度も行われていた[2]。それに応えて日本が加盟を本格的に検討し始めたのは、平成21（2009）年12月であり、外務省が総合外務政策局に「子の親権問題担当室」を設置し、ハーグ条約に加盟する場合の課題等について検討することとした。それと同時に、フランスやアメリカとの間で、情報交換や当事者への支援の可能性等について協議を行う連絡協議会を設けたり、各国の在京大使館に対する説明会を実施し、さらには、条約加盟のニーズとその可能性を検討するため、「国境を越えた子どもの移動に関する問題の当事者」となった経験のある者を対象にしたアンケートを実施するなどして、国内での関心や条約加盟に対する意見、加えて、条約加盟の際の課題等を具体的にしていった[3]。

3　条約加盟と条約実施法立法への動き

そしてついに、平成23（2011）年5月、条約批准に向けて国内法を整備する旨の閣議了解がされ、条約実施法を制定するための作業が始まった。なお、ハーグ条約自体は国内法の制定を要求しておらず、また日本法においても、条約の施行につき、必ずしも国内法の制定が求められているわけではない。しかし、ハーグ条約の実施にあたっては、国内の条約実施法を整備することが不可欠であることはかねてから指摘されていた[4]。すなわち、日本にとっては、子の迅速な返還を確保するという目的を達成するため、中央当局と司法当局等諸機関とが協力をしてすべての適当な措置をとり、子の監護権の所在を判断せずに迅速に返還命令を出すという制度自体が未知のものであり、国内における既存の法律や制度では条約上の義務の履行を十分に担保することができないことから、新たに条約実施法を制定することとなったのである。法制審議会ハーグ条約（子の返還手続関係）部

---

2) 大山尚「国際結婚と国境を越えた子どもの連れ去り―子どもの奪取条約について考える」立法と調査307号（2010）120頁、126頁の表を参照。
3) 大山・前掲注2）125頁以下参照。また、アンケート結果については、http://www.mofa.go.jp/mofaj/press/release/23/2/PDF/020201.pdfを参照。
4) 織田有基子「『子の奪取に関するハーグ条約』の実際の適用と日本による批准の可能性」国際法外交雑誌95巻2号（1996）65頁。

会（以下、「審議会」という）の議論を経て、平成25（2013）年3月にハーグ条約とともに条約実施法案が国会に提出され、同年6月に条約実施法が成立した。そして、平成26（2014）年1月、日本はハーグ条約に署名し、同年4月に同条約が発効、条約実施法が施行された。

4　条約実施法の基礎にある考え方

　条約実施法の策定を検討した法制審議会では、子の返還裁判の手続の整備を中心に議論を重ねた。具体的なルールを作るにあたって、議論の最初に全体を通して留意すべきこととして、以下の点が確認された。すなわち、条約実施法が条約の円滑な実現を目的としているものであることから、条約の理念や目的、さらにはその枠組みを逸脱するものであってはならないという点である。ハーグ条約は、次の2つの大きな目的を掲げている。1つは、子の監護の権利（親権）をいずれの親が今後行使するのかについての判断は、その子がもともと居住し、慣れ親しんだ生活環境がある国において行うことが最善であるとの基本的な考え方を背景に、まずは子が連れ去られた状況の原状回復を図るというものであり、子を速やかに常居所地国に返還するための国際的な協力枠組みを定めることである。今1つは、親が子と面会し、交流する権利を「接触の権利（right of access）」（面会交流権）として保護し、それを実現するために国際的に協力することである[5]。これらの目的を達成するためには、①国境を越えた子の不法な連れ去りまたは留置を抑止すべきものであること、②とくに子を返還すべきときには迅速に返還命令に至るべきこと、③返還命令が発令された以上は実効的であるべきこと、という点に留意する必要があるとされた[6]。

　以下では、前述の目的を達成するために不可欠と思われる、子の返還命令の強

---

[5]　「法令解説　国境を越えた子の連れ去り防止のためのハーグ条約」時の法令1946号（2014）4頁。

[6]　大谷美紀子ほか「ハーグ条約『担保法』検討のための基本的視点」（http://www.moj.go.jp/content/000076995.pdf）、および審議会第1回会議議事録（http://www.moj.go.jp/content/000077983.pdf）も参照。

制執行の問題と、面会交流権の保護について、立法過程でどのような議論がされたかを整理する。[7]

II 子の返還の強制執行についての議論

1 議論の始まり

審議会第1回目の会議で、事務局が最初に示した課題は、以下のようなものであった。[8]

> 「子の返還の強制執行についてどのような規律を設けるか。
> 裁判所が行う強制執行としては、間接強制によることでよいか。」

強制執行を考える際には、まず、ハーグ条約に基づく子の返還の裁判において、どのような主文が考えられるかを検討すべきであることが指摘された。これは従来、執行方法とそれによって実現される義務内容とがセットで考えられてきたからであり、義務の内容、すなわち、裁判の主文によって執行方法が決まってきたからである。[9]ハーグ条約はそもそも、子を常居所地国に返還することを義務としているに過ぎず、具体的に子を連れ去られた親＝申立人に返還する（引き渡す）ことは要求されているものではないことから、日本の裁判所においてどのような主文を命じることが相当かを議論する必要があるとされた。もちろんその際には、I 4で述べた条約との整合性に留意する必要がある。

そのうえで、具体的な強制執行の方法については、非常に難しい問題であると

[7) 審議会における議論および配布資料等については、http://www.moj.go.jp/shingi1/shingi03500013.html を参照。また、中央当局の任務に関する法整備の経緯については、http://www.mofa.go.jp/mofaj/fp/hr_ha/page22_000851.html#kondankai を参照。
8) 「ハーグ条約の締結に当たっての具体的な検討課題」（http://www.moj.go.jp/content/000076980.pdf）、および審議会第1回会議議事録・前掲注6)参照。
9) 山﨑恒「子の引渡しと直接強制」山﨑＝山田俊雄編『新・裁判実務大系12 民事執行法』（青林書院・2001）393頁。

いう認識が共有されていた。事務局の提案のとおり、最初の段階では、国内の子の引渡しの強制執行を前提とし、間接強制によるとしていたことがわかる。ただし、間接強制しか許されないとするのか、それとも、少なくとも間接強制はできるとするのかでは、大きな違いがあり、まさにその点が以降の議論の一大論点となっていったわけであるが、この時点では、現行法の枠組みの中では、間接強制しかできないであろうという論調であった。

　もっとも、間接強制を認めるとしても、ハーグ条約事案で具体的にどのような方法で間接強制がなされるのかについては、まだ具体的なイメージがつかめないのが正直なところであった。すなわち、国内の子の引渡しの強制執行について、引渡しがされないことで間接強制につなげている現在の実務によれば、一方の親は他方の親に子を引き渡せとの主文がある場合、任意に引渡しがされない場合には、義務の履行をしない者が、履行を求めている者に金銭を支払えとの命令を別途出すという仕組みの間接強制の方法がとられている。これに対して、ハーグ条約事案で最低限求められているのは、子を常居所地国に戻すことであり、そのような主文に基づく間接強制はどのようなものになるのか、との率直な疑問が示されていた。つまり、他方の親に引き渡せという主文であれば、間接強制もとくに問題なく行えるものの、特定の国に戻せという主文の場合、そこで命じられている義務の態様が明らかにされないと、間接強制のかけようがないのではないか、との疑問である。裁判の主文のあり方については、その後の議論でも検討されるが、この時点では、次のような考え方が示されていた。すなわち、ハーグ条約で本質的に求められているのは、特定の国への返還にあたって連れ去られた親に子を引き渡すことではなく、元に戻す、すなわち、奪取親が子を連れて常居所地国に帰ることである。そうであるとすると、条約上、奪取親には子を常居所地国に連れて帰る義務があることになり、これはいわゆる「為す債務」であって、かつ、それは奪取親にしか為し得ないものであるから、非代替的作為義務と整理される。そして、非代替的作為義務についての従来の執行理論によれば、本人に履行してもらわなければならず、他の者が代わりに行うわけにはいかないから、本人が履行するまでその者に制裁を加えることになる。これは、日本の民事執行法では間接強制になり、それと同様に考えるのであれば、1日〇〇円など一定の金銭の支

払いを命じることになる。

　以上要するに、議論を始めた段階では、ハーグ条約上の「子を常居所地国に返還する」義務は非代替的作為義務であり、これは、間接強制によってしか実現することはできないものであるとの考え方が、かなり明確に示されていたのである。

2　中間とりまとめまでの議論

　判決や審判の主文は、請求や申立ての趣旨に対応し、裁判の対象となっている請求権の法的性質によって、強制執行の方法にも影響を与える。主文の記載内容によって、そこで示された給付義務の性質が決まり、それが執行方法を左右するというのが、従来の考え方である。条約実施法の立法過程においてもこの考え方を前提とし、子の返還裁判の主文は、後にその実現を担当する機関にとって、実現の方法が明確に判断できるように検討する必要があると説明された。したがって、以下では、子の強制執行の方法とあわせて、返還命令の主文のあり方や子の返還を求める申立ての法的性質についての議論にも言及する。[10]

　（1）　返還命令の主文のあり方　ハーグ条約は、子の具体的な返還先については明示しておらず、返還命令における主文のあり方は、各締約国の解釈・運用に委ねられていることから、審議会においては、事務局が想定され得る主文の具体例をいくつか挙げ、それぞれについて条約との整合性や問題点について検討した。

　（a）　事務局からは、まず、基本的なスタンスとして、条約に基づく子の常居所地国への返還を実現するために、申立人と相手方との間に何らかの権利義務関係が生じると観念すれば、返還命令の主文としては、相手方に対し、一定の給付または作為を命じるものが想定できるとする考え方が提示された。これは、国内事案における子の引渡債務について、与える債務なのか、子の引取りを妨害しないことを求める不作為義務なのか、その義務の性質について議論があるのとは異なっている。

---

10)　審議会第 3 回会議議事録（http://www.moj.go.jp/content/000080857.pdf）を参照。

次に、相手方に対し一定の給付または作為を命じるものであることを前提に、想定される主文例として、①「相手方は、子を、○○国（子が常居所を有していた国）に返還せよ」、②「相手方は、申立人（または申立人が指定する者）に対し、子を引き渡せ」、③「相手方は、申立人が子を、○○国（子が常居所を有していた国）に連れ帰ることを妨害してはならない」という3つの例が、事務局から挙げられた。事務局の説明は、以下のとおりである[11]。

　①「相手方は、子を、○○国（子が常居所を有していた国）に返還せよ」という主文は、申立人の請求権を、子を常居所地国に返還するよう求めることのできる作為請求権ととらえるものとされる。条約が、誰がどのように監護権を行使するかの問題は、子の返還後に常居所地国において判断すべき事項であり、返還国は子を常居所地国に返還する以上の権限をもたないという条約の枠組みと整合し、諸外国でも条約に基づく返還が常居所地国への返還で足りると一般的に解されてきたことなどにも照らし、実務上、考えられる最も現実的な例であるといえる。ただし、この主文では、その実現法が明確ではないという問題がある。

　また、①の派生形として、「相手方は子を常居所地国に連れ帰れ」という主文が考えられる。これはどのように返還すべきかを明確にしたものである。もっとも、この主文とした場合に条約上は相手方が子の常居所地に帰ることまで要求されていないのではないか、どのような方法で裁判を強制することができるか、連れ帰る以外の方法で子を返還した場合に、命令を履行したことになるのか、などの問題点がある。

　②「相手方は、申立人（または申立人が指定する者）に対し、子を引き渡せ」という主文は、申立人の請求権を、相手方に子を引き渡すよう求めることのできる給付請求権あるいは作為請求権と整理できる。この主文は、子の返還の実現方法として申立人に引き渡すのが相当であると判断される場合、たとえば、申立人が日本国内に所在している場合、あるいは、子を受け取るために日本国内に来る予定である場合には、現実的な主文であると考えられる。しかし、このような返還命令を出すことが相当かという問題があるし、条約の枠組みに照らして、申立人の引渡しまで認め

---

11) 審議会第3回会議部会資料「国際的な子の奪取の民事上の側面に関する条約（仮称）」を実施するための子の返還手続等の整備に関する検討事項(2)（http://www.moj.go.jp/content/000079366.pdf）1頁以下。議論については同第4回会議議事録（http://www.moj.go.jp/content/000080925.pdf）も参照。

ることが相当か、また、申立人に引き渡す以外の実現方法、たとえば、相手方が子を連れ帰ることでは、命令の履行といえないのか、なども問題になる。

　③「相手方は、申立人が子を、○○国（子が常居所を有していた国）に連れ帰ることを妨害してはならない」という主文は、申立人の請求権を、相手方において申立人が子を常居所地国に連れ帰ることを妨害しないことを求めることができる不作為請求権とする。この主文は、申立人による連れ帰りを前提とすることで条約の枠組みとの整合性が問題となるほか、申立人への引渡しを命じる主文と同様の問題があるといえる。

　（b）　以上の事務局の説明に対しては、次のような意見が示された。すなわち、主文のあり方としては、①の常居所地国に返還せよとの主文が最も素直ではあるが、返還命令というのは、一種の抽象的な作為命令のようなもので、返還の対応（方法）はいろいろな形があり得るのではないか。つまり、債務者である相手方に対して返還対応について一定の裁量を与え、もし相手方が間接強制によっても返還に応じないような場合には、その裁量が減縮するという考え方もあり、具体的には、申立人に子を引き渡して、申立人が連れて帰るというような対応で返還することもあり得るのではないかとの意見である〔山本和彦発言〕。この意見は、次に詳説する子の返還の実現方法についての議論においても示されており、まさに条約実施法で採用された 2 段階執行の原型であるといえるが、この時点では、まだそれほど現実的なものとしては認識されていなかった。

（2）　**子の返還の実現方法**　　（a）　子の返還の実現方法についての事務局の提案は、以下のものであった[12]。

「裁判所による子の返還の強制執行については、間接強制によるものとすることでどうか。
　それ以外の子の返還の実現方法としては、家庭裁判所による履行勧告が考えられるが、他にどのようなものが考えられるか。」

最初に示したように、この時点では、間接強制しかできないという考え方が優勢であり、事務局案も、強制執行の方法については、他の方法を排除することを

---

12) 前掲注 11) 部会資料 22 頁以下。

明示していたわけではないが、とりあえずは間接強制によることを提案している。以下は、これについての事務局の説明である。

　間接強制のほかに、国家機関が子を直接的に相手方の元から取り上げ、これを返還するような執行方法を認めるという制度も考えられるが、以下のような問題点が挙げられる。第1に、国家機関が子を直接的に相手方の元から取り上げ、国境を越えて常居所地国へ返還等をさせるとした場合、事柄が重大であって、様々な手続を経なければならないことから、国内事案以上に不測の事態が生じやすく、子に対して心理的悪影響を及ぼすのではないか。第2に、子の福祉のためには、単に常居所地国に返せばよいというのではなく、子を適切に監護できる者に適切な方法で引き渡す必要があるが、具体的に、誰に、どのように引き渡すのかという問題を、どの段階で誰が調整するのか。もし、主文に記載するとすれば、事情の変更によって裁判をやり直す必要が生じてしまうという問題がある。第3に、条約との整合を考えると、子を常居所地国に返還せよという主文が用いられるケースが想定されるが、この主文の場合、どのように命令を実現すればよいのかが明確ではなく、また、何をもって執行終了とすべきかの基準を立てるのが困難であるという問題がある。
　そうなると、総じて、相手方自身によって返還がなされることを前提とする間接強制のほうが、子の福祉の侵害の程度が相対的に低いといえることから、強制執行としては、直接的な強制を認めずに間接強制によるものとし、任意の履行を促すための手段を充実させるのが相当ではないか。

　（b）　以上の事務局の提案については、これを支持する意見（主に裁判所サイド）と、より強力な執行方法の可能性の検討を要請する意見（それ以外）とが、激しく対立した。間接強制を用いること自体には異論はないとして、問題は、間接強制だけで実効性の点で十分かどうか、具体的には、プラスアルファーとして、より直接的に強制する手段をとることが可能かどうかが議論された。
　（c）　間接強制しかできないとする立場は、以下の問題点を指摘した。すなわち、①民事執行としての直接強制、しかも引渡しの直接強制を考えるのであれば、条約の要請が常居所地国への返還にとどまる中で、本当に申立人側に引き渡してよいのか、②国内事案における子の引渡しの直接強制という方法で、本当にハーグ条約事案における返還命令の実効性確保になるのかを検討する必要がある、③国内事案における子の引渡しの直接強制は、現在では動産執行の規定を類推適

用しながら行われているが、実務では、意思能力のない子については、直接強制を行っている一方で、意思能力のある子については、現行法上は直接強制は難しいとしている。これを前提とすると、ハーグ条約の対象は16歳までであり、意思能力のある子も多く対象となっているため、国内実務とパラレルに行うとしても、意思能力のある子については、子の引渡しの直接強制は困難である、④子の引渡しの直接強制は、執行場所に子が所在して初めて行えるものであり、国内であれば、もともとその子が住んでいた所が執行場所となるが、ハーグ条約の場合は、外国から逃げて来て住んでいる所、いわば居所であり、しかも返還命令が出て、間接強制にも従わないような相手方が、民事執行としての直接強制の時まで、その場所に本当にとどまっているのかは疑問である、⑤子の引渡しの直接強制の実際は、現場で説得する作業が中心になってくるが、それで実効性が高まるのかは疑問であり、資力がない者に対して間接強制では不十分とはいっても、任意履行の促しや調査官の履行勧告にも応じない者が、居所から逃げもせずに執行官の説得には応じるという例がどのぐらいあるのか、⑥直接強制をすれば実効性は上がるというのは、適切な認識ではないのではないか、⑦直接強制をするとなると、国内では、執行官が現場に行って、その子がどのぐらいの意思能力をもっているかを判断しなければならないことになるが、執行機関というのは判断機関ではないので、本来、そのようなことをすべき機関ではなく、まして子の専門家ではないのに、現在の実務では、その判断を強いられることになるうえに、ハーグ条約事案の場合、子の状況は国内とは異なり（ハーフであることや、文化や言語の違いなど）、そのような中で意思能力を判断し、まして何かを説明しなければならないということは、極めて困難を伴うと考えられるのであり、執行官を所管する裁判所としては、執行官を用いることが適切かどうか判断に迷う〔朝倉佳秀発言〕、などの問題点である。この意見は、国内事案における子の引渡しの実現を直接強制の方法で行う場合に指摘されている問題点に加えて、ハーグ条約事案の特殊性に伴う困難を強調する。

　（d）　しかし、これに対しては、間接強制しか認められない場合の実効性の確保について、様々な疑問が呈された。たとえば、任意の返還ができるような条件作りをしながら、最終的にそれでも返還されないという場合に、どう直接的か

つ具体的に実現していくか、その段階的な実現方法が用意されているからこそ、その前の手続や執行方法が意味をもってくる〔棚村政行発言〕、任意の返還を促そうとしても最後の手段がないと、任意の返還それ自体も難しくなる、さらに、諸外国からみたときに、日本の制度がどう映るかも懸念される〔磯谷文明発言〕、国内の類似の事件では直接強制があり得るのに、ハーグ条約については間接強制しか用意しないというのであれば、それなりの説明が必要である〔横山潤発言〕などである。

　また、主文のあり方の議論でも指摘されていた、子の返還の対応の多様さと執行方法のあり方については、以下のように敷衍された。すなわち、第1次的に、子を常居所地国に返還することは、非代替的作為義務だと思われるので、間接強制で執行するのが妥当であるが、子の返還の対応は、相手方が自分で連れて行ってもよいし、申立人等に引き渡して申立人等に連れ帰ってもらってもよいというような義務だと理解される。その場合に、間接強制を受けてもなお自分では連れて帰らないという行動を相手方がとるのであれば、申立人に自分に渡すよう求める請求権を認めてもいいのではないか。つまり、相手方の裁量が収縮するということであり、それが認められるとすれば、結局、申立人の引渡請求権を日本で執行することになるので、通常の子の引渡請求権の執行方法と同様に、意思能力があれば間接強制、意思能力がなければ直接強制ということもあり得る。要するに、第1次的には子を常居所地国に返還するという非代替的作為義務、第2次的には申立人に対する直接の引渡請求権を認め、それについての執行を考える余地があるとする意見である〔山本（和）発言〕。この意見はさらに、申立人あるいはその指定する者に対する引渡しをどこで命じるかについて、返還手続の裁判所で命じるべきであるとすると、将来の予測に関わる事項が含まれるので、適切な主文を書けるかどうかという問題が出てくることを指摘する。この指摘に関しては、現行の制度にはないが、間接強制を担当する執行裁判所が、一定の場合に直接の引渡しを命じることができるというような形で仕組んでいけば、より事態に即した主文が書けるのではないか、という意見が主張された〔山本克己発言〕。このような方法は、従来、抽象的差止命令との関係で主張されていたものであるが、ハーグ条約に基づく子の返還命令の実現方法として、執行裁判所がそこまでできるか

どうかがポイントとなる。この点については、理論的根拠はともかくとして、条約の目的からして、返還命令が出されている以上は、常居所地国への返還が子の利益にかなうという判断があり、それを受け入れて条約に加盟しようとしている以上、返還命令をできるだけ実現しようとするのが締約国の義務であること、そして、状況に応じて子の利益にかなう方法を柔軟に取り得るような制度を作るべきである、という意見も示された〔大谷美紀子発言〕。

　（e）　しかし、これに対しては、やはり裁判所サイドから、審判が家庭裁判所でなされ、その執行方法として間接強制という仕組みをとるのであれば、執行裁判所もまた家庭裁判所になり、そこで前述のような仕組みが可能かどうかについては、少なくとも、今までの積み重ねと現行の実務を前提とする限りは、あまりにも大きな問題で、今回の法整備の枠組みを超えてしまうのではないか、という否定的な意見が示された〔清水研一発言〕。また、国内の事案には民事執行としての子の引渡しの直接強制があるから、ハーグ条約が適用される国際的な事案についてもこれを使えばよいとの意見は、やや安易に過ぎるのではないかとも指摘された。すなわち、ハーグ条約は、常居所地国に子を返して、その国で監護権、親権を決めようという制度なので、すでに監護権、親権の帰趨は決まっていて、監護権者や親権者に子を引き渡すことに最終目的がある国内事案の直接強制の場面とは違うこと、もう1つは、執行の仕組みを考えると、どの事案で申立人に渡すのが適切かを執行機関が判断するのは難しいことである。つまり、家庭裁判所では、返還せよという主文を出しても、申立人に渡すのが適切かどうかまでは審理しておらず、執行段階で、本当に申立人に引き渡してよいかを判断するのは、本案以上のことをあらためて行うに等しく、執行機関の行為として適切ではないのではないか。実効性確保という問題意識はわかるし、ハーグ条約事案について何か特別の規定を置くことも考えられるが、今の日本において、違う場面で使われている、一見似ている民事執行としての子の引渡しの直接強制をもってくることは、手段としてはフィットせず、実効性もあまり挙がらない反面、かなり問題が大きく、難産の割には意味がないという結果になってしまうのではないか、との懸念が示された〔朝倉発言〕。

　重ねて裁判所サイドからは、以下のような意見が示された。すなわち、ハーグ

条約の基本的な枠組みである常居所地国への返還は、原則的には「為す債務」であり、「申立人に引き渡せ」ではなくて「常居所地国へ返還せよ」という主文になる。そういった主文に対応する強制執行となると、直接強制はなかなか難しいという点ははっきりさせておいたほうがよい。執行ということを考えた場合に、主文とそぐわない執行は問題であるし、現場が非常に混乱するので、その点は、きちんとハーグ条約の枠組みに則って考えていかなければならない、という意見である〔清水発言〕。

以上の裁判所サイドの意見は、結局のところ、子の引渡しを命じる裁判の強制執行について、実務でとられている間接強制と直接強制という2つの方法が、子の返還命令の実現方法として可能かどうか、言い換えれば、間接強制しかできないのか、それとも直接強制も認めるのか、間接強制か直接強制かという二者択一の議論を前提としているものといえる。

3　中間とりまとめと意見募集（パブリックコメント）

(1)　中間とりまとめと補足説明[13]　**(a)**　返還命令の主文については、以下のような提案がされた。

> 「主文については、基本的に裁判実務における運用に委ねるものとするが、具体的な在り方については、なお検討するものとする。」

返還命令の主文についての補足説明は、これまでの議論をまとめたものである。それに加えて、想定される主文には様々なものがあること、具体的事案においては、主文は一義的で明確であるべきだが、主文のあり方は事案ごとに異なり得ることが指摘されている。そして、諸外国の例を参考にして、ハーグ条約に基づく子の返還は、子の福祉の観点から任意になされることが望ましく、返還命令が出された場合に任意の履行を促す手段としては、履行勧告（家手289条1項参照）

---

13) http://search.e-gov.go.jp/servlet/Public?CLASSNAME=PCMMSTDETAIL & id=300080085

および民間型 ADR の活用も考えられるが、これらの子の返還の実現方法のあり方については、今後、検討する必要がある[14]。その際には、ハーグ条約上、子の任意の返還を確保し、問題の友好的な解決をもたらすこと（同条約7条2項c）や、子の安全な返還を確保するための必要かつ適当な行政上の措置をとること（同h）を任務とする中央当局が、子の安全な返還の確保について行う支援の内容をふまえることが必要であるとされている[15]。

（b）　子の返還の実現方法については、以下のような提案と補足説明がなされた。

> 「子の返還を命ずる裁判の強制執行については、間接強制を認めるものとする。ただし、他の方法についても、その実現可能性を含めて、なお検討するものとする。」

補足説明
> 「ハーグ条約は、申立人に子を引き渡すことまで当然に予定しているものではないと考えられ、子の返還の主文としては、『相手方は、子を、○○国（子が常居所を有していた国）に返還せよ。』とすることが一般に想定され……、この場合の執行方法としては、間接強制によることが認められると考えられる。
> このほか、国家機関が子を直接的に相手方の下から取り上げ、これを子が常居所を有していた国に返還するような執行方法及びそれを前提とした主文とすることが考えられるが、このような方法については、次のような問題点の指摘にも留意する

---

14) 渡辺惺之「ハーグ条約事案の合意による解決—日本の場合」二宮周平＝渡辺編著『離婚紛争の合意による解決と子の意思の尊重』（日本加除出版・2014）246頁参照。
15) ドイツでは、主文の書き方は、法律上とくに決められていないが、1個の裁判書の中で段階的な返還命令がされるのが一般的である。すなわち、第1段階として、奪取親に対し、子を、子が常居所を有していた国へ連れて行くことを命令し、第2段階として、奪取親に対し、申立人または申立人が指定する者に子を引き渡すことを命令するというものである。イギリスでは、子の返還命令において、どの程度、子の返還のための具体的な措置を定めるかは、個々の事案による。たとえば、「2週間以内に」、「○月○日までに」などと、履行時期を主文に盛り込んだり、返還の失敗、遅滞あるいは子の再連れ去りを防止するために、旅程表およびフライト時刻表を含む旅行の手配まで記載している詳細な命令もある。西谷祐子「『国際的な子の奪取の民事上の側面に関する条約』の調査研究報告書」（2011）28頁以下、83頁。http://www.moj.go.jp/content/000076994.pdfも参照。

必要がある。
- ア　ハーグ条約に基づく子の返還において、国家機関が子を直接的に相手方の下から取り上げ、子が常居所を有していた国へ返還させることを認めることは、子の福祉の観点から適切ではないものと考えられる。すなわち、子の返還の実現においても、子の福祉を第一に考える必要があるが、我が国の場合、子が常居所を有していた国に子を返還するには、移動距離も大きく、時間もかかるため、適切な対応が容易ではない。
- イ　強制執行の方法として、誰に、どこで、どのように子を引き渡すのかが執行の運用に委ねられることになると、執行段階で対応に苦慮することが予想されるため、主文は、できるだけ明確であるべきであり、執行方法まで主文に具体的に記載することも考えられるが、そうすると、小さな事情の変更によって裁判をやり直す必要が生じかねない……。
- ウ　返還命令の主文として最も標準的であると考えられる「相手方は、子を、○○国（子が常居所を有していた国）に返還せよ。」という主文についても、どのような状態を実現すれば返還命令に従った履行がされたといえるのかが明確でなく、執行終了の基準を立てるのが困難である。

以上のような問題点がある反面、返還命令の実効性を確保する必要性にも配慮する必要があることから、……［ここ］では、ハーグ条約に基づく子の返還命令を実現するために、具体的にどのような強制執行の方法を採ることができるかについて、その実現可能性を含めて、なお検討するものとしている。」

なお、諸外国で活用されているアンダーテイキング（undertaking）を可能とするための特別の規律は設けないものとすると提案されている。これについては以下のような補足説明がされている。

「undertaking は、子が常居所を有していた国において監護権の本案についての判断がされるまでの間、子の福祉を保障するための手段として、又は相手方による任意の子の返還を促す目的等で用いられるとされている。約束の内容としては、申立人が、子を相手方の監護の下から奪い去らないこと、暴力を行使しないこと、扶養料、旅費、弁護士費用等を支払うこと、子が常居所を有していた国において相手方と子のための住居を確保すること、刑事訴追の放棄や告訴の取下げをすること、相手方が申立人による面会交流を容認すること、子が常居所を有していた国に帰国後直ちに、申立人と相手方は監護権その他本案についての決定を求めて裁判手続を開始することなどが挙げられる。undertaking の対象として考えられている事項は、返

還前に履行されるべきことや返還後に履行されるべきことなどが広く含まれ、約束の形式も、必ずしも返還命令の中で命ぜられる場合に限られない。

　我が国への連れ去りの事案において、我が国の裁判所が、子の返還後に履行すべきことについて、申立人の約束の内容に沿った命令をし、その裁判が確定しても、それが外国で承認され当該外国の法制度の中で執行される場合は別として、それ以外の場合には、外国には我が国の執行管轄権が及ばない以上、当該約束部分を強制執行することはできないから、このような実効性のないものを返還命令と関連させることを制度化することは相当でないと考えられる。

　他方、約束の内容が子の返還前に我が国において履行されるべき事項（例えば旅費の支払）である場合には、調停又は和解であれば約束の内容を調停条項又は和解条項に盛り込むこと、約束の内容を条件として返還を命ずること、裁判の理由中において、申立人又は相手方による約束ないし履行状況を摘示し、それを返還の判断の一考慮要素とすることなどが考えられるが、そのためには、undertaking を制度化するまでもなく、我が国の既存の制度で対応することが可能である。

　以上の検討からすれば、いわゆる undertaking について、国内法において、特別の規定を設ける必要はないものと考えられる。」

（2）　中間とりまとめに関する意見募集（パブリックコメント）の結果　（a）[16]

　主文については、「子を○○国に返還せよ」とするのが相当であるとの意見が主であった。ただし非訟手続であるから、訴訟手続における判決の場合に比べて、より柔軟なものとすることが可能であること、また「子を○○国に返還せよ」という文言のみでは、履行の方法および時期が不明確であり、命令を受けた相手方や執行機関が、何が本旨に従った履行なのかを明確に判断できないことなどから、前記主文の文言に加えて、間接強制金の支払予告命令（たとえば、「相手方が○項の返還を履行しないときは、相手方は、申立人に対し、○○経過の日の翌日から履行完了まで1日につき○○円の割合による金員を支払え」）などを同時に発令することが許されるべきである、子の最善の利益を実現するために必要な条件を、返還命令の主文で命じる可能性も検討されるべきである、などの意見もみられた。

　また、「申立人に子を引き渡せ」という主文は、子の引渡しを受けた者が常居

16）審議会第8回会議部会資料9（http://www.moj.go.jp/content/000081707.pdf）参照。

所地国に戻らない場合には、条約の枠組みに反することになるし、虐待がある事案では、子の利益に反することになり、他方で、「妨害してはならない」という主文は、申立人自らが常居所地国に子を連れ帰ることを前提とする判断が条約の要請を超えることになる、との意見があった。

（b）　子の返還の実現方法については、審議会の議論同様、パブリックコメントにおいても、最も激しく議論が対立したといえよう。間接強制のみを認めるべきとする、あるいは直接強制に反対する意見は少なくなかったが、間接強制はできることに反対する意見はなかった。検討すべき他の方法として、直接強制を導入することについては、子の福祉の観点から消極に考えるべきであるとの意見が主であり、具体的には、以下のとおりである。

○直接強制の場合、子の意思能力の有無が問題となるが、ハーグ条約事案では、育った社会・文化・言語が異なることの多い子の意思能力の有無および意思確認の判断に困難を来す可能性が高いこと、直接強制において執行官がどの程度威力を用いることが許されるかも明らかではない中で、威力行使により子に著しい精神的な苦痛を与える懸念も払拭できないことから、これを認めるのは相当ではない。また、直接強制を認めると、常居所を有していた国で判断されるべき監護の問題を、日本の司法機関が、十分な証拠資料がないまま事実上先取りしてしまうおそれがあり、条約の趣旨に反することになる。
○子の福祉、子の人権を最優先として、直接強制は認めるべきではない。現在監護している親のもとから子を強制的に引き離すことは、子の福祉を著しく害することになる。
○国内事案においては、子の引渡しの前提として、家庭裁判所において監護権指定の本案が確定しており（あるいは保全決定が出されている）、申立人において監護することが子の最善の利益に合致することが実質的に判断されている。ところが、ハーグ条約の返還命令においては、①基本的に、子の監護者としての適確性の判断をすることなく返還命令が出されていること、②主たる監護親が同行できない事情があれば、子は愛着の対象から引き離されることになり、ひいては子の健全な成長が阻害される事態となること、③返還先は国境を越えた他国であることなど、国内事案とはまったく事情が異なるため、同列に論じることはできない。
○国内での監護裁判と異なり、ハーグ条約に基づく子の返還は、子の福祉の観点からいずれの親のもとで子を監護すべきかの審理を経た結論ではないため、連れ去った

親から子を取り上げた後の影響が予測できないこと、しかも子を国外に返還するという決定的な結果を子にもたらすことから、子の保護の見地により、間接強制にとどめるべきである。

　他方で、間接強制以外の「他の方法」については、子の福祉に十分配慮しつつ、現在日本に存在する執行方法のみにこだわらず、事案に応じたきめ細かい対応が可能となる制度を検討すべきであるという点が重視されている。そのうえで、子の福祉にかなう直接強制のあり方、ADR の整備、条約遵守のための秩序罰の導入などを提案する意見も散見された。そこには、間接強制のみでは条約上の義務を果たしたことにはならないという共通の理解がある。また、子の返還裁判の手続では間接強制しか認めないとしても、確定した決定に違反して返還しないことには顕著な違法性が認められるから、申立人は返還実現のために人身保護請求をすることが可能である旨を条文に明記してはどうか、という意見もあった。

4 立法に向けての調整[17]

（1）　事務局案　　パブリックコメントを受けて、立法作業も後半戦となり、立法化に向けて、個別論点のより詳細かつ具体的な検討に入った。

　子の返還を求める申立ての法的性質については、「申立人は、条約に基づき、子を常居所地国に返還するよう求めることができる地位を有し、そのため条約を実施するための担保法の枠組みの中で子の返還の申立てをすることができるが、申立人と相手方との間の具体的な権利義務関係は申立てに対する裁判によって初めて形成され、子の常居所地国への返還命令は相手方に義務の履行を命ずるものと整理することができる」、との説明がなされた。そして、「子の返還を求める申立てを認容する裁判の主文は、相手方に対し、子を常居所地国に返還することを

---

17) 審議会第 8 回会議部会資料「国際的な子の奪取の民事上の側面に関する条約（仮称）」を実施するための子の返還手続等の整備に関する個別論点の検討(4) (http://www.moj.go.jp/content/000081598.pdf)、および同議事録 (http://www.moj.go.jp/content/000094762.pdf) を参照。

命ずるものとする」とされた。

　子の返還を命じる裁判の実現方法については、以下のような提案と、補足説明がされた。

>「(1)　子の返還を命ずる裁判によって相手方に課される義務（子を常居所地国に返還する義務）は、どのような作為義務と整理することができるか。
>(2)　強制執行として、間接強制にとどめることについてどのように考えるか。また、これに加えて、より強い心理的強制となるような執行以外の手段を設けることは考えられるか。
>(3)　間接強制以外の強制執行として、代替的な作為義務の執行に通常用いられる代替執行を応用し、本手続に合った強制執行の仕組みを考えることはできないか。」

　上記提案についての事務局の説明は、おおむね以下のとおりである。すなわち、子の常居所地国への返還の方法自体について、相手方が連れ帰る方法に限定されるものではないと考えるならば（たとえば、返還命令を受けて、任意に申立人その他の第三者に引き渡して連れ帰ってもらっても履行したことになるのではないか）、相手方以外の者によっても子の返還を実現させることは可能であるから、相手方の義務は代替的な作為義務（債務者自身によってなされるか第三者によってなされるかによって、債権者の受ける経済的または法的な結果に差異を生じない種類の債務）であると整理することも考えられる。このように、子の返還義務を代替的作為義務（または非代替的作為義務）であると整理すると、強制執行のうち、いわゆる「与える債務」に対応した強制執行手段である直接強制を行うことは、解釈上困難である。他方で、上記のように整理すると、代替執行（執行裁判所が、債権者に対し、債務名義の作為を実現する行為を債務者以外のものにさせることを授権し、指定された実施者をして債務名義の作為を実現させる執行方法）に準じた仕組みを導入することが考えられるがどうか。また、仮に代替執行に準じた仕組みをとるとしても、子を扱うという特殊性から、民事執行法上の代替執行そのものとは異なる配慮が必要になると考えられるが、どのような点に留意すべきか。

　この段階に至って初めて、事務局案は、間接強制以外の強制執行方法として、代替執行を応用するという具体案を示した。主文を、相手方に子を常居所地国に返還することを命じるものであるとしたうえで、どのように返還するかについて

は、相手方が連れ帰る以外にも多様な方法が考えられるのではないかという、一部で強く主張されていた意見を受けて、それまで支持していた、返還義務を履行できるのは子を監護している相手方しかいないので、これは非代替的作為義務であるとの性質決定から離れ、相手方以外の者によっても子の返還を実現することは可能である、すなわち、代替的な作為義務であるという整理に方向転換したのである。そして、この整理をふまえ、それまで対立していた、「間接強制のみか、直接強制も許されるか」という二者択一の議論については、「与える債務」に対応した強制執行手段である直接強制を行うことは解釈上困難であるとして、いったんはその議論に決着をつけた。しかし、それまでの議論で根強く主張されていた、間接強制だけで実効性は確保できるのかとの懸念を受けて、代替的作為義務に対応した強制執行手段である代替執行の制度を、執行対象が子であることに配慮して、条約に基づく子の返還裁判に適応するようアレンジすることができないか、という提案がなされたのである。

（2）　「代替執行に準ずる仕組み」の構築に向けての議論　　以上示された事務局案に対しては、子の常居所地国への返還義務を代替的作為義務と性質決定することについて、やはり、裁判所サイドから疑問が呈された。その理由としては、子は物ではないので、常居所に向かうために新幹線に乗せて終わりというわけにはいかず、返還までの間、相当の距離もしくは時間、子を養育することが必要になってくるが、子にとってどのような環境がよいのかはかなり特殊な側面がある問題であり、少なくとも、無関係の第三者でも誰でも代わりになれるわけではないこと、ハーグ条約においては、本来奪取親自身が子を返還することが基本だとすれば、子の生活環境を維持するという点でも、子の心身の影響という点からしても、その特殊性をきちんと考慮した返還の方法を考える必要があること、代替執行と整理しても、子に強制力を行使するという点では、直接強制と変わらない部分があり、とくに意思能力のある子が拒絶の意思を表明している場合や、奪取親が子を抱えて離さないなどの限界事例で、どこまで強制力を行使することができるのかについて、代替執行の際に誰が行うかを別にしても、規範として明確にしておかないと、現場において子を巻き込んだひどいトラブルになるおそれがあること、などが指摘された〔朝倉発言〕。また、返還という行為、たとえば、空

港で飛行機に乗せるという行為のみをとらえ、その先の場面を切り離して考えれば、たしかに代替性があるといえるかもしれないが、監護・養育されている子を返還するという全体的な行為を考えた場合には、子を監護していた者しかできないのであり、そこに代替性があるという見解は理解しがたい、との意見もあった〔清水発言〕。

　他方で、代替執行の応用については、執行の対象が子であることから異なる点があるとはいえ、建物収去の執行に類似していることを指摘する意見も示された。すなわち、建物収去義務は、一般に非代替的作為義務であると解されているが、作為義務者が建物を占有していて、実際上その占有者を退去させないと第三者が建物を壊すことはできない場合に、建物占有者を強制的に退去させて代替執行により建物を取り壊しているという現在の実務と同じような状況があるのではないか、という意見である。これによれば、たしかに、代替的に義務を履行する者が誰でもよいわけではないが、それが限定されているからといって、代替的作為義務であることがただちに否定されるわけではなく、債務者ではない誰かが履行できれば、それは、代替的作為義務として性質決定できるとする。そして、条約に基づく子の返還裁判においても、相手方に代わって子を常居所地国に返還できる者がいるのであれば、それは、代替的作為義務として考えることが可能であり、その代替的作為義務を履行する前提として、実施者が一定の強制力を使って、相手方から子を取り上げ、その子を常居所地国に、相手方の代わりに返還する債務を実現するという執行方法は考えられるとする〔山本（和）発言〕。同じく代替執行の応用に賛成する立場からは、授権決定（民執171条1項）の手続の中でいろいろなことを考慮して、関係者の利害調整もできるのであれば、間接強制に比べて、より直接的な強制執行が可能なのではないか、たとえば、実施者を誰にするかの決定に際し、執行官、あるいは民間の支援団体などの協力のもと、ADR的な解決をすることも可能かもしれないし、債務者を審尋する段階で執行裁判所が債務者を説得して任意に子を返還させるということも可能になるというように、いろいろな可能性を含んでいると思われ、そのような柔軟な運用ができるのであれば、代替執行の利用は非常に魅力的であるとの見解が示された〔村上正子発言〕。

　このように、それまで間接強制以外の執行方法の可能性を主張してきた弁護士

や研究者サイドは、事務局の提案した、代替執行に準じる仕組みについては、あまり議論してこなかったので、具体的なイメージを模索しつつ、その柔軟性を評価し肯定的な立場を示していたといえる。

　ただし、代替的作為義務を前提とした代替執行制度の応用という全体的な仕組みに賛成する立場の者も、反対の立場の者が指摘する問題点は認識していた。具体的には、実施者を誰にするか、そもそもどこまでを代替的作為義務の履行と考えるのか、たとえば、その常居所地国に実際に連れて帰るところまでか、あるいは飛行機に乗せるところまでか、さらには、子を相手方から取り上げることが可能だとしても、その強制力の範囲や根拠をどのように考えるのか、直接強制等を類推するものとして考えるのか、あるいは独自の取上げの強制執行というものを認めることができるのか、仮に認めるとして、それはどの範囲で、意思能力がない子も含めてできるのかという子の意思能力と代替執行の可否との関係など、考えなければならない問題は多いとされていた〔山本（和）発言〕。この点について、実施者を誰にするのかは難しい問題であるとの指摘があり、申立人が代替行為の内容を具体的に特定したうえで執行官に協力を要請することもできるのではないかという意見〔村上発言〕に対しては、国内の子の引渡しの事案で直接強制を担当しているからといって、安易に執行官を手続に組み込むのはどうかという否定的な見解もあった〔朝倉発言〕。いずれにせよ、このような問題点はいずれの立場の者も共有しているものであり、子にとってダメージが最も少ない方法を考えるという意味で、代替執行で行われる授権決定の手続を実質的なものにするための配慮が必要であり、執行裁判所がどのような立場でどの程度関与し、子の意思能力や実施者の指定などについて、いかなる基準で判断するのかを、よりきめ細かく議論する必要性が指摘された〔相原佳子、豊澤佳弘、大谷発言など多数〕。

（3）**間接強制より強い心理的強制方法の可否**　代替執行に準じる仕組みとは別に、間接強制より強い心理的強制となる手続を設けることも議論された。これについては、代替執行の応用に否定的な立場の者からは、間接強制によって強制金を課すだけでは実効性に疑問があるというのであれば、間接強制を何らかの形で強化して、心理的な強制力をアップさせることができないかを、まず検討すべきであり、具体的には、勾引・勾留を認めている人身保護法を参考にすること

の可能性が示唆された。すなわち、人身保護法は特殊な手続を定めてはいるが、日本が条約上負っている義務である、子の監護権について常居所地国で早急に実体判断を行えるように子を常居所地国に迅速に返還するためには、相手方にかなりの心理的な圧迫を加える必要があるという特殊性が根拠として挙げられた〔朝倉発言〕。刑事罰の導入に対しては、日本における裁判の履行担保のために刑事罰をどのように取り入れていくかは、日本法全体の問題としてそのような仕組みがとられているのであればともかく、ここだけで考えるような問題ではないし、ハーグ条約事案のみを対象として導入することを十分に正当化するだけの根拠があるとは思えないこと、また、どのような場合に命令違反になるのかの構成要件が極めて曖昧で、その判断が非常に難しいことなどを理由に、反対する意見がある〔山本（克）発言〕一方で、条約上の国家の義務という、人身保護法の活用を正当化する根拠がここでもあてはまるとする意見もあった〔朝倉発言〕。たしかに、人身保護法による手続は、限定的とはいえ、国内の子の引渡しの事案で利用されることもあり、その実務をふまえたうえで、それを子の返還手続にも応用するという仕組みのほうが、直接強制を回避するという限りで現実的であると整理され得るかもしれない。しかし、これについては、刑事罰を科すことによってどのようにして返還が促進されるのか、罰金なら間接強制と変わらないし、仮に身柄を拘束するとなると、それは直接強制を認めるのと同じではないか、という指摘がなされた。そして、直接強制を認めない限り、相手方の身柄を拘束することは認めても、そこにいる子を勝手に裁判所がどこかに連れて行くことはできないはずであり、そうすると、ただ単に身柄を拘束したからといって、返還は実現されないのではないかとも指摘された〔道垣内正人発言〕。そうすると、人身保護法に基づいて勾引・勾留・刑事罰を取り入れた何らかの仕組みを作ったとしても、その結果として具体的にどのような手続が子の返還につながるのかということを

---

18) この考え方に対しては、人身保護法を参考にするというのは、手続の中に何か食い込むというのであれば理解できるが、裁判所の判断を実現するための、執行手続での勾引・勾留の利用、あるいは代替執行に勾引・勾留を組み合わせるという利用についてはイメージがわかないとの指摘が、事務局からなされた。

詰める必要は残ることになって、代替執行の制度を応用することに比してさほどメリットがあるともいえず、結局、この時点では、どちらの仕組みにも問題があり、優劣がつけられるほどの決定打は見出されなかった。

（4）「代替執行に準ずる仕組み」の構築に向けての議論再び──代替執行類似執行[19]　（a）　次の審議会では、代替執行を子の返還の執行手続に応用し、申立人が授権決定を得て指定された実施者をして、相手方に代わって子を返還させるという仕組みが、「代替執行類似執行」と整理されて提案された。そこでは、実施者が子の監護を開始し、相手方に代わって返還行為を行うのであり、子を執行の対象として債務者から取り上げて申立人に引き渡すというものとは明確に区別された。また、実施者が子の監護を開始するために、相手方の監護下から子を解放させることが当然に必要となるが、これも子の引渡しとは異なる概念のものであると整理された。そのうえで、そのあり方を検討するために、以下のような具体的な案が示された。

「(1) 授権決定のための手続
　ア　申立ての要件
　　子の返還を命じられた者が自ら履行することを促すため、間接強制が効を奏しなかったことを代替執行類似執行の申立ての要件とすることについてどのように考えるか。
　イ　実施者の選任
　　(ア)　実施者について
　　　代替執行類似執行の実施には、子を空港に連れて行くなどして返還行為そのものを行う実施者（以下「返還実施者」という。）の他、返還の実施を行うために、子を相手方の監護状態から解放する実施者（以下「解放実施者」という。）が関与するものと整理してはどうか。
　　(イ)　返還実施者の選任

---

[19] 審議会第9回会議部会資料「国際的な子の奪取の民事上の側面に関する条約（仮称）」を実施するための子の返還手続等の整備に関する個別論点の検討(5)(http://www.moj.go.jp/content/000082273.pdf)、および同議事録（http://www.moj.go.jp/content/000094840.pdf）を参照。

a 子の利益に対する配慮から、申立人は、返還実施者を特定して申立てをするものとし、返還実施者の選任を必要的とすることでどうか。また、返還実施者として想定されるのは、第一次的には申立人とすることでどうか。

b 申立人が返還実施者として相当ではない場合、又は申立人が日本に来ることができない場合、裁判所は、申立人に他の者を返還実施者として特定させた上、その者を指定できるものとすることについてどのように考えるか。この場合、申立人が返還実施者として相当でないと認められるのはどのような場合か。また、その場合、申立人と同等の者が返還実施者となることが望ましいと考えられるが、どのような者が考えられるか。

　また、申立人が適切な返還実施者を特定することができない場合には、申立てを却下するものとすることでどうか（申立人の特定によらずに、裁判所が職権で返還実施者を見つけ、指定をすることまでは認めないということでどうか。）。

(ウ) 解放実施者としては、公的機関にこれを委ねるのが相当であり、例えば執行官とすることが考えられるがどうか。

ウ 対象となる子

(ア) 代替執行類似執行によって返還することができる子について、子に対する心理的影響を考慮し、一定の年齢を超えた子については対象としないものとすることについてどのように考えるか。

(イ) 授権決定の段階においては、子の意思は考慮しないものとすることでどうか。

エ 授権決定の手続

授権決定を行うためには、相手方に対する審尋を要するものとすることでどうか。

(2) 解放実施者及び返還実施者の権限

解放実施者及び返還実施者の権限の規律について以下のように整理することについてどのように考えるか。

ア 解放実施者の権限

① 相手方の子の監護を終了させ、返還実施者が子の監護を開始するまでの間、手続に関与することができるものとする。

② 子を相手方の監護状態から解放する際に、解錠・立入りができるものとする。

③ 相手方の抵抗を排除するため、有形力を行使することができるものとする。

　　　　　また、抵抗排除のために警察の援助を求めることができるものとする（民事執行法第6条第1項）。
　　　④　相手方及び子と接触し、説得することができるものとする。
　　　⑤　子に有形力を行使することができないものとする（注）。
　　　⑥　相手方が子を抱えて離さないとか、子自身が相手方と離れない場合など、子の心身に悪影響を与えるおそれがある場合には、相手方に有形力を行使することができないものとする（注）。
　　（注）子に対する有形力や、子の心身に悪影響を及ぼすおそれのある相手方に対する有形力を行使しなければ解放を実施できないような場合には、解放実施者の判断により、執行不能とすることができるものとする。
　　イ　返還実施者の権限
　　　①　常居所地国への返還のための実施行為（飛行機に乗せるなど）をすることができる。
　　　②　返還の間、子を監護できるものとする。
　　　③　解放実施の際、子に悪影響を与えない相当な方法により、子や相手方と接触し、説得できるものとする。
（3）中央当局
　　代替執行類似執行の実施に当たって、中央当局が立ち会う等何らかの形で関与する仕組みとすることについてどのように考えるか。
（4）作為の実施方法
　　ア　実施準備行為
　　　　具体的な実施に当たっては、子を適切に監護できる状態で実施できるか、必要な宿泊施設や交通手段が用意されているかなどを確認した上で行うことが必要であるものとする。
　　イ　執行場所
　　　　解放行為の実施を行うことができる場所は、原則として相手方宅とし、公道等での実施は例外的に行うことができるものとすることでどうか。
　　ウ　執行の終了時期
　　　　子を飛行機に乗せるなどして国内で返還のために必要な行為を終えたときに作為の実施が終了するものと整理することでどうか。」

　ここでは、授権決定のための手続と、相手方に代わって作為義務を行う者の権限について、それぞれ詳細な規定が提案されているが、そのポイントは以下の4つにまとめられる。

第1に、間接強制を行ったうえで代替執行を申し立てるものとした点（間接強制前置）である。すでに述べたように、条約上は任意の返還が望ましいとされており、執行段階においてもできる限り任意に近い形で履行を促すことが望ましいといえること、また、代替執行類似執行が子に心理的負担を与えかねないため、より直接的でない他の方法があれば、それを優先させるのが相当であるとの観点から提案されたものである。

　第2に、代替執行類似執行の実施者を、子を相手方の監護状態から解放する解放実施者と、返還行為そのものを行う返還実施者とに分けた点である。すなわち、代替執行類似執行の実施行為としては、子を監護した状態で空港等まで連れて行き、飛行機に乗せるなどして常居所地国に帰らせる返還行為そのものと、その返還行為を行うために必然的に伴う準備行為として、子を相手方の監護下から解放させ、返還行為を実施する者が子を監護できるようにする行為とが観念できる。そして、返還行為そのものは、子を監護しながら移動させ、基本的に子を自ら連れて帰るという行為が中心となるのに対して、子を解放させる行為は、相手方を説得し、抵抗されればその抵抗を排除するという行為が中心となり、両実施行為は質的に異なるものであるといえる。そのため、実施者の選任について考える場合にも、この2つの実施行為の実施者を分けて、それぞれどのような者が実施にあたるのがふさわしいかを検討するのが相当であるとされた。提案ではこの考え方を前提として、子の監護を伴う返還実施者については、子に対して監護権を有し、通常子を適切に監護することが期待できる申立人を第1次的に返還実施者とするのが相当であるとし、それが相当でない場合には別の適切な第三者を指定できるとするが、その第三者は申立人が選任・特定すべきであると整理し、裁判所は、特定された実施者候補者の適切性を判断するものとしている。一方、解放実施者については、執行官とすることが具体的に提案されている。解放実施者が行うべきは、相手方および子に接触し、相手方に対し子を解放するように説得し、相手方がこれに抵抗する場合には、その抵抗を排除するという行為であることから、威力を行使することができる公的機関が担うとするのが相当であること、また、解放実施の場面においては、相手方や子の抵抗によっては執行不能の判断をすべきことも想定されるから、その判断権者としても執行官が相当であることが

根拠とされた。[20]

　第3に、子の意思能力の有無と代替執行の可否について、授権決定に際しては子の意思を考慮しないものとした点である。子の意思は返還するかどうかの裁判においてすでに考慮されており（28条1項5号）、執行段階でもこれを考慮するとすれば蒸し返しとなるおそれがあることから、少なくとも授権決定に際しては子の意思は考慮しないものとするのが相当である。ただし、国内の子の引渡事案において、直接強制は子に意思能力がない場合に限定するという議論が有力であること、代替執行類似執行が子に対して心理的影響を与えることなどから、一定の年齢を超えた子については対象としないとすることも考えられるため、一定の年齢で対象を区切ることについては、さらに議論する必要があるとされた。

　第4に、適正な執行実施のために、解放実施者と返還実施者それぞれの権限の範囲（できることと、してはならないこと）が具体的に明示されている点である。とくに、解放実施者である執行官の権限については細かく規定されているとともに、解放行為の実施は原則として相手方宅とされている。これは、国内における子の引渡事案でも議論されている問題点であるが、学校や公道等で行うと第三者を巻き込むおそれがあること、衆人環視のもとで行うことにはプライバシーの観点から問題があること、手段の相当性、あるいは子の福祉という観点からは、子をさらうような方法で解放させるのには問題があることなどが理由として挙げられ、できるだけ相手方を説得して子を解放させるという可能性に配慮しているとの説明がされている。

　（b）　以上の提案を受けて、今度は、かなり具体的な議論が展開された。まず、子の返還を命じる裁判の実現方法を代替執行類似執行と整理し、間接強制を前置し、実施者を解放実施者と返還実施者に切り分け、それぞれの権限を決めるという仕組みについては、執行官が解放を行い、解放実施者はすぐに執行官から子を受け取り、その後の返還行為のプロセスをすべて行うという典型例を想定し

---

20) この点については、申立人を実施者とすることも考えられなくはないが、申立人が実施するとかえって申立人および相手方に冷静な判断を求めることが難しくなって、子の利益の観点からむしろ弊害が大きくなることが危惧される。

ている限りでは問題ないかもしれないが、実際の執行プロセスはかなり長いものであり、どこまでは債務者に任意に履行させ、どこから先は代替執行を行うか、あるいは、解放実施と返還実施の境界線などは事案ごとに様々であり、この仕組みで柔軟に対応できるのかどうかが不明であるとの指摘があった〔道垣内発言〕。この点については、制度として組む場合に、事案によってきめ細かい配慮をすべきことを考えると、授権決定をする裁判においては相当詰めた審理が必要になってくると予想されるが、現場での臨機応変な対応も必要になるであろうことから、授権決定の手続にはあまり負担をかけずに、あとは、執行の場面でのやりやすさ、あるいは相手方の任意の返還の可能性も含めて、実施準備行為を入念に行い、その過程で多くの問題は解決できることが期待されると説明された。

（ｃ）　間接強制前置については、それまで代替執行類似執行に違和感を抱いていた裁判所サイドからも、とりあえずは心理的強制を加え、できるだけ相手方が任意に子を連れて帰るように促し、どうしても難しい場合についてのみ、代替執行類似執行で行うという提案には、実施者の権限をきちんと法定するという条件つきで、理解が示された〔朝倉発言〕。全くの任意ではなくても、間接強制がかけられて、そのあとにも代替執行類似の手続が控えているという仕組みが、心理的強制を受けた相手方が任意に子を連れて帰ろうとするインセンティブになるのであり、それが条約の趣旨に最もかなう、と評価された〔豊澤発言〕。その一方で、間接強制前置を厳密な申立て要件とすることに対しては、最初から奏功しないことが明らかな場合や、緊急性を要する場合には、これを不要とする例外規定を設けてもよいのではないか、間接強制を前置することでさらに時間がかかり、その間に子どもがどこにいるかわからなくなるという事態も懸念されることなどから、必ずしも前置にこだわる必要はないのではないか、との意見もあった〔大谷、相原、村上発言〕。さらに、間接強制については、「子を○○国に返還せよ」という主文では、義務の内容があまりにも抽象的で、どの段階で間接強制金を課すかの判断が難しいとの指摘は、当初からされていたところであり、間接強制をするのであれば、より具体的に、申立人（それが適切でない場合には実施者になる者）に、いつ、どこで引き渡せという形にすべきであるという意見もあった。そして、ここで提案されている代替執行類似執行が、必ずしも明確かつ厳格に、債

務名義作成機関と執行機関とを分けていないものと理解したうえで、場合によっては、返還命令の段階で、返還を命じる裁判の中で間接強制金を付加することも考えられるとされた〔山本（克）発言〕。また、返還命令から執行手続がシームレスにつながることは、ハーグ国際私法会議の常設事務局作成の「グッドプラクティスガイド[21]」においても示唆されており、間接強制の手続が、強制金そのものを取り立てることではなく、返還命令の任意の履行を促すことを目的とするのであれば、それ自体が返還命令からつながっているともいえるとする〔大谷発言〕。

　（d）　子の意思能力と代替執行については、ある程度高い年齢の子でも、事務局提案の代替施行類似執行になじむ場合もあり得るし、条約が対象の子を16歳未満としている中で審理がなされて、子の意思等もある程度確認されたことを前提に命令が出ているにもかかわらず、最後の執行の段階になって、ある一定の年齢以上であることを理由に執行できないとするのには抵抗があること、具体的に何歳で区切るかを決めるのはなかなか難しいことなどを考えると、執行の対象を特定の年齢で明確に制限する必要はなく、授権決定の段階で個別に考えるということでよいのではないか、との意見が有力であった〔山本（和）、大谷、早川眞一郎発言〕。

　（e）　返還実施者を原則として申立人としながら、それ以外に返還実施者となり得る者を類型的に整理するという提案については、申立人代理人や申立人の親族などが想定されるとして、どのような基準で返還実施者の選任の許否を判断するのかが議論された。これについては、基本的な理念としては、子を適切に監護して確実に返還できるかどうかが判断基準になるが、実際にこれを個別に判断していくことは難しいので、類型的に整理しているという説明がされた。これを受けて、子の常居所地国の在日大使館あるいは中央当局も返還実施者となり得るのではないか、との意見もあった〔大谷発言〕。また、返還実施者の権限については、解放実施の際に、子や相手方と接触し説得することができるとする提案に

---

21) Guide to Good Practice under the Hague Convention of 25 October 1980 on the Civil Aspects of International Child Abduction, Part IV Enforcement, see, www.hcch.net/upload/guide28enf-e.pdf

対しては、とくに申立人が返還実施者となる場合に、現場で相手方と直接接触して説得することが実施のために好ましいのかどうか疑問である、との意見が示された〔大谷発言〕。このように、一般的にできると法に書かれてしまうと、書いてあるから行ってもよいということになってしまうので、国内の子の引渡しの執行実務をふまえて、執行官が現場の状況を見ながら、誰にどのような形でどの程度の時間、接触させるかなどを判断させるほうが望ましい、との指摘があった〔朝倉発言〕。

（f）　解放行為の実施場所については、原則として相手方宅とし、かつ相手方がいる所とする提案に対しては、とくに弁護士サイドから、かえってトラブルを招くことになるとして、かなり強力な反対意見が示された〔磯谷発言〕。また、子の安全な返還を実現するのにどの場所が適切かは、事案に応じて決められるべきものであり、相手方宅にこだわる必要はないのではないか、との指摘もあった〔大谷発言〕。この点と関連して、相手方や子が激しく抵抗した場合に、執行官や援助を求められた警察官が現場で混乱しないように、何ができて何をしてはいけないのか、警察官職務執行法上の権限との関係等を明確にする必要があるとされた〔宮城直樹発言〕。

5　最終調整[22]

（1）　論点の確認　これまでの議論をふまえて、代替執行類似執行の具体的な規律について最終的な調整を行う段階を迎え、いよいよ立法まであと一歩となった。

ポイントとしては、第1に、間接強制前置については、間接強制決定確定後、一定期間経過後に代替執行類似執行の申立てをすることができるという前提で、一定期間としては、迅速な返還の実現という要請に配慮しつつ、間接強制決定を契機として任意の履行もあり得ることを考慮して、現実に履行可能な期間を与え

22）審議会第10回会議議事録（http://www.moj.go.jp/content/000095725.pdf）および第11回会議議事録（http://www.moj.go.jp/content/000096740.pdf）を参照。

る必要があることから、2週間という期間が提案された。第2に、返還実施者の指定については、代替執行類似執行の申立ての際に、申立人がこれを特定しなければならないとし、裁判所は、決定の際に、解放実施者として執行官を指定し、さらには、申立人が特定した返還実施者が適切であればこれを指定しなければならないとした。そして、それが子の福祉等に照らして相当でないと判断するときには、申立てを却下するものとした。ただし、この点については、返還実施者となるべき者を類型的に整理し、例示や規律を設けて判断基準を明確にすることが子の保護を図ることにもなり、望ましいと説明された。第3に、子の利益に配慮した安全な執行を行うという観点から、解放実施にあたる執行官の権限について詳細な規律が設けられた。第4に、解放実施を行うべき場所については、これまでの議論をふまえて、債務者の住居においては、特段の考慮を行うことなく実施場所とすることができるとし、これを原則形態としつつも、他の場所でも、執行官が相当と判断すれば実施場所とすることができるものとした。なお、この際には子が債務者に監護されているという要件を置いているが、これは、そもそも債務者が子とともに所在する場合でなければ、解放実施を観念できないこと、および、債務者を説得し、場合によっては所要の協力を得て子を連れて行くのが、子にとっても債務者にとっても望ましいといえることから、このような状況を確保するために必須の要件であるとされた。第5に、返還実施者の権限については、大きくは、子を監護しながら移動させることであるが、そのための行為としては様々なことが想定されることから、一般的な規律にとどめた。

（2）　**間接強制前置について**　間接強制に2週間という期間を設けることについては、仮に相手方に資力がない場合でも、強制金そのものをとりたてることが目的なのではなく、いったんこのような心理強制の段階を置き、しかもそれが期間で明確に区切られているということであれば、一定の効果はあると考えられること〔大谷発言〕、また、代替執行の申立ての際には、申立人は返還実施者を特定しなければならず、実際には、具体的にどのように返還するかも含めてかなり周到に準備をしておく必要があることに鑑みれば、とりあえずは間接強制の申立てをしておいて、同時に代替執行の準備も並行して進めるという意味で、間接強制前置であってもそれほど余計な時間がかかるわけではないこと〔村上発言〕

などから、おおむね賛成の意見が示された。

（3）　解放実施を行うべき場所および要件について　解放実施を行うべき場所については、「子が債務者に監護されている」という要件の意味がわかりにくいとの指摘があり、事務局の意図が、債務者と子が一緒にいる場面で解放実施を行うことが望ましいという点にあるのであれば、むしろそれを明示すべきであるとされた〔大谷、磯谷発言〕。そのうえで、債務者がいる所でないと執行ができないという限定は狭過ぎるのではないかという意見が、依然として根強かった。とくに、代替執行という最終段階にまで至っている事案では、債務者である相手方が抵抗することが容易に想像できる中で、子本人に対してだけでなく、債務者に対して威力を用いることが子の心身に悪影響を及ぼすおそれのある場合には債務者に対しても威力を用いることができない、という規定になっている以上、債務者が激しく抵抗すれば、それだけで事実上威力を用いることができなくなるのではないかとの懸念が示された〔磯谷発言〕。この点については、最終的には価値判断の問題であるが、もともと、債務者の任意の履行を理想形としている中で、債務者のいない所で、債務者の知らない形で、子を海外まで出してしまってよいのかとの問題意識もあり、その場にいて説得するという機会を設けつつ執行するほうが望ましいという価値判断に立っている、との説明がなされた。そして、執行官の権限が明確になったとはいえ、威力の行使が限定的である以上は、債務者の協力は不可欠であり、債務者がいる所できちんと説得し、債務者の最低限の理解と許容を得て、子の返還をできるだけ子のためになるように実施する状況を、現場でつくる必要がある、と指摘された〔朝倉発言〕。また、国内執行の実務でも、債務者がその場にいる場合は、執行官が赴いて債務者を説得すると、最初は抵抗していても最後には子を引き渡すというケースは比較的多い。ましてやハーグ条約事案の執行のように、外国に子を返還するため、場合によっては今生の別れになるかもしれないというときに、相手方がまったくいない所で子を連れて行くのは、やはり、国内の別のところに連れて行くという国内執行の場合とは、状況が

23）　たとえば、子の衣服や勉強道具など、常居所地国に帰るうえで必要な荷物を用意することなども必要となる。

かなり違うのではないか、との意見もあった〔朝倉発言〕。

(4) **返還実施における執行官の役割**　事務局の提案によれば、執行官は返還実施には関与しないことになっているが（民執6条2項が準用されていない）、返還実施者の返還実施行為を債務者が妨害しているときに、執行官に対する援助を求めることができないとすることでよいのかについては、議論があった。返還実施者も、代替執行行為を行うという意味では国家権力を行使しているのであり、それに対する妨害があったときには、まず執行官に対して援助を求め、執行官が威力を用いてそれで足りないときには、さらに警察に援助を求めて警察権力を行使することで、最終的に国家権力の行使が貫徹されるという現行の民事執行法の枠組みとの整合性が問題と指摘された〔山本（和）発言〕。これについては、理論的には指摘のとおりかもしれないが、実際問題として、解放実施者である執行官は、解放実施を行う場所を管轄する地方裁判所に所属しているが、その執行官自身が、たとえば、成田空港まで駆けつけるというのも、また、最寄りの地方裁判所の執行官が、援助申請を受けて現場まで行くというのも、いずれも非現実的であることから、返還実施に関しては執行官の出番はないと説明され、最終的にもこの立場が維持された。

(5) **警察上の援助を求めることについて**　このほか、警察上の援助を求めることについて、民事執行法6条1項にならった規律が設けられているが、民事執行法上の援助要請を受けて現場に臨場した警察官が、何らかの事象に直面し、警察官としての職務執行上行うべきであると判断した場合には、援助要請の有無にかかわらず、警察官の固有の権限として行うことができると整理され、これは、執行官の権限の範囲を規律しても変わらないとの説明がなされた。執行官の権限については、威力行使に制限がかけられているため、執行現場で執行官がその意思に基づいて警察官に対してできる援助要請には限界があるが、警察官は、警察官職務執行法上の職務権限行使の可否については自ら判断でき、必要な場合にはそれを行使しても差し支えない、という整理となる。

(6) **民事執行法との関係**　(a) これまで、子の返還を命じる決定の強制執行については、代替執行類似執行と整理されてきたが、最終的には、授権による子の返還の執行については、民事執行法171条1項が、民法414条2項本文に

規定する請求に係る強制執行は、執行裁判所が民法の規定に従い決定をする方法に従うとしているところの代替執行そのものであり、その際の手続や実施者の権限について特則を設けているに過ぎないし、これらの具体的な規律は、民事執行法171条を適用するとしても同じ規律が導けることから、同171条の適用があることを前提として、代替執行と整理されることとなった。したがって、執行裁判所の管轄については同171条2項が、債務者の審尋については同3項が、債務者への費用前払決定については同4項が、執行抗告については同5項が、それぞれ適用されることとなった。なお、すでに述べたとおり、民事執行法6条2項は準用しないことから、同法171条6項は適用されない。

（b）　通常の代替執行とは異なり、条約実施法でハーグ固有の特則とされたのは、以下の点である。代替執行の申立ての際には、債権者が返還実施者を特定すること（137条、規84条1項3号ロ）、返還実施の決定において、裁判所は解放実施者として執行官を指定し、併せて返還実施者も指定しなければならないこと（138条）、外務大臣は、子の返還の代替執行に関し、立会い等の必要な協力をすることができるとされていること（142条）である。いずれも、子の福祉を考慮した結果、設けられた特則である。

III　面会交流についての議論

1　事務局の提案とそれに対する意見[24]

面会交流の裁判手続については、序章で述べたように、条約上、面会交流に関して条約固有の裁判手続を設けることは、とくに要求されていないため、当初から、事務局は、条約固有の裁判手続に関する規律を設けないことを提案していた。すなわち、条約には「接触の権利」についての明確な定義規定はないが、民法

24）　審議会第3回会議議事録・前掲注10）、同第4回会議議事録・前掲注11）、同第5回会議議事録（http://www.moj.go.jp/content/000082795.pdf）を参照。

766条に規定されている「面会及びその他の交流」と同義であると解され、同条に規定する面会交流については、家事事件手続法において、面会交流の取決めの審判および調停を利用できることが定められているからである。この提案に対してとくに異論は出ず、むしろ国内事案を含めた面会交流そのもののあり方が主に議論された。具体的には、面会交流をしたり、子と接する時間を長くするなどして、段階的に子の引渡しを実現をしていくという方法を、ハーグ条約を機に日本も考えていくべきである、規定を具体的にどう設けるかということよりも、返還手続との関係などを適切に整理すべきである、ハーグ条約は子を常居所地国に返還した後で、子の監護紛争を将来に向けて処理することを予定しているが、それに向けての前段階で親子の交流を断ち切るべきではないという意味で、面会交流は非常に重要である〔棚村発言〕、当事者間の任意の友好的な解決をめざすにあたって面会交流を活用すべきである〔大谷発言〕、などの意見が示された。また、国内の面会交流事件と同様に、取り決められた面会交流の実効性の確保が不十分であり、これを支援する機関等の整備が必要ではないか、返還の裁判が係属している場合に、同じ当事者間で面会交流をする際に、双方の手続を別々に処理することでよいのかどうか、奪取親の所在が不明な場合にも面会交流の申立てができるようにするにはどうしたらよいか、面会交流の最中に子を奪取された親が子を連れ去ってしまうことがないように、何らかの防止策をとる必要があるのではないか、という意見も示された〔磯谷発言〕。

　面会交流について特別な規定を設けず、家事事件手続法のもとで行うとなると、全国各地の家庭裁判所で面会交流の申立てがなされることになるが、それと子の返還手続が申し立てられたときの関係をどのように考えるかについては、この時点では、特別の管轄規定を置くということは考えられていなかった。この問題は、返還裁判の管轄をどこまで集中させるかという議論とも関連するが、それについては、面会交流が促進され、実現されることが、返還の手続自体にもよい影響を与える場合もあることに鑑みれば、返還裁判と面会交流の手続が別々に処理されることを問題視する意見もあった〔相原、棚村発言〕。

2　中間とりまとめと意見募集（パブリックコメント）[25]

　以上の議論を経て、中間とりまとめにおいても当初の提案と同様に、日本では面会交流の取決めの審判および調停の手続が用意されており、特段裁判手続に関係する規律を設けないとしても、国内手続を利用することが可能であるから、ハーグ条約の精神に反することにはならないと考えられる、との提案がされた。
　面会交流関係については、以下のような意見があった。

○ハーグ条約に関する事件では、申立人が子および相手方の所在を知らないという場合があるので、その場合にも面会交流の申立てができるようにしておくべきである。
○国内の面会交流に関する事件にも通じるところだが、とくに国境をまたいだ面会交流については、第三者による適切なサポートがないと、一方で、子を監護する親は、非監護親が面会交流の機会に子を連れ去るのではないかとの疑念をもち、他方で、非監護親は、監護親が子に不当な圧力をかけて面会交流の実施を妨げるのではないか、との疑念をもつなどして、円滑な実施ができないことが想定される。そこで、たとえば、面会交流センターを設置して、面会交流中の子の安全を確保する一方、専門のカウンセラーなどが適切にかかわり、双方当事者が子の福祉を最優先にしつつ面会交流を進めていけるように支援することなどが考えられ、そのような支援は、容易にアクセスできてかつ費用も低廉である必要がある。このような面会交流の支援制度の構築に向けて、積極的に検討すべきである。
○問題は、わが国において、面会交流権を正面から認めた法規が存在せず、民法766条による離婚の際の子の監護についての協議事項として登場するに過ぎないことである。面会交流権の実現に必要な当事者に対するサポートも、決定的に不足している。面会交流権の実現の手続が実効性を欠くという批判は、必ずしも国際的な面会交流に限定して該当するものではないが、とくに国際的な要素を有する面会交流については、これをサポートすることは重要だが、他方でその負担も大きいことに鑑みれば、この面会交流のサポートについて、条約に基づき中央当局が果たすべき任務は重大であり、裁判手続との連携を図りつつ、裁判所が命じた面会交流を実現する役割を任すべきである。

---

[25] 審議会第7回会議議事録（http://www.moj.go.jp/content/000083335.pdf）を参照。

○ハーグ条約の締結に合わせて国内法の整備も行うべきであり、家庭裁判所における面会交流の取決めに関する運用を改め、より充実させるべきである。

3 その後の議論[26]

（1）　面会交流の実効性確保のための措置　面会交流等の実効性を確保するために、子のパスポートを預かるなど、面会交流中に子が連れ去られないよう、何らかの保全措置を制度化する必要があるのではないかという問題については、その必要性は認識されつつも、子の返還申立てがされた場合にのみ出国禁止命令は利用できるとの提案がなされた。理由としては、面会交流等を求める家事事件は、迅速に処理されることが想定される子の返還申立事件とは異なり、長期間にわたることが考えられ、この間、子をずっと出国させてはならないとすると制約が大き過ぎることが挙げられていた。

（2）　管轄についての特則　当初は、管轄について特則は設けないとしていたが、その後審議会も終盤を迎えた段階において、子との面会その他の交流を求めて家事審判や家事調停を申し立てる場合の、家事事件手続法の特則を定める提案がされた。その前提となっているのは、以下の2つの点である。第1に、申立人が中央当局による面会交流援助を受けて面会交流の申立てをする場合、子の返還申立てと同様、中央当局の援助によって子の所在を確知しても、それがどこであるかは知らされないまま申立てをすることが想定される。このような場合に、住所の記載のない申立てを受けた裁判所が、管轄権を有しないとして本来の管轄地である子の住所地に移送すると、それによって相手方の住所が明らかとなり、後述の住所等表示部分に関する閲覧制限等を設けた趣旨を没却するおそれがあり相当ではないことである。第2に、面会交流の申立てが、子の返還申立事件が係属している場合や子の返還申立事件において返還が認められなかった場合になされるケースも想定されるが、裁判資料は、子の返還申立事件の資料と共通するこ

---

26) 審議会第10回会議議事録・前掲注22)、同第11回会議議事録・前掲注22)、同第12回会議議事録（http://www.moj.go.jp/content/000097474.pdf）を参照。

とも多いと考えられるため、子の返還申立事件と同じ裁判所が扱うことができるものとするのが合理的であるという点である。以上のことから、中央当局による援助を受けたうえで、これらの事件を申し立てる場合は、家事事件手続法の規律により管轄権を有する子の住所地（調停の場合は相手方の住所地）の裁判所のほか、子の返還申立てがされた場合に管轄権を有するのと同じ家庭裁判所にも、面会交流についての管轄権を認めることとする提案がされた。この場合、家事事件手続法上の管轄と、特則によって認められる管轄に、優劣の関係はないので、住所がわかっていれば、住所地によって定まる家事事件手続法上の管轄裁判所に申立てをすることもできるし、東京家裁または大阪家裁に申立てをすることもできるとされた。

（3） 記録の閲覧等の制限　中央当局による面会交流等の援助を受けた者が面会交流等の家事審判の申立てをする場合に、申立人は相手方の住所を知らない場合があるという子の返還申立事件と同様の特殊性から、記録の閲覧等については、家事事件手続法の特則として、子の返還申立事件の手続における記録の閲覧等と同様の規律を用いることとし、住所等表示部分を原則として開示しないとする提案がなされた。この点については、その後、子の返還申立事件の手続と同様に、住所等表示部分を一律不開示とするのではなく、住所等表示部分が中央当局から提供を受けた情報である場合に限り、不開示の原則を適用とする案に変更された。変更の理由としては、子の住所の確知とは無関係な援助を受けたとしても、また、中央当局から提供を受けた情報でなくても、およそ住所等表示部分について不開示とすることは、特別扱いをする範囲が不当に広きに失し相当ではなく、中央当局から受けた情報のみを不開示とすれば必要かつ十分であることが挙げられた。この変更案に対しては、中央当局から提供された情報については絶対的不開示の規律を設けておき、それ以外の情報については家事事件手続法の規律に則って判断するという形にしたとしても、住居表示部分の秘匿の要請に配慮した適切な運用がされていくものと考えられるとの指摘がなされた〔古谷恭一郎発言〕。

IV 条約実施法と国内実務・理論との相関関係

1 従前の国内実務・理論が条約実施法の立法および運用に与える影響

（1） 国内の子の引渡しとハーグ条約事案における子の返還　条約実施法において、子の返還を命じる裁判の実現方法について柔軟な執行方法が立法化され、詳細かつ具体的な規定を置くことができたのは、それまでに、国内における子の引渡しをめぐる理論および実務の積み重ねがあったからである。以下では、従来の国内における理論および実務が条約実施法の立法にいかなる影響を与えたか、そして、子の返還をめぐって展開されてきた、間接強制か直接強制かという、いささか硬直的な二者択一の議論から離れ、間接強制を前置し、その後の手続として代替執行をベースにハーグ条約事案に適した特則を設けるという柔軟な立法化に踏み切ったきっかけは何だったのか、という2つの観点から、本章 II で述べた立法過程での議論をさらに分析してみる。

判決の主文は訴状における請求の趣旨に対応し、訴訟の対象となっている請求権の法的性質が強制執行の方法にも影響を与えるとするのが、従来の考え方である。すなわち、主文の記載内容によって、そこで示された給付義務の性質が決まり、それが執行方法を左右することになる。たとえば、子の引渡請求権の実現については、間接強制しか認められないのか、それとも直接強制も許されるのかという執行方法をめぐる問題が長らく議論されてきた（本書第2章 III 3、第4章 II・III 参照）。直接強制を認める立場からすると、子の引渡義務は、債務者の関与なしに引渡しが可能な与える債務であり、したがって直接強制が可能ということ

---

27) 梶村太市「子の引渡請求の裁判管轄と執行方法」司法研修所論集創立50周年記念特集号2巻・家事編（1997）346頁、山﨑・前掲注9）395頁、青木晋「子の引渡しの執行実務」家月58巻7号（2006）93頁、西川佳代「家事事件における執行—判断機関と執行機関の連携」法時81巻3号（2009）52頁、57頁参照。

とになる（ただし、この立場も、子の意思能力を考慮するかどうかで結論が分かれる）。これに対して、間接強制を支持する立場は、子の引渡請求権は親権（監護権）に基づく妨害排除請求権であり、非代替的性質を有するものであることを根拠とする。条約実施法の立法過程においても、子の返還を求める申立ての法的性質と裁判の主文のあり方が議論された。当初は、条約で求められていることは、ある国から、通常は両親の一方により連れ去られた子を元居た国に戻すという、いわゆる原状回復であり、それはつまるところ、子を連れ去った親が子を連れて戻るということであると解され、これは「為す債務」で、かつ奪取親しかできない債務であるから、非代替的作為義務と性質決定された。そして、それに対応する執行方法は間接強制しかない、という理論が主流であった。しかし、この間接強制しかないという考え方に対しては、国内における子の引渡しについては、議論があるものの認められている直接強制が、子の返還の実現については認められないことをどう説明するのか、という疑問が示された。国内の子の引渡しについても、子の監護紛争の解決の中心が人身保護請求から家事事件手続へと変わっていったことに伴い、執行方法として直接強制が支持されるようになった（本書第4章Ⅲ参照）。そこでも、子の引渡債務が、債務者が金銭や有対物などを引き渡す債務である「与える債務」であるのか、それとも債務者の作為または不作為を目的とする債務である「為す債務」であるのかという理論的な問題と、引渡しの目的が「子＝人間」であることから、人格を有する子を動産に準じて扱い、動産の引渡執行の方法である直接強制をすることが許されるのかという、子の人格の尊重および引渡しの実効性の確保という政策的な問題とが併存していた。[28]

　子の返還の実現方法として、子の引渡しと同様に直接強制が認められるかどうか、さらには、間接強制か直接強制かという二者択一論を超えて、より柔軟な執行方法が編み出された背景には、ハーグ条約に基づく子の返還の特殊性、すなわち、子の引渡しとの違いがある。子の返還の実現方法として直接強制は認められないとする立場が根拠として挙げたのは、子の引渡しが、子の親権なり監護権を

---

28) 遠藤真澄「子の引渡しと直接強制——主に家裁の審判、保全処分と直接強制の在り方について」家月60巻11号（2008）1頁、15頁参照。

決定するという手続の中に位置づけられている点である。すなわち、子の引渡しの場合には、監護権の所在について裁判所の実質的な判断がなされていて、それに基づいて、相手方に優先して監護権を有する者がその権限を行使するために請求しているから、直接強制が子の心身に与える影響が少なくないとしても、ある程度はやむを得ないといえる。これに対して、ハーグ条約に基づく子の返還は、とりあえず奪取された子を常居所地国へ返し、その国でいずれの当事者に監護権を認めるべきかを判断させることになるので、直接強制を認める正当化根拠が弱く、できるだけ子の心身に与える影響の少ない方法をとるべきであるということになる。この考え方は、返還裁判の判断が監護権と切り離されているという条約の特殊性を根拠に、直接強制を否定しているが、むしろ、この特殊性ゆえに、柔軟な立法が可能となったと考えられる。すなわち、国内の子の引渡事案では、監護権の所在をめぐって２当事者対立構造が明確であるのに対して、条約に基づく子の返還の場合は、一方当事者の請求権の実現というよりは、とにかく子を元の状態に戻すという原状回復を目的としている。条約上何ら規定がないことから、[29]申立人と相手方との間の権利義務関係が実体的に発生しているものではないとすると、子の返還を求める申立ての手続の構造としては、必ずしも２当事者対立である必要はなく、相手方のない事件として構成することも可能であった[30]（実際には、返還の実現のために子を返還し得る者を相手方とすべきであること、返還に最も関心を有する者を当事者として手続に参加させるべきであること、条約上も返還に異議を申し立てる個人等の存在を前提としていることなどに照らして、２当事者対立構造を前提として手続が組み立てられた）。何より、子の返還は国際条約に基づいた枠組みであることから、単なる私人の権利ないし請求権の実現にとどまらない、より公益性

---

29) 条約は、子の返還に向けた国家間共助の仕組みを定めてはいるものの、子を連れ去られた者が誰に何を求めることができるかについては、中央当局に対する援助の申立てをすることができることと、司法手続開始から６週間以内に決定を行うことができない場合に、遅延の理由を明らかにするよう求めることができることを規定しているのみで、誰に対して子の返還を求めることができるかについては、何ら規定していない。

30) オーストラリアでは、子を連れ去られた親のほかに、中央当局にも子の返還を求めて裁判所に申し立てることができる。Family Law（Child Abduction Convention）Regulations 1986, Reg,14（1）(a).

の強い側面が強調されることになる。このように、ハーグ条約事案では、誰が、誰に対して、どのような請求権をもっているのかが明確ではないことから、請求権と執行方法とをつなげて考えていた従来の議論に必ずしもとらわれず、国際条約であるがゆえに要請される実効性の確保に重点を置いた議論が可能だったともいえる。すなわち、子の返還の手続は、ハーグ条約の円滑な実現を目的とする条約実施法に基づいているため、締約国には国際法上の義務があり、返還命令が出された以上は、確実に返還するということが求められる。実際に執行段階まで進む事案がほとんどないとしても、制度として、間接強制にとどまらず、より実効性のある執行方法を用意しているということを他の締約国に示すことが重要であるという政策的考慮が働いたことは想像に難くない。国内の子の引渡事案であれば、その適否はともかくとして、子の引渡義務を負っている者がそれを履行せず、たとえば子が激しく拒絶しているという理由で執行不能になっても、当事者間の問題にとどまる。これに対して、日本がハーグ条約に加盟するということは、返還命令が出された場合には国を挙げてその実現に協力することを意味するのであり、このことが立法過程でも重視された。他方で、ハーグ条約が、子の利益を最大限に尊重し、子の心身に与える影響をできるだけ少なくすることに配慮していることから、執行方法においてもその趣旨にかなうよう、きめ細やかな規定が置かれた。したがって、一方で、実効性の確保に、他方で、子の利益の尊重に重点が置かれ、そのことが間接強制か直接強制かという二者択一の硬直的な議論から、より柔軟かつ実効性のある枠組みの構築に向けて大きく舵を切るきっかけとなったといえる。

　もっとも、この方向転換を後押ししたのは、前述のハーグ条約事案の特殊性だけではなく、子の引渡しをめぐる従来の理論や実務の蓄積があることはいうまでもない。すなわち、近時は、請求権と執行方法とを切り離し、請求権＝義務の性質＝執行方法という1対1対1の関係ではなく、事案ごとに、より柔軟に、最も適した執行方法を選択するという考え方も有力になりつつある。この考え方を推し進める契機となったのは、平成15年および16年の民事執行法の改正によって、間接強制の補充性が大幅に緩和され、強制執行の方法について債権者が自由に選

択できるようになったことである[31]。民事執行法173条1項前文により、執行方法の選択について債権者の自由が認められ、実現対象となる債権が物の引渡請求権や代替的作為であっても、間接強制が認められるようになった[32]。債権者が事案の態様によって執行方法を選択することができるという現行法の立場は、執行債権の性質から強制執行の方法を特定（限定）するのではなく、事案に即した執行方法による実現を追求すべきであるという立場を支持するものと評価される。これにより、作為請求であっても間接強制が使えることになり、従前の1対1対1の関係に必ずしもこだわる必要がなくなり、執行方法の多様性が認められるに至り、このような動きがあったからこそ、条約実施法においても、性質決定は絶対的ではないという議論がしやすかったのではないかと思われる。

（2） 条約実施法における子の返還執行手続の理論的根拠 　　ここでは、条約実施法における子の返還執行手続の構造を理論的に分析したうえで[33]、子の引渡しに関する従来の議論からの影響について考えてみる。

　まず、条約実施法26条は、「日本国への連れ去り又は日本国における留置により子についての監護の権利を侵害された者は、子を監護している者に対し、この法律の定めるところにより、常居所地国に子を返還することを命ずるよう家庭裁判所に申立てることができる」と定めている。この「常居所地国に子を返還する」義務が代替的作為義務と性質決定されることについては、すでに、立法過程における議論で示したとおりである。すなわち、この義務には権利者（申立人）

---

31) 平成15年の改正については、谷口園恵＝筒井健夫編著『改正担保・執行法の解説』（商事法務・2004）126頁以下、道垣内弘人ほか『新しい担保・執行制度〔補訂版〕』（有斐閣・2004）155頁以下〔山本和彦〕、大濱しのぶ「間接強制と他の執行方法の併用の許否―間接強制と代替執行の併用が問題になった事例を手掛かりとして」判タ1217号（2006）73頁、83頁以下等を参照。
32) 執行方法の選択を債権者の自由に委ねた趣旨は、間接強制と他の執行方法のいずれが効果的かは一義的に決められず、また、これを法律で一律に規定するのは困難であること、執行裁判所による判断も困難であり、迅速な執行の妨げになること、権利実現に最も大きな利害関係を有する者の判断に委ねるのが相当であることにあるとされる。大濱・前掲注31) 83頁以下、とくに86頁を参照。
33) 山本和彦「ハーグ条約実施法の概要と子の返還執行手続」新民事執行実務12号（2014）33頁以下参照。

に対して子を引き渡す義務は含まれておらず、また、義務者（相手方）が自ら子を当該国に連れて帰る必要もないことから、第三者によってであれ、子が常居所地国に物理的に戻れば、義務は履行されたことになる。そして、代替的作為義務に対応する執行方法は代替執行が原則となり（民414条2項、民執171条）、前述の民事執行法改正によって間接強制も可能となる（民執172条の2）。次に、条約実施法においては間接強制が前置されているが（136条）、これは、ハーグ条約が任意の子の返還が望ましいとしていることから、債務者に対して任意の履行の機会を与え、子に与える心理的負担を少なくする趣旨であり、間接強制の手続を話し合いによる解決の機会にするという政策的判断に基づくものであるとされる[34]。さらに、次に続く代替執行は、解放実施と返還実施とに分けられ、裁判所によって解放実施者として指定された執行官が子を債務者から解放し、債権者（申立人）が特定し、裁判所が相当と認めて指定した返還実施者に引き渡し、返還実施者が子を常居所地国に連れて帰る、という2段階構造になっている。ここで、とくに問題となるのが、子を債務者から強制的に解放できる根拠であるが、これは、子の返還義務という代替的作為義務の内容として、子の身柄を引き渡す義務が含まれると説明される。そもそも引渡しを受けない限り、返還実施者は返還を実施できないことから、第三者が債務者に代わって返還義務を履行するという代替執行の枠組みにおいては、論理必然的に、その義務の中に子の引渡しの義務が内包される関係に立つと解されるとする[35]。

　条約実施法における2段階構造には、子の引渡しの執行方法に関する議論が少なからず影響している。具体的には、直接強制・間接強制のいずれかの適用ないし併用を認める見解のうち、不作為執行の方法により、債務者が子の引取りを妨害する場合には、執行裁判所は、妨害の抑圧のために間接強制として金銭の支払いを命じ（民執172条）、あるいは（場合によりこれと併せて）将来のための適当の

---

[34] 山本・前掲注33) 34頁、38頁注37、堂薗幹一郎「ハーグ条約に基づく子の返還のための裁判手続等の概要」法の支配171号（2013）65頁。
[35] 山本・前掲注33) 34頁、38頁注34参照。建物の収去義務の内容として、建物の占有者の退去義務が内包されており、それを直接強制によって執行できることとパラレルに考えられるとする。

処分（民執171条、民414条3項）として、執行官による子の取上げ、債権者への引渡しを命じることもできる、とする考え方である[36]。この考え方は、子の引渡請求権をして、子を手もとに置く者に対し権利者の引取りを妨害しないことを求める不作為請求権としたうえで、引き渡されるべき子およびその周辺状況によって義務者が子の引渡しを行い、あるいは、権利者の子の引取りを義務者が受忍するなど、不作為義務の履行態様が異なり、その執行処分の内容も、子の状況、義務者と子の関係、執行に対する義務者の抵抗の有無・程度等に応じて一様ではないことから、執行裁判所の判断を介して、引渡しの態様に応じた多様な手段を用いることができ、調査のうえで債務名義を作成した家庭裁判所との連携を図ることも可能であるとする。条約実施法における子の返還義務が代替的作為義務とされる点で異なるが、不作為義務の履行態様が一様ではないという考え方は、子の返還義務の履行態様に通じるものがある。たしかに、この考え方は、子の引渡しの裁判例や実務においては採用されておらず、条約実施法で共通点をもつ仕組みがつくられたのも、前述のハーグ条約の特殊性にかかる政策的配慮によるところが大きいことは否めないし、国内の子の引渡しにどこまで類推適用できるかについては、理論的に克服しなければならない問題点もある（本書第4章**Ⅳ**参照）。しかし、条約実施法で執行官の権限が細かく規定されたのも、今日まで子の引渡しの強制執行において培われてきた実務があってこそであり、このように従来の理論や実務を前提として、それを発展させた形で新たな仕組みがつくられ、それがまた国内の理論や実務に影響を与えることで、子の利益の尊重という共通の目的のもと、双方の執行手続が相互に関連しながら発展していくことが望まれる[37]。

（3） 面会交流　　すでに述べたように、条約実施法においては、面会交流について、中央当局による援助の手続のほかは、若干の例外を除き特別な規定は設けられなかった。すなわち、ハーグ条約事案における面会交流事件を処理するための手続としては、現行の家事事件手続法で十分対応できるとされたのである。

---

36) 中野貞一郎『民事執行法〔増補新訂6版〕』（青林書院・2010）7997頁等。
37) 福島政幸「ハーグ条約および国内実施法における解放実施事務が国内における子の引渡執行に与える影響」新民事執行実務12号（2014）40頁、50頁以下参照。

これは、子の返還裁判については、既存の制度や法では不十分であり、新たな立法が必要であるとされたこととは対照的である。たしかに、ハーグ条約自体においても、面会交流については詳細な規定が設けられておらず、面会交流権を尊重することが抽象的に義務づけられているに過ぎないことから、ハード面だけに注目すれば、家事事件手続法を適用することで、手続は整備されているようにみえる。しかし問題は、面会交流について、家事事件手続法による調停や審判で、どこまで具体的に実現可能なとりまとめがなし得るかである。この点については、前述の子の引渡しの執行に比べると、理論や実務の蓄積がまだ十分ではなく、むしろ、ハーグ条約の発効および条約実施法の施行を契機として、従前の理論・実務の見直しが迫られることになると思われる。

2 　条約実施法が今後の国内実務・理論に与える影響

（1）　子の引渡し　　条約実施法においては、債務名義作成機関である子の返還裁判と執行機関における間接強制および代替執行とを、任意の子の返還、あるいは、安全な子の返還に向けての話し合いを指向する一連の流れととらえている。とくに、間接強制を前置した二段構えの執行手続においては、間接強制で債務者に心理的に圧力をかけて任意の履行を促すとともに、具体的な義務の履行について話し合いの機会をつくり、債務者に履行方法選択の機会を与えるという意味がある。[38] それでも任意の履行がなされない場合には、最終手段として代替執行になるが、そこでも、授権決定手続において、子の心身に与える負担を少なくするという目的のもと、誰を返還実施者とするか、解放実施は具体的にどこで、どのように行えばよいか、返還実施は具体的にどのように行われるか、などについて、少なくとも代理人同士が最も適切な方法を協議し、決定していくことが求められる。子の返還という義務の履行方法が多様であることから、これらの話し合いが非常に重要となってくる。このことは、子の引渡請求権が、親権（監護権）に基

---

38) 山本・前掲注33) 34頁。

づく妨害排除請求権の性質のみならず、何らかの作為義務を包含する引渡請求権の性質も併せもっているとされること[39]、子の引渡しや面会交流の態様が様々であることなどに鑑みると、子の引渡しや面会交流の執行の際にもあてはまると思われる。事案ごとの事情に即した執行方法を一連の手続のどの段階で、債務者と債権者のいずれが具体化していくのか、両者間でどのような調整が行われるべきなのかを、さらに検討する必要があろう（本書第3章Ⅰ参照）。

　さらに、条約実施法においては、間接強制前置ではあるが、代替執行における授権決定がされた後も強制金支払義務が存続するとされており、その意味では、間接強制と代替執行という2つの執行方法が併用されていることになる。民事執行法の解釈としては、授権決定がされた後は間接強制金の支払義務はなくなり、間接強制は効力を失うとされているが、条約実施法に基づく子の返還の事案では、代替執行の手続を踏んでも債務の本旨にかなった内容の実現には相当の時間を要し、最後まで目が離せない難しい情況があるため、間接強制の効力はなお続くと解される、と説明されている。その場合、代替執行に切り替わった後、一定の期間は効力があるとするか、あるいは常居所地国に向かう飛行機に乗せるなどして、返還に必要な行為が終了し、義務の履行が完了したといえるまではずっと続いていて、最後は請求異議の訴えで執行の不許を求めるということになるのかは解釈の問題となるが、いずれにせよ、代替執行が開始されたら当然に間接強制の効力がなくなるということにはならないと解されている。この議論は、債権者が執行方法を選択できるようになったことに付随して生じ、間接強制と代替執行のみならず、間接強制と直接強制など、2つの執行方法を並行して実施することが許されるかという問題に関連する。ハーグ条約事案の特殊性ゆえに限定的に認められるのか、それとも子の引渡しについても認められる余地があるのか、認められるとして両者の関係をどのように考えるべきなのか、今後議論する必要がある（本書第3章Ⅳ2、第4章Ⅳ2（5）参照）。

　条約実施法においては、一方で、実効性を確保する要請が国内事案以上に強い

---

39) 山﨑・前掲注9) 395頁。

ことから、間接強制に加えて、代替執行の中で執行官による解放実施という、実質的には直接強制と同視し得る方法がとられているが、他方で、子の利益を保護するという観点から、子に与える影響を最小限に抑えるために、解放実施の際の執行官の権限が細かく規定されている。これによって、状況に応じた措置をとるために必要な執行機関の判断権限の理論的根拠が明確になり、執行段階で適切かつ柔軟な対応をとることで、任意の履行を促すとともに、迅速な権利の実現が図られている。また、このような枠組みにおいては、執行裁判所である家庭裁判所と執行官との双方向の連携が不可欠であるが、このことは、従来の一方通行を前提とした執行方法とは異なるものである。それが国内における子の引渡しという対人執行の問題にどのような示唆を与えるのか、直接強制の際の意思能力の有無や威力行使のあり方は具体的にどう変わっていくのか、新たな執行方法が考えられるとして、子の引渡請求の性質決定はどう考えるのか、両者を切り離して考えてもよいのかなど、条約実施法がわが国の家裁実務および理論に与える影響は少なくない（本書第 2 章Ⅲ 3・4、第 4 章Ⅲ 7 参照）。

（2）　**面会交流**　（a）　すでに述べたように、わが国では、面会交流の取決めの審判および調停の手続が用意されており、それをそのまま利用することが可能であるから、条約実施法においては、中央当局による援助申請の手続のみが規定されている。したがって、具体的な面会交流の手続は家事事件手続法によることになり、通常どおりの審判手続に従い、家事調停に関しても調停前置となる。この点、子の返還裁判の管轄が東京家裁と大阪家裁の専属管轄とされている（32条）ことから、それ以外の家庭裁判所ではハーグ条約事案は扱わないものと誤解されかねない。しかし、家事事件手続法に従い、面会交流を求める調停事件は相手方の所在地を管轄する裁判所に（家手 245 条 1 項）、同審判事件は子の住所地を管轄する裁判所に（家手 150 条）、それぞれ申し立てられる（それに加えて、東京家裁および大阪家裁にも申立てをすることができる。条約実施法 148 条）。したがって、ハーグ条約に基づく面会交流事案は、全国の家庭裁判所に申し立てられる可能性があり、決して特殊な事案ではないということに留意する必要がある（本書第 2 章Ⅱ 3（5）参照）。それに加えて、中央当局による面会交流援助申請については、子の移動の時期が限定されていないことから、条約発効後に子の連れ去りがあっ

た事案に加えて、条約発効以前の移動により面会交流の権利が侵害され、その状態が日本における条約発効後まで継続している事案も含まれることになる（16条参照）。子の返還裁判の申立ては、連れ去りが条約発効後に生じたものに限られるため、実際には、面会交流援助の申請のほうがはるかに多い[40]。想定されるケースとしては、①返還の申立てが東京家裁ないし大阪家裁になされ、そこで併せて面会交流の調停・審判が申し立てられる場合、②それとは別に相手方の住所地や子の住所地を管轄する家庭裁判所に申し立てられる場合、③面会交流のみが申し立てられる場合、④面会交流が先に申し立てられ、後から返還の申立てが東京家裁ないし大阪家裁に申し立てられる場合がある。このような場合に、とくに子の返還裁判と面会交流事案が別々の裁判所に並行して係属している場合の取扱いなども、検討する必要がある。また、ハーグ条約は、当事者の国籍に関係なく、つまり国際結婚でなくても、子が国境を越えて不法に連れ去られ、または留置された事案に適用されることから、たとえば、日本人同士の離婚に伴い行われていた面会交流の調停や審判において、一方の親が子を連れて外国に行ったまま帰って来ない場合などを想定すると、それはもはや通常の国内事案にとどまらず、連れ去られた外国がハーグ条約の締結国の場合にはハーグ条約事案となり、当該国の中央当局や日本の中央当局である外務省との連携も必要になるかもしれない。いずれにせよ、日本がハーグ条約に加盟したことは、東京家裁と大阪家裁に限らず、全国各地の家裁実務に少なからず影響するのである。

　（b）　両親が別居ないし離婚しても、子が離れて暮らす親と継続的に接触し、親子間の絆を断ち切らないことが子の健全な成長にとっては重要であり、これを実現することが子の利益にかなう、というハーグ条約の基礎にある考え方は、日

---

[40] 外務省によると、平成27年7月末時点で面会の実現を求める申請は85件あった（日本経済新聞平成27年8月8日 http://www.nikkei.com/article/DGXLASDG08H0G_Y5A800C1000000/）。
　　なお、外務省は、平成27年9月1日、「ハーグ条約に基づき、外国で離れて暮らす親子がインターネット上で面会できるシステムの運用を始めた。面会には第三者として、外務省が委託する専門の支援者がネット上で立ち会う。不適切な発言があれば、強制的に会話を遮断できる権限がある」とされる（毎日新聞平成27年9月1日 http://mainichl.jp/select/20150902k0000m010094000c.html）。

本国内の面会交流の位置づけについても共通していると思われる。面会交流については、その権利性や強制執行のあり方をめぐって、近時、議論が活発になりつつあるものの、いまだ十分とは言い難い[41]。国内法でも、民法で面会交流権が抽象的には認められたものの、調停や審判において形式的に取り決めるだけで、あとは当事者間の協議に任せる、という実務でよいのか、強制執行も視野に入れた具体的かつ実効性のある取決めをするためには、どのような運用が望ましいのかを早急に考える必要がある（本書第2章Ⅱ、第3章参照）。何より、面会交流権を尊重し促進することは、ハーグ条約が志向する任意の返還のためには必要不可欠であり、日本が、今後、いかに理論および実務の両面において実績を積んでいけるかは、ハーグ条約事案の解決に限らず、子の監護紛争を子の利益にかなった形で処理していくことに直結する重要な課題であることを、肝に銘じる必要がある。条約実施法には具体的な規定がないからこそ、この点に留意して、今後の議論をしていくべきであろう。

3　残された問題

　本書では取り上げないが、日本がハーグ条約に加盟し、条約実施法が施行されたこととの関係で、考えなければならない問題について、最後に言及しておく。
　第1に、立法過程の議論においても少し触れたが、アンダーテイキング（undertaking）やミラー・オーダー（mirror order）の問題である。これは、子の所在地国における返還裁判の中で、裁判所が、帰国費用の負担や返還先の常居所地国における返還後の子の居住先の確保、連れ去った親に対する刑事訴追の取下げなどを条件としたうえで子の返還命令を出すというものである。このような手法は、ある程度の条件について当事者間で合意が成立しているようなケースで、調

---

41) ハーグ条約に加盟したからといって、面会交流について民法766条以上に、実体法的に面会交流権という確立したものが認められることになったわけではない。早川眞一郎＝大谷美紀子「対談 日本のハーグ条約加盟をめぐって」ジュリ1460号（2013）53頁〔大谷発言〕参照。

停条項や和解条項の中にこれらの条件を取り込む形で解決していく場合には非常に有用である[42]。とくにハーグ条約事案においては、任意の返還を含む合意による解決が目指されており[43]、子の常居所地国への返還ができるだけ円滑になされるような環境を整備し、それを担保するための条件を付けるという方法で柔軟な解決が期待されるところではある。これに対して、返還を命じる審判の主文にこれらの条件を記載した場合には、困難な問題が生じる。返還のための費用を申立人が負担するというような、日本国内で実現可能な条件であれば、その履行を担保することはできるが、返還先の常居所地国で返還後に履行されるべき条件については、それが履行される保証はなく、日本の裁判所の権限が及ばず、履行の確保を約束できない条件を記載するような主文を形成することは許されないと解される。他方で、外国でなされた返還を命じる裁判の主文にこれらの条件が記載されている場合には、外国裁判の承認・執行の問題となる。たとえば、子の引渡しや子の返還、面会交流等について、外国裁判の主文においてその履行方法が具体的に記載されているが、日本ではそれに対応する手続や制度がない場合や、その反対に、外国裁判の主文では子の引渡しや面会交流を妨害してはならない、というように、債務の内容が十分に具体化されていない場合に、日本の裁判所が、日本における強制執行手続のために執行機関に対して示す債務名義を作成する過程で、どこまでのことができるかという形でも問題となり得る。

　第2に、ハーグ条約事案以外の渉外家事紛争への影響である。具体的には、日本が、ハーグ条約加盟前から、国際的な子の監護紛争を処理してきた手続、すなわち人身保護手続や子の引渡しを命じる外国裁判の承認・執行、日本の家庭裁判所における監護権者指定の審判などは、ハーグ条約加盟後も、条約に基づく子の

----

42) 条約実施法100条（和解）、144条（当事者の同意を得て職権で家事調停に付すことができる）。早川=大谷・前掲41）49頁、54頁参照。
43) 髙杉直「国境を越えた子の奪い合い紛争の解決と課題」二宮=渡辺編著・前掲注14）208頁。ハーグ条約による子の返還裁判手続は、実質的な子の利益の観点からは必ずしも完全なものとはいえず、父母双方と子との間の面会交流などの平和的・安定的・継続的な関係の実現という子の利益の観点や、養育費等の付随的な問題の解決の必要性という観点からは、父母間の合意に基づく解決が重要であるとする。

返還手続と併存関係にあるとされている[44]。いずれの手続においても、子の利益を保護することが最も重要な目的であることに異論はないと思われるが、これらの手続の解釈・運用は何らかの影響を受けることになるのか、とくに、日本の家庭裁判所に直接監護権者指定の審判が申し立てられた場合の国際裁判管轄の有無はどのように判断すべきかなど、子の利益の保護という共通の目的を達成するために子の監護紛争の処理をどこまで統一的に規律すべきかについて、検討すべき問題は少なくない[45]。序章でも述べたように、今後は、子の監護をめぐる国内および国際的紛争の処理について、他国からの信頼・尊重に値する国内の制度をいかに構築し充実させるかを検討していくことが不可欠である。ハーグ条約加盟および条約実施法の施行を契機に、議論がさらに活性化し、発展していくことが望まれる。

----

44) 織田有基子「子の奪取」『国際私法判例百選〔第2版〕』（有斐閣・2012）153頁、渡辺惺之「国際的な子の奪取の民事面に関する条約の批准をめぐる検討問題（下）」戸籍時報676号（2011）33頁。
45) 河野俊行「子の養育・監護・引き渡し―子の奪取の民事面に関するハーグ条約と国際民事訴訟法・国際私法の統一的解釈論の試み」国際法学会編『日本と国際法の100年第5巻 個人と家族』（三省堂・2001）177頁以下、村上正子「子の監護をめぐる国際紛争の統一的処理―子の監護に関する審判事件の国際裁判管轄の規律のあり方」慶應法学28号（2014）353頁以下参照。

第2章

「面会交流・子の引渡」事件の実務

I はじめに

1 関係者の基本姿勢

（1） 子への配慮——ふたりのロッテ

> 「私は、世の中に、離婚した両親が沢山いること、そのため多くの子どもたちが苦しんでいることをお話ししたいのです。それだけではありません。両親が離婚しないため、沢山の子どもが苦しんでいることもお話ししたいと考えています。いずれにしても、子どもたちをそのような状態に追いやっていながら、子どもたちに対し、何も話をしようとしない親は本当に困ってしまいます。あまりにも気が弱過ぎるし、道理にも背いていると思います。子どもたちに対し、きちんとした、わかりやすい話をしてほしいのです。」

　これは、ドイツの詩人で、作家であるエーリッヒ・ケストナーの大人たちに向けたメッセージである（エーリッヒ・ケストナー（高橋健二訳）『ふたりのロッテ〔初版〕』（岩波書店・1950）を参考にして、意訳した）。

　家庭裁判所では、「面会交流」あるいは「子の引渡」しの問題をめぐって、毎日のように話し合いがある。そこでは、当事者のそれぞれの思いが凝縮した、緊迫したやりとりが行われている。このときに、当事者をはじめとした大人たち（もちろん、裁判所の関係者を含む）は、ケストナーのメッセージをどれほど重く受け止めているのだろうか。大いに気になっている。ケストナーのメッセージを重く受け止めて、実践すること、これが、「面会交流・子の引渡」事件に関わる者の基本的な姿勢であってもらいたい。このように考えている。かかる考え方は、法律以前の、いわば当然のことであり、とくに説明を要するものではないとも思うが、念のため、法的な裏づけについても述べることにしよう。

　まずは、わが国も批准した「児童の権利に関する条約」（児童の権利条約）である（平成2（1990）年9月2日発効。平成27（2015）年現在の締結国は195ヶ国）。同条約は、「児童に関するすべての措置をとるに当たっては、公的若しくは私的な社会福祉施設、裁判所、行政当局又は立法機関のいずれによって行われるもので

あっても、児童の最善の利益が主として考慮されるものとする」(同条約3条1項)と定め、さらに、「締約国は、児童がその父母の意思に反してその父母から分離されないことを確保する」(同9条1項本文)、「締約国は、児童の最善の利益に反する場合を除くほか、父母の一方又は双方から分離されている児童が定期的に父母のいずれとも人的な関係及び直接の接触を維持する権利を尊重する」(同3項)と定めている。そればかりではない。「締約国は、自己の意見を形成する能力のある児童がその児童に影響を及ぼすすべての事項について自由に自己の意見を表明する権利を確保する。この場合において、児童の意見は、その児童の年齢及び成熟度に従って相応に考慮されるものとする」(同12条1項)、「このため、児童は、特に、自己に影響を及ぼすあらゆる司法上及び行政上の手続において、国内法の手続規則に合致する方法により直接に又は代理人若しくは適当な団体を通じて聴取される機会を与えられる」(同2項)と規定する。

　この趣旨は、平成23年の民法等の一部改正にも影響を及ぼした。すなわち、平成23年改正後の民法766条1項は、「父母が協議上の離婚をするときは、子の監護をすべき者、父又は母と子との面会及びその他の交流、子の監護に要する費用の分担その他の子の監護について必要な事項は、その協議で定める。この場合においては、子の利益を最も優先して考慮しなければならない」と定め、さらに、民法820条は、「親権を行う者は、子の利益のために子の監護及び教育をする権利を有し、義務を負う」と規定している。

　これらのことからも明らかであるが、離婚協議中の夫婦や、離婚事件を担当する大人たちは、「子の利益」や「子の最善の利益」を優先して考えなければならない。また、調停、審判または訴訟の各手続で、子どもたちのことが問題になった場合には、みんなで、意見を一致させるように努める[1]。そして、子どもに意

[1) オーストリアでは、2013年の親子法改正で、「父母は、実行できる限り、可能な限りで、配慮〔オーストリアでは、親権の代わりに配慮という〕をつくして行わなければならない」と規定した(改正法137条2項)。そして、改正後の解説として、オーストリアでは、①父母は、期待可能な限りで、他方との合意に努める義務がある、②父母は、可能な限り、互いに、他方とコンタクトをとらなければならない、と説明されているという(床谷文雄＝本山敦編『親権法の比較研究』(日本評論社・2014) 157頁〔渡邉泰彦〕)。し

見表明権があることを認めて、表明された子どもの意見を相応に尊重していくことが必要なのである。

もっとも、子どもの意見を尊重することは、子どもに判断を委ね、子どもに責任を押し付けていくことを意味していない。子どもの意見を尊重しなければならないという意味は、子どもを当事者の1人として認めて、子どもを蚊帳の外に置かないようにすることである。そのように理解してほしい。[2]

（2） 子のことでの協力　両親らの言い争い・心理的な葛藤は、子どもの精神面にも、大きな負荷を与えることになる。[3]子どもには、不安感、苛立ち、信頼感の喪失、集中力の欠如、自尊感情の低下、孤立感・喪失感の高まり、攻撃性・虐待性の高まりなど、多くの影響が現われる。先行研究によれば、家庭崩壊の危機があると、それが、10年、15年後に影響が現れて、その時点に至って、社会的に不適応になる子どももいるとのことである。[4]このようなことを知るにつけ、大人たちは、いっそう、子どもたちに対して、配慮していかなければならないと思うのである。

それにもかかわらず、夫婦間のトラブルは、嫌でも、子どもたちを、不安の渦の中に巻き込んでいく。子どもは、辛い日々を送り、精神的にも不安定になって

かし、ここで解説されている内容は、改正法によって初めて登場したわけではなく、もともと、両親として、そのように行動することが期待されているものといえるだろう。
2) 児童文学作家の上條さなえさんの自叙伝に、さなえさんのクラスメイトが登場する。その10歳の女の子「かおりちゃん」は、次のように述べる。「かおりは、天井を見つめたまま、『なこちゃん［さなえさんの愛称］は、あたいよりしあわせだよ。電気がつかなくても、ガスが使えなくても、お父ちゃんとお母ちゃんがいるじゃん。あたい、早く大人になりたいな。子どもって、かなしいよね。大人に決められたら逆らえないし、どんなにいやなことだってがまんしなくちゃならないんだもん』。さなえが、かおりを見ると、かおりの閉じた瞳のまつ毛の下から、涙が1つこぼれ落ちた」（同『10歳の放浪記』（講談社・2006）67頁）。時は昭和35年、場所は東京都豊島区東長崎である。
3) 棚瀬一代『離婚と子ども―心理臨床家の視点から』（創元社・2007）、小澤真嗣「家庭裁判所調査官による子の福祉に関する調査―心理学の視点から」家月61巻11号（2009）14頁、細矢郁＝進藤千絵＝野田裕子＝宮崎裕子「面会交流が争点となる調停事件の実情及び審理の在り方―民法766条の改正を踏まえて」家月64巻7号（2012）38頁以下等参照。
4) 棚瀬一代『離婚で壊れる子どもたち―心理臨床家からの警告』（光文社・2010）90頁、張賢徳『うつ病新時代―その理解とトータルケアのために』（平凡社・2010）133頁。

いく。とくに、両親のトラブルの原因の中に自分たち子どもの問題が含まれていたときには、苦しさは倍加する。子どもは、自分の存在が、両親のトラブルの原因であるかのように思い込んで、悩み、苦しんで、過剰な反応を示す。あるいは、これと反対に、自らの内部に閉じこもって、精神的な交流をもとうとしない子どもが登場してくる。そこまでいかない場合でも、子どもは、何とか早く、この争いが終わって、家庭の中に平和が、そして笑顔が戻ってきてほしいと思って、毎日を祈るような気持ちで過ごしている。

　したがって、父親・母親を中心とした大人たちは、子どもを放っていてはならない。子どもを安心させ、よりよい環境を与えていくこと、そのことが、何より大事である。もっとも、両親をはじめとする大人たちが、それぞれ勝手に働きかけても、所期の効果は挙がらない。両親が、心を1つにして、子どもの前に座わって、同じ姿勢で、同じ言葉を使って、子どもたちに働きかけていくことが大切になる。以下、これを具体的に説明しよう。

　①まずは、両親が揃って、子どもの前に座る、②そして、子どもの前で、「喧嘩が長引いていて、あなたたちに迷惑をかけてしまっている。申し訳ない」と述べて、詫びる、③そのうえで、子どもに対し、「離婚するにせよ、離婚しないにせよ、あなたたちのことで喧嘩はしない。協力する。何も心配しなくてよい。もし、何か心配があって、聞きたいこと、言いたいことがあれば、いつでも相談にのる」と述べて、子どもに訴えかけていく。こうすると、夫婦喧嘩のさなかでも、子どもをケアすることができる。そして、このことは、子どもの精神的な安定・福祉にとって、極めて重要なことだと思われる。

　もっとも、心を1つにすることは難しい。そこは、筆者も理解している。しかし、難しいからこそ、「面会交流・子の引渡」事件の場を用いて、心を1つにするように努めていくべきである。つまり、「面会交流・子の引渡」事件の手続は、父母をはじめとする大人たちが、子のことで心を1つにまとめて協力していく、そのための機会を提供している。

　仮に、「面会交流・子の引渡」事件で、当事者間に何らかの合意ができたというときも、肝心の協力関係ができなければ、その合意を実現していくことが難しい。結果的に、子の福祉に役立たないことも出てくることになる。

（3）　**親子関係の構築──親子関係断絶の阻止**　大人たちは、子のことで協力すべきである。つまり、「面会交流・子の引渡」事件の主役は、子であって、大人ではない。大人は、子の協力者であり、かつ、支援者である。大人たちは、子のことで、何を、どうやって協力していくのか、充分に話し合ってほしい。このような観点を抜きにして、いつから面会交流をするのか、その頻度や、時間帯をどうするのかなど議論して、綱引きをしても、おそらくは無意味なことだろう。繰り返しになるが、「面会交流・子の引渡」事件の場は、大人が、子のことで協力していく、そのための場なのである（前記（**2**）参照）。

　もっとも、そのときに、注意してほしいことがある。それは、大人たちがめざす「方向性」のことである。この方向性は、「よりよい親子関係の構築」（または再構築）である。間違っても、面会交流・子の引渡事件の場を、「親子の縁切り」の場にしてはならない。

　万が一、当事者間に成立した合意が、父子（または母子）の縁切りにつながるものであった場合、事件担当者は、その合意を認めてはならない。黙認することもいけない。当事者が、その合意をもとに、当該事件を終わりにしたいと望んできても、担当者は「合意が相当でない」と判断して、見直しを迫っていくべきである。仮に、当事者がこれを拒否したときは、事件を不成立にして、事件を終了させる（家手272条1項）。かかる見識がない者に、子の事件を担当してほしくない[5]。

2　面会交流事件の進め方

　（1）　**調停事件の進め方**　調停事件の進め方というと、すぐに、「同席調停

---

[5] 事件担当者の中には、「自分たちは、当事者に対して中立・公平である。したがって、そこまで積極的にリードすることは難しい」などと弁解する者がいる。しかし、賛成できない。家庭裁判所は、後見的な役割を担っている。事件担当者は、実質的に、子どもたちの代弁者としての役割をもっている。このような役割を果たすことと、申立人・相手方との関係で中立・公平な立場を保っていくこととは、何も矛盾していない。

と別席調停[6]」を想起する読者も多いことだろう。しかし、調停事件の進め方には、同席調停と別席調停のほか、「トータル方式」と「ステップ方式[7]」、そして、「評価裁断型」、「交渉あっせん型」、「関係変容型」、「コンフリクト・エンゲージメント・アプローチ[8]」などがある。これらの技法も学んで、習得していくことが大切である。そのうえで、この事件で、この場面で、そして、このタイミングで、何を選択すればよいのかを考えるのである。

　言い換えると、事件担当者は、これらのスタイルを知って学び、自らのツールに加えておくべきである。この準備をしていないと、的確なツールを選択することができず、調停事件を適切に進めることができない。結果として、「応病与薬」（病に応じて薬を調合し、患者に与えること）とならない。

....

6) 上原裕之「家事調停の今日的課題」判タ 1027 号（2000）65 頁、和田仁孝＝大塚正之編著『家事紛争解決プログラムの概要―家事調停の理論と技法』（司法協会・2014）49 頁、105 頁。

7) 「トータル方式」とは、議題（アジェンダ）の順番を決めないか、順番を決めても、途中で、前の議題に戻りながら合意を形成するやり方をいう。これに対し、「ステップ方式」とは、議題（アジェンダ）の順番を決めて、その順番に合意を積み重ねていき、前の議題には戻らないやり方のことである。なお、これらの用語法は、多田周弘『離婚調停の奥義』（悠々社・2003）22 頁、106 頁を参照されたい。

8) 「評価裁断型」とは、調停委員会を紛争解決の主体と考えて、調停委員会が、紛争解決の内容を決め、それを当事者にあっせん・説得するという調停進行イメージのものである。「交渉あっせん型」とは、紛争解決の主体を当事者ととらえて、当事者間の交渉を援助していき、そのうえで、解決内容も Win-Lose ではなく、Win-Win の解決になるように援助するという調停進行イメージのものである。これに対し、「関係変容型」とは、当事者が紛争解決の主体である以上、調停委員会は、当事者同士のコミュニケーションを改善し、当事者が成長して、当事者間の関係を変容させていくことを目標にして援助するという調停進行イメージのものである。最後に、「コンフリクト・エンゲージメント・アプローチ」と呼ばれる調停進行イメージがある。このやり方も、当事者を紛争解決の主体ととらえているが、他方で、調停者が媒介役になり、どのような状態の当事者でも、紛争解決に向けた取組みをすることができるように、目の前の事態を動かしていく必要性があるとする。そのため、場面に応じて、時には分配し、時には戦うなど、多様な活動をして、当事者同士を組み合わせていくこと（エンゲージメント）を勧めるのである。これらの用語法・内容については、入江秀晃『現代調停論―日米 ADR の理念と現実』（東京大学出版会・2013）27 頁、45 頁以下を参照されたい。

　「紛争解決」イメージから「紛争の変容」イメージへの転換を図るものに、安川文朗＝石原明子編『現代社会と紛争解決学―学際的理論と応用』（ナカニシヤ出版・2014）がある。

事件担当者は、当事者を観察して、その人の様子を知ることに努める。そのうえで、資料を読み込み、当事者の話に耳を傾けて、目の前の当事者を把握する。そればかりではない。そこから過去を想像し、未来を予測して、最も適当だと思われるスタイルを選んで、それを試していく。もし、このケースで、この場面で、適当と思えるものがないときは、自ら新たなスタイルを発明して、それを試し、修正を加えていく。担当者の仕事は、まさに、かかる作業の繰り返しである。

（２） 調停スタイルの選択と組合せ　ところが、最近の事件担当者の中には、調停事件の進め方について、「裁判所では、別席調停が原則である。同席調停を用いることは例外的である」などと述べて、わざわざ窮屈な考え方をする人がいる。しかし、この考え方には、法的な根拠も、実際上の根拠もない[9]。

たとえば、最高裁事務総局（木村要家庭局長）は、裁判所が関係する高裁管内の調停委員大会・調停運営協議会といった公式の場で、「［別席調停と同席調停の使い分けは］いわゆる原則と例外の関係にはありません。そのときの状況に応じて、適宜、使い分けがされるべき［もの］」と説明している（調停時報136号（1997）65頁）。まさに、このとおりだと思う。最近は、この公式見解に触れる人もいないので、この場を借りて、あえて紹介しておく。

問題は、「別席調停」と「同席調停」の選択だけではない。仮に、別席調停を用いるとしても、それでは、「トータル方式」と「ステップ方式」の選択をどうするのか、「評価裁断型」、「交渉あっせん型」、「関係変容型」、「コンフリート・エンゲイジメント・アプローチ」の選択をどうするのか、さらには、何を「協議事項」（アジェンダ）とし、その順番をどうするのかなど、多くの選択が迫られてくる。追って、当面の調停委員の役割をどのようなものと考えて、それを調停委員の間でどのように分担するのかといったことも、選択しなければならない。

いずれを選択するにせよ、事件の進め方を固定的に考えるべきではない。ある選択をして、調停事件をスタートさせても、その後、当事者の様子がわかり、当事者を取り巻く環境等もわかってきて、想定していた状況と違ってきた場合には、

---

9) この点につき、上原・前掲注6) 65頁参照。

当然に、自らが用いている調停技法を見直して、修正を加えていくことが必要になる。

　言い換えると、事件担当者は、当事者の様子を知り、その状況を知って、これを分析していき、そして、検討し、想像し、反省し、修正していくことが必要になる。このようなことを繰り返していけば、事件担当者は、自然と「反省的実践家」となって、よりよい調停活動ができるだろう。[10]

　それにもかかわらず、最近の家庭裁判所では、ほとんどの事件で、別席調停を用い、それに、評価裁断型または交渉あっせん型のスタイルを組み合わせていこうとする傾向がある。このような進め方には、なお問題があるが、それ以上に問題なのは、このようなやり方を、その後の事件の進展に合わせて、変えていこうとしないことである。その結果、調停事件の進め方が平板なものとなり、その場の状況に合わなくなる。強い意見をもっている当事者に振り回され、粘り強さという点でも見劣りがする（昭和50年代前半頃のやり方は、もっとバラエティに富んだ、柔軟な進め方だったと思う。また、例外は少なくないと思うが、以前の担当者のほうが粘り強さをもっていた）。

　大人たちは、子のことで協力しなければならない。しかも、この協力関係は、「面会交流・子の引渡」事件の係属中だけに必要とされるわけではない。事件の終了後にも必要になる。このように考えると、別席調停だけで、「面会交流・子の引渡」事件を進めていくことには問題があろう。そのような進め方をしていては、大人たちが事件終了後に協力できるのか、その見通しがつかないからである。したがって、事件担当者は、同席調停（審判手続の場合は同席審判）を織り交ぜていくべきである。そのような試みをして、ようやく、当事者の関係の一端がみえてくる。今後、当事者が、自主的に協議を重ねて、協力していくことができるか

---

10) Donald A. Schön, *The Reflective Practitioner : How Proffesionals Think in Action*, Basic Books, 1983. この翻訳として、佐藤学＝秋田喜代美訳『専門家の知恵―反省的実践家は行為しながら考える』（ゆるみ出版・2001）76頁以下、172頁以下参照。専門家は、既存の知識に頼ってはならない。現場では、新しい発見をし、新しい方法を創造していくべきであるという。同書の新訳に、柳沢昌一＝三輪健二監訳『省察的実践とは何か―プロフェッショナルの行為と思考』（鳳書房・2007）がある。

否かの判断も、多少はできるようになるだろう。

　もし、協力関係ができるか否か、不安が残るというときは、このタイミングで事件を終了させるべきではない。期日を続行して、調停事件の進め方を、関係変容型やコンフリクト・エンゲージメント・アプローチに改めて、協力関係を整えていくべきである。それでもなお、不安が残るというときは、試行的に、面会交流を実施すべきだろう[11]。その際には、大人たちが協力していくには、何が必要で、そのために、どのような支援をしていけばよいのかを考えていくことが重要である。要するに、未来を予測して、必要となる手当を行っていくことが必要になる。そして、事案に応じて、調停条項や審判主文の中に、必要な手当を織り込むようにしたい。調停ないし審判の活動は、未来に向けて支援していく、そのための活動の場なのである。

　ところが、当事者や事件担当者の中には、「本件では、同席調停・同席審判を実施できない事情がある」などと説明して、同席調停・同席審判を避けようとする者がいる。しかし、同席調停・同席審判を実施できない事情があるというのなら、なおさらこの段階で、その原因を取り除いておくべきだろう。現在、家庭裁判所が作成している調停条項の多くには、「面会交流の日時・場所・方法については、当事者間で、別途協議する」といった内容の条項がある。しかし、同席調停ができない者が、事件が終了した後で、どうして自主的に協議できることになるのだろう。大いに疑問である[12]。

　したがって、事件担当者は、自らの調停技法・面接技法を磨いて、前述の支援ができるように、知恵と汗をしぼり、工夫を重ねて、働きかけていかなければな

---

11) 試行面会は、面会交流が可能か否かを判断するためのものではない。試行面会は、いわばリハーサルと考えるのがわかりやすい。担当者は、試行面会という名のリハーサルでみつかった問題点を整理して、共有し、どうすれば、将来的に面会交流がうまくできるのかを考えて、修正する。そのうえで、リハーサルを繰り返すようにしたい。「試行面会で、何も問題がみつからなかったので、安心して面会交流を勧めることができる」などと述べる者がいるが、そのような試行面会は、問題点の発見に至らず、失敗だったと考えるようにしたい。

12) 梶村太市「面会交流とレビン教授式同席調停――最近の法制度改革を踏まえて」法政研究（九州大学）79巻3号（吾郷眞一教授・レビン小林久子教授退職記念）（2012）459頁。

らない。事件担当者の活動は、かかる試みの繰り返しである。同席調停はもちろん、関係変容更型、コンフリクト・エンゲージメント・アプローチなどの調停技法・面接技法を織り交ぜて、調停手続を進めていけるよう事前に準備してもらいたい。ちなみに、筆者自身の経験に照らしても、話し合いのテーマやルールを取り決める、座席の位置を工夫する、調停・審判への立会人を増やすなど、相応の手当・工夫をすれば、同席調停・同席審判を織り交ぜることぐらいはできると思う。けっして難しい話ではない。

ただし、いろいろと試してみたが、結局のところ、舵取りを大きく間違ってしまったということでは困る。そのため、事件担当者は普段から、自らの人間観・人間性・臨床力など、いわゆる「人間力」を磨いておく必要がある。[13]

（3）　審判事件の進め方　「面会交流・子の引渡し」の調停が不成立になった場合、事件は、審判手続に移行する（家手272条4項）。しかし、審判手続の目的（ミッション）も、調停のときと同じく、親子関係を維持・構築（または再構築）することである。したがって、裁判官は、調停手続でのやりとりを繰り返させて、当事者の対立感情を亢進させるべきではない。そのようなやり方をしたのでは、当事者間の信頼や、協力関係が崩れていって、親子関係の維持・構築（または再構築）を図るのに妨げとなることだろう。それでは、どうすればよいのだろうか。この点、筆者は、審判手続に入る前の調停手続の階段に、その鍵があると考えている。以下、説明することにしよう。

事件を担当する裁判官は、常時、調停事件を観察すべきである。それも、調停委員から呼ばれて調停室に出向くのではなく、自ら、調停室に出向くなどして、当事者や調停委員の様子を観察するのがよい。そして、この観察を通して、当事者の表情の変化を見逃さないようにする。加えて、「当事者と調停委員の組合せ」、「調停委員同士の組合せ」、「用いられている調停技法」、「アジェンダの設定ないし順番」などの適否を判断し、さらには、判断資料の蒐集の必要性の有無なども検討して、適宜、必要な手当をしてもらいたい。

---

13) 人間力が求められることについて、上原裕之「ADRと人間力―境界問題相談センター愛媛の設立に寄せて」月刊登記情報543号（2007）38頁を参照。

そして、このような観察をしていれば、裁判官は、審判手続に移行する可能性が高いか否かも、自然とみえてくる。そして、もし、不成立になる可能性が高いというのなら、調停委員と評議し、積極的に介入していくのがよい。具体的には、当事者に対し、審判手続に移行した後に提出を予定している資料（陳述書、証拠説明書などを含む）があれば、それをこの時点で提出してほしいと求めるようにする。つまり、このような要求をすることで、調停手続を「交渉促進型」または「関係変容型」から、「コンフリクト・エンゲイジメント・アプローチ」または「評価裁断型」にシフトすることを試みるのである。実際、裁判官がこのような動きをすると、その影響から、事件が進展していくケースも少なくない。

それでも、進展がみられないこともある。その場合には、審判手続への移行も視野に入れて考えざるを得ない。そして、ここがポイントとなる。もし、そのような状態になったならば、その段階で、当事者に対し、次のように予告する。すなわち、「もし、次回の調停期日で話がまとまらないときは、調停を不成立で終了し、引き続いて、その当日に審判期日を開きたい。そのため、当事者は必ず全員が出席してほしい。審判期日では、調停手続において提出された資料から、審判に必要な資料を取り出して、みなさんと一緒に確認していくことを予定している。そして、その作業を行うことをもって、『事実の調査及び証拠調べ』（家手56条）をしたものと扱いたい」と。

要するに、審判手続における「事実の調査及び証拠調べ」は、原則として、調停手続において提出された主張や資料を確認する程度にとどめて、それ以上に、当事者間の競争・対立関係を煽らないように注意する。このようにすれば、当事者の関係を必要以上に壊さなくて済む。

もう1つ、大事な点がある。それは、審判によって決着をつけるにしても、審判ですべてを決めるといった意気込みをもたないことである。審判がすべてを決めるわけではない。仮に、審判ですべてのことが解決できるとしても、審判ですべてを解決することが好ましいとは限らない。審判の目的（ミッション）は、あくまでも親子関係を維持・構築（または再構築）することである。審判をするのは、いわば、その一里塚を築くだけの意味しかない。裁判官は、最終的に、当事者の自発性・自立性というものを大事にしなければならない。

そこで審判をする場合にも、その主文は、調停手続における中間的な合意や、当事者自身がもっているストーリーを活かすように心がけるのがよい。調停事件が不成立で終わってしまったからといって、調停手続中に成立した合意や、到達した内容をすべて白紙に戻すのはもったいない。合意ないし到達点を用いて、それに変更を加え、新たなものを付け加えて、中身をブラッシュアップするのが好ましい。かかる審判主文ができれば、そこに当事者がもっていたストーリーが活きることになり、当事者の納得が得られやすくなる。その後の履行という問題もスムーズにいくことだろう。

II 面会交流事件の実務

1 面会交流の目的と特徴

(1) 目 的 面会交流を実施する目的（ミッション）は、父子・母子関係を維持・構築（または再構築）することである。大人たちは、このような目的に向かって、子どもたちと楽しく面会交流を行っていく。加えて、それが長続きするように知恵を出して、努力を続けていくことが必要になる。一部の者が考えているように、面会交流を実施すること自体は、面会交流の目的となるわけではない。

大人たちは面会交流に向けたやりとりを通じて、①両親が、子への関心と愛情をもち続けていること、②両親が子のことで協力していることを、子どもに実際に証明してみせるべきである。そのうえで、③そのような活動を通じて、父子・母子関係の維持・構築（または再構築）を図っていくこと、これが目的（ミッション）となる。[14]

---

14) 臨床心理士で心理学者の村本邦子教授は、フロンフェンブレナーの、「子どもに対する態度に不一致があり、離婚した両親間に葛藤や悪意が存在する場合、あるいは父親の適応が貧しいとき、父親が頻繁に子どもと接触することは、母子機能の貧しさや子どもの

たしかに、父母の多くは、「子どもの顔が見たい」、「子どもと会って話をしたい」といった気持ちでいっぱいで、他のことを考える余裕がないのかもしれない。しかし、それでは、面会交流の趣旨として十分ではない。大人たちは子どものことを優先し、子どもに安心してもらって、幸せに感じてもらえる時間を提供できなければならない。それが、大人たちの第一義的な役割である。もし、そのような面会交流が実施でき、その回数も重なっていけば、子どもにとって、そして大人にとって、大変に貴重な時間となる。大人たちには、この貴重さを、ぜひとも理解してほしい。

　しかし現実は、理想どおりには進まない。多くのケースで、当事者（両親）は互いに対立し、敵対していく。「子どもの顔が見たい」、「いいや、会わせられない」と言い合って、二項対立の形で争いが繰り広げられていく。周りの者が子[15]

問題行動と結び付いていた」との言葉を援用し、子への不利益を避けるには、「第1に両親間の対立を早く終わらせること、第2に環境の変化をなるべく避けること、第3に子の養育に関わる親が、子どもと成熟した安定的関わりを持つことが重要である」と指摘している（同「親の離婚と子どもの意思—心理学的見地から」二宮周平＝渡辺惺之編著『離婚紛争の合意による解決と子の意思の尊重』（日本加除出版・2014）109頁以下）。

　　ただし、ジョアン・S・マイヤー（髙橋睦子訳・監修）「片親引離し症候群PASと片親引離しPA—研究レビュー」梶村太市＝長谷川京子編『子ども中心の面会交流—こころの発達臨床・裁判実務・法学研究・面接支援の領域から考える』（日本加除出版・2015）589頁は、アメリカで用いられることが多い「片親引離し症候群（PAS）の理論」に対し、懐疑的ないし否定的な意見を述べる。

15）家庭裁判所でみている限り、父親の子への面接交流権はないと主張して、正面から面会交流権を否定してくる母親はほとんどいない。多くの場合、母親は面会交流権があることは承知している。しかし、「子どもが嫌がっている」、「子どもが落ち着いていない」、「父親から暴力や嫌がらせを受けるおそれがある」などと述べて、面会交流を拒否してくるのである。

　　このような発言を聞いた時、筆者は、「どうすれば面会交流ができるようになるのですか」、「そのためには、どの程度の時間が必要ですか」と問うようにしていた。すると、母親の多くは、「子どもが高校生になったら」とか、「子どもが大人になったら」と答えてくる。しかし、これは、体のよい父子の縁切り宣言である。家庭裁判所は、このような親子の縁切りを認めてはならない。

　　平成23年の民法等の一部改正で、親権の停止制度が創設された。親権の停止期間は、最大で2年間である（民834条の2第2項）。都道府県は、この間を利用して、児童福祉士センター・児童家庭センター等に委託して、保護者への指導を実施し（児福27条1項）、親子の再統合を図るために調整していく。そして、その調整の過程では、段階的に、

どものことで協力を求めても、なかなかその気にはなってくれない。わが国の大人たちは、前記の目的を共有するのが苦手のように思われる。

　仮に、大人たちが前記の目的を共有し、今後、面会交流について協力していく旨の約束をしたとしよう。しかし、面会交流は、長丁場になり、そのため、子どもを取り巻く環境にも変化が生じて、あらかじめ想定したとおりには進んでいかない。父親や母親の都合・体調といった問題も加わってくる。そして、これが頻繁に繰り返されるようになると、互いにストレスが増えて、不信感が募るようになる。トラブルも生まれやすくなる。このように、面会交流は、不断に修正を迫られる性質をもっており、しかも、揺り戻しが起きやすいのである。[16]

　したがって、「面会交流」事件では、合意ができた、審判が確定したというこ

　　親子の面会交流を実施していくことが考えられている。このことからもわかるように、親権の停止の事案でも、面会交流は否定されない。そして、親権剝奪の事案でも面会交流は否定されていない（飛澤知行『一問一答 平成23年民法等改正──児童虐待防止に向けた親権制度の見直し』（商事法務・2011）47頁、高橋大輔「親権停止と面会交流の法的関係」本澤巳代子先生還暦記念『家族法と社会保障法の交錯』（信山社・2014）121頁）。

　　したがって、親権の停止・剝奪事由すら認められない事案で、親権の停止・剝奪があったのと同じような取決めを行ったり、親権の停止・剝奪があった以上の取決めをしたりするのは、社会的にも、法律的にも問題がある。面会交流が難しい事案であればあるほど、親子関係の維持や構築（または再構築）のために、幅広い支援をしていく必要性があると考える（原田綾子「児童虐待事件における親の当事者性と手続参加」和田仁孝＝樫村志郎＝阿部昌樹＝船越資晶編『法の観察』（法律文化社・2014）80頁）。

　　単に、面会交流を却下して事件を終了させるのは、結果的に、子どもや家族を支援しようとしない未成熟な社会を放置し、日本社会の現状を肯定するだけである。

16）この部分は、事件を担当する者の気持ちやスキルだけの話ではない。どのような離婚制度を用意するのかといった立法政策にも関係してくる。たとえば、アメリカでは、離婚する前に、親と子を対象とした「心理教育プログラム」（Families in Transition）を必ず受講しなければならない。そのうえ、「別居合意書」を取り交わして、子の居住地・子との面会交流・養育費の分担など、具体的で詳細な取決めをすることが求められる。そして、一定期間、別居同意書の内容に沿って別居して、その後に、裁判所に対して離婚を求めることになる。担当裁判官は、離婚意思が真正か否か、離婚原因があるか否かを審理していくが、そのほかにも、別居合意書に記載された内容の妥当性や履行状況などをチェックする。したがって、当事者もチェックがあることを想定して、合意書で交わした約束を遵守していくし、そのことにより、当事者間に一定のリズムも作られていく。わが国も、将来的に、このような離婚制度を導入してはどうか。少なくとも、子の面会交流や養育費分担の問題などは、現在よりもスムーズに実施できると思われる。

とだけで満足し、そこで思考を停止してはいけない。その後に起きてくるであろう、連絡・調整・履行・費用・修正の問題を、誰が、どのように、支援するのかといった難問に取り組んでいくべきである。これらの手当をせずに、調停条項・審判主文を決めてはいけない。調停および審判の手続の中で、あるいは調停条項・審判主文の中で、適切な手当をしておくべきことである[17]。

（2）　特　徴　上記の「面会交流」事件には、ある種の特徴があると思う。以下、これをまとめることにしたい。

　第1は、「子の利益」（民820条、766条1項）ないし「児童の最善の利益」（児童の権利条約3条）に配慮すべきことである。当然、子の福祉を優先させる必要性が高い。そのうえ前述したように、主役は子どもである。事件担当者は、実質的に、子の代理人（あるいは後見人）の役割を兼ねている。このように考えてくると、事件の進め方も、交渉促進型に頼っていてはならない。子や当事者の様子を見ながら、そして、事件の内容・場面の状況に合わせながら、評価裁断型や、コンフリクト・エンゲージメント・アプローチなどの手法を用いていくべきだと思われる。その中で、大人たちの関係、親子の関係を、よりよいものに変えていきたい。

　第2は、他の事件と比べて、当事者らの協力を取りつける必要性の高いことである。これも前述したとおりであるが、面会交流には、関係者の納得・協力を欠かすことができない。そのため、「協力の必要があることは理解できた」といった表面的な合意では、その後の面会交流がうまく進んでいかない。大人たちが納得し、積極的に協力していくには、事件の進め方も、少なくとも一部で、関係変容型を取り入れていくことが必要である。大人たちに、コミュニケーションのと

---

17) 東京高決平成25・6・25家月65-7-183 は、「経過の実情を踏まえて、面会の方法や回数を拡大していくのが、結果としては、最も円滑に、かつ、速やかに、……正常な面会交流を実現し、未成年者［子］の福祉に適う」と判示して、第三者機関の立会いを求め、その「費用については、［子］との面会交流が［子］の福祉のために行われるものであることを考慮すると、［父母］が2分の1ずつ負担するものとするのが相当である」と述べる（栗林佳代・民商150巻1号（2014）163頁参照）。

第3は、面会交流の実施が長期間にわたることである。現在の実務でも、ほとんどの事件で、面会交流の始期・終期の取決めがなされていない（稀に、終期を、小学校を卒業する月まで・中学校を卒業する月まで・成人に達するまで、などと記載している例がある）。そのため、始期・終期の解釈に迷う場合が出てきている。それはともかくとしても、合意が成立したり、審判が確定したりすると、その合意ないし審判主文は、長い間、当事者を拘束する。そうなると、事件担当者は、調停条項・審判主文の中にどこまでの内容を盛り込んでいくのか、どのようなものを盛り込んでおけば将来の支援に役立つのかなどといって、考えていかなければならないだろう。このように、事件担当者には、多くの知恵と工夫が求められることになる。[19]

　第4は、面会交流の方法が、子どもの生育・環境の変化などに合わせて、変化していくことである。たとえば、子どもが幼児である場合、監護親は子を引き渡すときに、最近の子どもの様子や面会交流後の子どもの予定などを説明して、子どもに大きな負担がかからないように求める。しかし、中学生・高校生ともなれば、子ども自身で説明すれば足りる。監護親は、子どもを笑って送り出すだけでよい。もっとも、子どもが中学生・高校生になると、今度は、子ども自身の心理状態・生活スタイルが変わっていく。その結果、調停条項・審判主文の中身も、

------

18) 心理療法家の河合隼雄教授は、次のように言う。「現場では、よく経験することですが、正しいか正しいかといっても仕方がない。正しいことをいっても役に立たない」、「親子で揉めている人に、お母さん、もう少し子どもに優しくしてやってくださいといっても、それは正しいですけど、優しくできないから困っている」、「正しいことをいうのは、だいたいがあまり役に立たない」、「法律的に正しかったら、それは正しいことだという、おかしな考え方がある」、「人間社会は、そう簡単ではない」、「法律的に黒白を明らかにしてやれと依頼されたら法律は答えられる」、「しかし、黒白を明らかにしたから、あなたは白い方をやりなさいとは決して言ってはいけない」、「人間関係とか、現場の人の幸福ということを考え出すと、明白な論理構成を持っていくほど、おかしくなる」、「非常に明確で、きれいな論調というものは、論として成り立っているが、現実と離れている」と（同「科学の世紀と『たましい』」柳田邦男編『20世紀は人間を幸福にしたか』（講談社・1998）28～34頁。

19) 大阪高決平成22・7・23家月63-3-81は、面会交流の開始時期・日時・面会時間等を具体的に定めたうえ、段階的に、1回ごとの面会時間を増やすなどの工夫をしている。

実情と合わなくなる。たとえば、幼児期と同様に変わらず、「定められた受渡場所で、子を引き渡す」などということは、基本的に観念できないことだろう。

2　面会交流に向けての支援

(1)　家庭裁判所による支援　いずれにせよ「面会交流」事件では、合意ができればよい、審判が確定すればよいと言って済ませるわけにはいかない。面会交流が、その後も、より長く、よりよいものとなるように、子どもや大人たちを支援していく、その手当・仕組みというものを考える必要がある。そして、家庭裁判所も、以前から、かかる必要性があることを前提にして、いろいろな対応を行ってきた。[20]

まずは、面会交流の事件が係属中の場合の支援である。家庭裁判所では、以前から、家裁調査官が、事件に関与して調査を担当し、この過程で、関係者らの調整活動も行ってきた。さらに、いわゆる試行的面接を実施するにあたって、その場に立ち会っている（かかる試行的面会への立会いは、家事事件手続法が施行された以降、いっそう増えている[21]）。さらに、家庭裁判所では、以前から、面会交流を行

---

20) 小田切紀子教授は、離婚家庭の子どもたちは、①経済的援助、②精神的援助、③専門家からの援助、④子ども同士のサポート（グループ・サポート）を必要としていると指摘し、「子どもたちは信頼できる大人や仲間から見守られて、支えられて、そういうことで離婚を乗り越えて成長していく」、「そういう人の存在というのが子どもたちにとって、とても大切」であると述べている（同「離婚と子ども―揺れ動く子どもの心」ケース研究322号（2015）91頁）。
　なお、新川明日菜「子どもたちのピア・サポート」二宮＝渡辺編著・前掲注14）162頁は、離婚を経験した子どもたちをサポートしている、あるNPO法人の活動報告である。

21) これは、筆者の体験談である。20年近く前の話だが、家事調停の席上、土・日曜日に、裁判所の外で試行面会を行う旨の中間合意ができた。この時、調停立会中であった家裁調査官から提案があって、調査官がその試行面会に立ち会った。それも1、2回のことではなかった。そして、別の調査官も別の案件で、同じように、裁判所外での試行面会に立ち会ってくれた。このように、かつては、調査官による積極的な関与があった。
　しかし、最近は、このような例を聞くことがない。ともすると、調査官が試行面会に立ち会うのは、裁判所の建物内に限られており、時間も30分から1時間程度に限られ

うことの意義や注意点などをパンフレットやDVDにして、それを当事者とともに見るなど、大人たちの意識を子どもたちに向けさせることに努めてきた。[22]

　次に、面会交流の事件が終了した後の支援である。かつて、家庭裁判所では、「母は、父と子が面接交渉［現在の面会交流のこと。以下同じ］をするのを認める。この件について、父母は、家庭裁判所調査官の指導・助言を受けることができる」との調停条項・審判主文を用いることが多かった。そのうえで、旧家審規則7条の5、173条の3（現家手59条3項、261条5項）に基づいて、家裁調査官を中心とした支援を行ってきた（たとえば、京都家審昭和47・9・19家月25-7-44、東京高決昭和49・6・19東高民時報25-6-108、判時747-59等参照）。もっとも、この当時から、これらの規定は、面会交流事件が終了した後に用いることはできないとする反論があった。そして、この反対論に配慮したためか、その後、かかる調停条項・審判主文は用いられなくなっていった。[23]

　これに代わって用いられたのが、「母は、父と子が、月〇回、面接交流することを認める。具体的な日時、場所、方法については、当事者間で協議して定める」との調停条項・審判主文である。これは一見すると、事件が終了した後の支援を諦めたかのように思われるが、実はそうではない。この調停条項・審判主文を用いることで、電話で履行勧告の申出（旧家審規則15条の5、143条の2（現家手289条））を受け付けることにしたものである。そして、当事者にも、その旨の説明を行った。その結果、家庭裁判所では履行勧告手続の中で、家裁調査官を中心とした面会交流への支援・調整等の活動を行うことにした。

....

　　　てしまっているという。
22）安部隆夫ほか「面接交渉等に関する父母教育プログラムの試み」家月55巻4号（2003）111頁以下、髙橋信幸＝藤川朋子（秋武憲一監修）『子の親権・監護の実務』（青林書院・2015）396頁など参照。
23）梶村太市『裁判例からみた面会交流調停・審判の実務』（日本加除出版・2013）222頁。なお、同書は、かかる調停条項・審判主文が用いられなくなった時期を昭和57年頃とする。しかし、昭和54〜55年頃の東京家裁（本庁）では、すでに、かかる調停条項・審判主文を用いていなかった。追って、同『「子のための面接交渉」再々論」同『家族法学と家庭裁判所』（日本加除出版・2008）257頁は、現在も、事件終了後の調査官関与を認めるべきだと主張している。

言い換えると、この調停条項・審判主文の中には、「母は、父と子が、月○回、面接交渉することを妨げない」旨の不作為義務が含まれていると解して、その債務名義性を認める。そのうえで、当事者には、面会交流が妨げられたときは、電話で履行勧告の申立てをしてほしい、必要に同じて、間接強制（民執172条）の申立てをすることができるといって、説明していた[24]。このような解釈を採ることで、不作為義務に反する行為が継続するか、または再度の違反行為が予想される場合は、「将来のための適当な処分」（民執171条）ができるとする余地も残すようにしたのである。

　筆者もこのような努力を、家裁実務の1つと知恵であると考えて、これに沿った運用を行ってきた。しかし、平成に入ると、履行勧告（履行命令）の位置づけが変わってくる。すなわち、家庭裁判所では配置人員のことを含めて、履行勧告の規模・体制が縮小されていった。そして、そうなると、履行勧告手続の中で、当事者への支援・調整等の活動をするのは難しくなる[25]。そればかりではない。ここ10数年以上も前から、面会交流事件の調停条項で面会交流をする頻度（回数）を記載する際に、「月○回」と書かず、「月○回程度」と書く例が増えてきた。すなわち、面会交流ができる頻度（回数）をあえて特定しないようにし、面会交流の頻度をあいまいな表現に改める傾向がみられるのである[26]。

---

24) 現在も、面会交流について間接強制を命じることはできないとする説がある（渡辺義弘『子の監護権紛争解決の法的課題』（弘前大学出版会・2012）137頁）。なお、給付内容が特定していないから間接強制ができないと考えるのならば、履行勧告もできないことになりそうだが、このあたりの問題点は、意識されていないのか、議論が深まっていない。
25) 近時は、電話・書面などによって履行を勧告し、終了させるケースも少なくない。家庭裁判所の中で、当事者間の調整・支援といったことに熱心に取り組もうとする姿勢が乏しくなっているのではないかと心配になる。
　ちなみに、かつての家庭裁判所では、履行勧告の申出の制度は、調停・審判事件が終了した後のことを知る貴重な機会であり、それと同時に、当事者からの不服の有無・内容を知る絶好の機会であると考えて、熱心に取り組んでいた。実際に、履行勧告の担当者の人数も多く、担当者は毎年のように、調停・審判の係や関係者に対して、集計・分析した結果を示し、家裁実務にフィード・バックを行っていた。
26) 小磯治『夫婦関係調停条項作成マニュアル─文例・判例と執行までの実務〔第5版〕』（民事法研究会・2012）の影響が大きい。なお、同書中の面会交流に係る調停条項は、もともと、当時の書記官研修所（現在の総合研修所）の班別研修で、一部の班が発表した

これと歩調を合わせるかのように、面会交流に関する新しい解釈も打ち出されてくる。その一例を挙げると、「母が長男と毎月2回面会することを認める」旨の調停条項は、確認条項と認めるべきであり、給付条項であるとは認め難い（高松高決平成14・11・15家月55-4-66）とか、「毎月2回程度の面会を許さなければならない。その具体的日時、場所、方法について事前に協議しなければならない」旨の審判主文は、回数が特定できておらず、間接強制を認めることができない（東京高決平成18・8・7判タ1268-268）というのである。そして、これらの裁判例は、それまでの家庭裁判所での実務感覚とはやや違った印象を受けるものだった。

　最近も、最高裁は、同日に3つの決定を出して、面会交流の調停条項・審判主文で、間接強制が認められるものと、認められないものとを区分けした。すなわち、面会交流につき、①その頻度を「2ヶ月に1回程度」とし、1回の面会時間について、「最初は1時間程度から始め……徐々に時間を延ばして半日程度とする」旨の調停条項は、相手方が給付すべき給付内容が特定されていないため、間接強制決定ができない、②その頻度を「2ヶ月に1回」とし、面会日を「土曜日か日曜日」、時間を「6時間」とする旨の審判主文は、「子の引渡しの方法については何ら定められて［いない］」し、「相手方がすべき給付が特定されて［いない］」から、間接強制決定ができない、③他方で、その頻度を「月1回」とし、面会日時を「毎月第2土曜日の午前10時から午後4時まで」、場所を「父の自宅以外の父が定めた場所」、長女の受渡場所は「協議が整わなければA駅東口改札口付近とし、母は受渡場所付近で長女を引き渡す」、母は「引き渡す場面のほかは、父と長女の面会交流に立ち会わない」旨の審判主文は、相手方が給付すべき給付内容に欠けるところはないから、間接強制決定ができるなどと判断している（いずれも、最決平成25・3・28裁時1577-4（47号事件））。なお、上記③の決定は、同日最高裁決定の民集67-3-864（48号事件）にも登載されている。これらの裁判例につ

　　ものを基にしている。つまり、司法研修所・総合研修所などの公的意見を反映したものではない。

いては、本書第3章 Ⅲ 1 参照)[27]。

　要するに、現在の家庭裁判所は、子との面会交流ができる旨の確認は取りつけるが、その合意を具体化し債務名義化して、強制執行手続に乗せることには慎重な姿勢を崩さない[28]。すなわち、現在の家庭裁判所は、意識して、間接強制すらできない調停条項・審判主文を作成していることになる[29]。なお、一部の家庭裁判所では、手紙・写真のやりとりなど、いわゆる「間接面会」と呼ばれる交流を勧めている（審判で直接の面会交流を認めず、間接面会のみを認めたものとして、さ

....

[27] この3つの最高裁の決定は、面会交流を認めた調停条項ないし審判主文について、給付義務が定められているか否か、その部分に債務名義性があるか否かについて判断している。言い換えると、これらが不作為義務を定めたものと解する余地があるのかといった観点から、問題が掘り下げられてはいない。将来的には、かかる観点からの検討が行われることを希望する。

[28] 梶村太市教授は、早くから、面会交流には流動的な性格があり、元来、強制執行になじまないと主張されてきた（同「子のための面接交渉」［初出 1976］、「『子のための面接交渉』再論」［初出 1996］同・前掲注 23）『家族法学と家庭裁判所』209 頁、221 頁等）。これは、1970 年代に有力だったアメリカのゴールドスティン判事らによる、「法的制裁を加えてまで面会交流を行わせるのはおかしい」との主張（Joseph Goldstein, Anna Freud and Albert J. Solnit, *Beyond the Best Interests of the Child*, New York: Macmillan, 1973）に影響を受けている。ゴールドスティン判事は、わが国の調査官研修所などで講演を行うなど、わが国の実務に多くの影響を与えた。しかし、ゴールドスティン判事らの主張は、その後、実証的な根拠を伴った反論があったりして（たとえば、Judith S. Wallerstein, Julia M. Lewis ＆ Sandra Blakeslee, *The Unexpected Legacy of Divorce: A 25 Year Landmark Study*, New York: Hyperion 2000. その訳書である、早野依子訳『それでも僕らは生きていく―離婚・親の愛を失った 25 年間の軌跡』（PHP 研究所・2001））、現在、支持者が多くない。アメリカでは、現に、面会交流について強制執行が認められている（1997 年の監護権の管轄と執行に関する統一法では、「必要があるときは、裁判所は、いつでも、法執行官に対して、実力行使の権限を付与することができる」と定めている）。
　それでは、わが国の家庭裁判所は、なぜ、慎重な態度を崩そうとしないのか。この点、コリン・P. A. ジョーンズ教授は、「家庭裁判所には、本当に困っている子どもの現状を変えるパワーがない、それにもかかわらず、国家機関としての威厳を保って、子どもの福祉を実現しているとの体裁を整えようとするから、多くの債務名義を作ることに消極的になっている」と指摘されている（同『子どもの連れ去り問題―日本の司法が親子を引き裂く』（平凡社・2011）227 頁以下）。

[29] その代わりの措置か否かは、断定を避けたいと考えるが、その後、家庭裁判所では、かなりの割合で、「民間支援団体○○を通じて、面会交流を行う」旨の調停条項・審判主文を用いるようになる（たとえば、東京家審平成 18・7・31 家月 59-3-73）。しかし、平成 24、25 年頃から、かかる調停条項・審判主文を用いる例は大きく減ってきている。

いたま家審平成19・7・19家月60-2-149等がある）。しかし、このやり方も、見方を変えれば、面会交流の実施を命じることに慎重な態度の現れのように思われる。

　このような実務は、強制執行を前提としていない。しかし、もし、これを前提にして対応を考えていくのなら、家庭裁判所は、調停が成立した時や審判の際に、当事者らに対し、「この調停条項・審判主文では強制執行の申立てができない」ことを説明し、「今後、何らかの問題が生じたときには、再調停ないし再審判の申立てをすることができる」旨の案内をすべきだと思う（なお、再調停・再審判の申立てによって解決を図ることの利点については、本書第3章Ⅲ2参照）。ところが、現在、家庭裁判所で、このような「説明」、「案内」が徹底されている様子はない。

　もっとも、再調停・再審判を勧めようとするならば、①再調停・再審判の手続をどのように進めるのか、②再調停・再審判ではどのような調停条項・審判主文を用いるのか、③その後、強制執行手続に入ったら、誰がどのように再調整をするのか、④もし、再調整がうまくいかず、執行に着手するとなったら、どうなるのか、⑤その時点で、誰が当事者を支援していくのかなど、多くのことが問題になってくる。しかし、現在、これらの問題について充分な検討はされていない。そのため、家庭裁判所の勧めに応じて、再調停・再審判の申立てをしても、結局、過去の調停・審判の焼き直しに終わるのではないか、といった不安が払拭できない。これでは問題がある。

　しかも、再調停・再審判の手続の中で、調整が失敗し再審判となった場合の手続論も、十分な検討がされていない。たとえば、請求異議の訴えと再審判の関係にしても、議論は深められていない。全般的に、法理論的な検討が遅れている部分である（これらの問題点については、本書第3章Ⅲ4参照）。

　実際に、再調停・再審判の申立てがあったらどうするのがよいのか。そのときは、申立ての内容次第であるが、原則的に、家裁調査官に対し、面会交流が実現できない原因を取り除いていく、その環境調整を命じるのが適当であろう（家手59条3項・4項）。そして、調査官による環境調整が整ったところで、コンフリクト・エンゲージメント・アプローチないし関係変容型のスタイルを用いて、当事者同士がコミュニケーションをとれるように援助するのである。もちろん、その

過程では、面会交流についての教育プログラムを用意したり（ちなみに、韓国の家庭裁判所では、「親子キャンプ」なども取り入れているという。わが国でも、ハイキングなどは取り入れられるだろう）、両親や子どもたちへの精神的な援助（たとえば、カウンセリングや医務室技官の関与等）などを検討してほしい。

　他方で、執行の可能性も残すようにしたい。この可能性を残さないと、家庭裁判所は、手続にまったく応じない当事者に対して、何も手が出せないことになってしまう[30]。したがって、担当者は、①現在、一般に用いられている「面会することを認める」旨の調停条項・審判主文は、これを「面会することを妨げない」旨の不作為義務を定めていると解釈するか、あるいは②前記の不作為義務が定められているとする趣旨を明らかにする目的で、調停条項・審判主文の中で「面会交渉することを妨げない」と明記すべきだと思う。

　このような手当をしておけば、「将来のための適当な処分」（民法414条3項、民執171条1項）ができる。そうすると、同処分の申立事件の担当者は、事案・場面に応じて、「将来のための適当な処分」を命じ、親子または当事者の関係の維持・構築（または再構築）や、面会交流の具体的な段取りについて調整していくことができるであろう[31]。そして、このような運用が一般化すれば、家庭裁判

30）家庭裁判所の担当者には、「まずは再調停・再審判の申立てをしてもらって、その後の対応を考えたい」と述べる人が少なくない。しかし、合意済みの調停条項や、確定済みの審判主文の内容を変えたくない当事者の立場から考えると、再調停・再審判の申立てをすること自体、心理的な抵抗を覚えるのではないかと思う。
　これに関連して、福岡家審平成26・12・4判例集等未登載（2015年2月23日付毎日新聞等）は、監護親である母が、調停条項で取り決められた面会交流に応じず、再調停の席上でも強く拒否してきたと認定して、母から父への「親権者変更」を認めた。もっとも、親権者の変更ではなく、「監護権の一部変更」で対応できなかったのか、なお検討の余地があるだろう。また、この審判以前にも、東京高決平成15・7・15判タ1131-228、大阪高決平成21・6・30判例集等未登載（要旨につき家月63-9-48）は、面会交渉に協力的でない父よりも、母を監護者とすることが適当であると認定して、父から母への子の引渡しを命じていた。さらに、東京家八王子支決平成21・1・22家月61-11-87も、母が行ってきた監護養育状況には問題があるうえに、父と子の交流を妨げていると認定して、母から父への子の引渡しを命じていた。

31）調停成立後の再調整の問題については、西川佳代「調停条項と執行」井上治典＝佐藤彰一編『現代調停の技法―司法の未来』（判例タイムズ社・1999）201頁参照。なお、多少

所は、調停・審判事件が終わった後も、親子間の面会交流に関与して、柔軟で実効性のある、具体的な支援をすることができるようになる。

　ただし、そのときは、諸外国でも例がみられるように、児童相談所・社会福祉機関・警察・市役所をはじめとする公的機関などと連携して、支援の幅を拡げていくことが必要になってくる。[32] 現在、わが国で、このような方向性が固まっているとはいえないが、関係省庁の間で、早急に検討されるべきである。

（2）　家庭裁判所以外の支援　　いずれにしても、家庭裁判所が行う支援には限りがある。そのため、わが国の民間団体の中にも、面会交流の実施に向けた支援をしようとする動きがある。比較的、広域で活動しているものに、家裁調査官 OB を中心に運営されている公益社団法人「家庭問題情報センター」（通称 FPIC）、臨床心理士を中心に運営されている NPO 法人「FLC 安心とつながりのコミュニティづくりネットワーク」、コリン・ジョーンズ教授らが顧問となっている「親子ネット」、社会福祉法人「日本国際社会事業団」（通称 JSSJ）などがあり、これに、地域的活動を主として行っているものを加えると、全国で 40 を超える団体が、面会交流の支援に名乗りを挙げている。[33] 将来的には、イギリスの

　　観点は異なるものの、西片和代「弁護士代理人からみた面会交流実施の問題点について―『子ども中心』とは何か、原則実施論の条件作り」梶村＝長谷川編・前掲注 14) 207 頁も、条件の再調整をする仕組みが不可欠であると指摘し、「面会交流の結果を事後的に検証できる仕組みと、条件を再調整できる柔軟性が必要である」と指摘している。賛成したい。

32) ちなみに、アメリカ・カリフォルニア州のロサンジェルスでは、「家庭裁判所サービス」と呼ばれる家庭裁判所の付設機関があって、父母らに対し、子どもの受渡しを援助する民間機関の紹介や、監督付面会交流を行うときの民間監督者を紹介するなどのサービスを提供している。なお、小野理恵子「子の監護に関する事件の審理における専門職活用の在り方―アメリカ合衆国における実情調査に基づく考察」家月 63 巻 5・6 号（2011）23 頁、二宮周平「当事者支援の家族紛争解決モデルの模索―ドイツ、オーストラリア、韓国の動向から」ケース研究 307 号（2011）5 頁参照。

33) 本文で紹介した団体以外にも、一般社団法人では「びじっと・離婚と子ども問題支援センター」、NPO 法人では「親子ふれあい協会（エスコ）」、「面会交流支援室ぐっどペアレンツ・いわて」、「岡山家族支援センターみらい」、「まめの木」、面会交流支援団体では「子どもに会えない親の会」、「キッズ―ナウ絆」、などがある。また、司法書士事務所・弁護士事務所などで名乗りをあげているところもあるようである。なお、40 を超える団体という数字は、棚村政行「講演 面会交流とこれからの調停―実効性のある調停解決を

「子ども交流センター」（Child Contact Center）のように、民間人による全国的な連合組織がつくられるのが望ましい。

　しかし、筆者は、民間に任せておけば十分だとも考えない。家庭裁判所以外の公的な支援も用意して、親子らへの支援を充実させるべきである。現に、諸外国では、公的支援として、①父母らに対する教育的な支援（いわゆる親教育）、②父母や子どもたちに対する精神的な支援（相談・カウンセリング等）、③面会交流を実施していくときの人的・物的な支援（面会場所の提供・立会人の確保・連絡調整役の確保等）、④経済的余裕のない人たちに対する経済的な支援（面会交流の実施に必要な費用の免除等）などを行っている。

　なかでもドイツは、1997年に児童少年援助法をつくり、各州に少年局（児童福祉を目的とした行政機関）を設置した。そして、面会交流の遂行を業務とする「面会交流保護人」を設けた。それだけではない。父母らが、面会交流に関して合意するときは、事前に、州の少年局または児童心理学などを学んだ鑑定人の意見を聴くことを義務づけ、その一方で、面会交流を実施するにあたって、少年局や児童保護連盟等に援助を求めることができると定めた。そして、面会交流を妨げる者には、行政罰（過料または拘禁）を課した。

　また、イギリスでは、従来から、子ども法8条に基づいて交流命令を発し、これに従わない者に対し、履行強制を命じるとともに無償労働を課し、経済的損失の補償を命じてきた。2006年には子ども法を改正して、裁判所は、面会交流中の父母に対し、特定の行動をとるように命じることができると定め、Cafcass（Children and Family Court Advisory and Support Service：アドバイスと支援を目的とした独立行政機関）のスタッフに対し、面会交流の監視を命じている。また、

目指して」調停時報190号（2015）76頁から教示を得た。
　なお、公益社団法人「家庭問題情報センター（FPIC）」の取組みは、山口恵美子「面会交流の援助に携わって」家月62巻4号（2010）45頁に、そして、NPO法人FLC安心とつながりのコミュニティづくりネットワークの子どものための面会・交流サポートプロジェクトである、「Vi-Project」の取組みは、桑田道子「親子の面会交流サポート—民間団体の取組」二宮＝渡辺編著・前掲注14）148頁に報告がある。

同年の子ども養子法の中で、面会交流中の父母に対し、家族支援命令を発して、面会交流への理解を深めることを目的とした活動への参加を命じることができると規定した。

　さらに、フランスも、2007年の民法改正によって、親子のための「面会場」（espaces de rencontre：面会交流を行うための場）をつくり、その運営をNPO法人に任せている。[34] その結果、フランスの裁判所では、現在、父母による子への暴力の危険があるケースでも、面会場を使い、かつ、第三者を立ち会わせて、面会交流を実施している。なお、アメリカでは、フランスの面会場のように特設のものではないが、父母に、警察署のロビーその他の公的施設を提供して、子どもたちの受渡しを支援したり、必要に応じて第三者に立会いをさせている。

　そして、スウェーデンでは、2010年の親子法改正で、裁判所は、コンタクト・パーソン付きの面会交流を命じることができると定めた。追って、オーストリアでは、2013年の親子法改正を行って、裁判所は、子（ただし、14歳以下に限る）の福祉のために必要があると認めたなら、裁判所外のソーシャル・ワーカー、心理学・精神医学などの専門家などで構成される家庭裁判所補助員に対し、面会交流の援助を依頼できると規定している（なお、これら専門家の情報は、当事者にも提供される）。加えて、「訪問カフェ」と呼ばれる子どもたちの世話を目的とした施設をつくって（ここには玩具などが用意されている）、ここの職員が同席するなどし、面会交流を援助している。[35]

---

34) フランスの面会場については、栗林佳代『子の利益のための面会交流―フランス訪問権論の視点から』（法律文化社・2011）263頁以下に詳しい。

35) これらの詳細は、稲垣朋子「離婚後の父母共同監護について―ドイツ法を手がかりに（1）（2・完）」国際公共政策研究（大阪大学大学院）16巻1号（2011）243頁以下、同2号（2012）135頁以下、栗林・前掲注34)、法務省民事局（研究代表・棚村政行）『親子の面会交流を実現するための制度等に関する調査研究報告書』（http://www.moj.go.jp/content/000076561.pdf）(2012)、善積京子『離別と共同養育―スウェーデンの養育訴訟にみる『子どもの最善』』（世界思想社・2013）、床谷＝本山編・前掲注1）、二宮＝渡辺編著・前掲注14）等を参照されたい。

3　面会交流事件に関わるときの注意点

（1）　面会交流権の権利性　面会交流権がどのような内容の権利なのか、誰がその権利者で、誰がその義務者なのかという問題は、実定法上の規定がないことも手伝って、学説が分かれている（平成23（2011）年の民法改正で「面会交流」の用語が挿入される際にも議論があったが、明記されなかった）。ここで、主な学説を紹介すると、①親として子との面会交流を求める権利とする説、②子が親に対して面会交流を求める権利とする説、③子育てに関わる親の権利および義務であり、かつ、子が親に対して養育を求める権利とする説、④さらに、実体法上の権利ではないが、親として子の監護のために適正な措置を求める手続上の権利とする説などがある。[36] 家庭裁判所の裁判官の考え方も一致しておらず、最高裁の判決・決定で、実体法上の権利であると認めた例もない。[37]

それでは、どう考えるべきなのだろう。ここで、親子の面会交流に関して、当事者間に合意はない、調停・審判も存在していないといったケースを想定しよう。このケースにおいて、もし、子との面会交流が妨げられた場合、不法行為に基づく損害賠償請求が認められるだろうか（誰が権利者であるかも問題であるが、この点はおいておく）。面会交流権を実体法上の権利であると考えるのならば、この場合も、不法行為に基づく損害賠償請求が認められることになりそうである。しかし、そう言い切れるのだろうか。上記のケースでは、面会交流の頻度・時間・態様などはまったく決められていない。そのようなときに、地方裁判所や簡易裁判

---

[36] 学説の整理につき、島津一郎＝阿部徹編『新版注釈民法(22)親族(2)離婚─763条～771条』（有斐閣・2008）138～143頁〔梶村太市〕、栗林・前掲注34）15～94頁等を参照。

[37] 最決昭和59・7・6家月37-5-35、最決平成12・5・1民集54-5-1607は、面会交流権に関して、民法766条を類推適用し、家事審判法9条1項乙類4号（現在の家事事件手続法39条別表第二3号）に基づいて、家事審判を申し立てることができるという。そして、これらの決定は、面会交流権を実体法上の権利と解することを否定したものであるとする解説がある（『最高裁判所判例解説民事篇平成12年度（下）』（法曹会・2000）515頁〔杉原則彦〕、梶村・前掲注23）『裁判例からみた面会交流調停・審判の実務』233～234頁等）。

所は、侵害行為の有無や損害額をどのように認定することができるのだろうか。疑問がある。

このように考えると、学説上は、いわゆる実体法説（前記の①ないし③説のこと）が有力であるといわれているが、面会交流の権利は、子の監護のために適正な措置を求める手続上の権利であり、その具体的な内容は、当事者間の協議または家庭裁判所の審判によって定められるとする手続的権利説にも、相応の理由があると思われる。

もちろん、どの説を採っても、面会交流は、子の福祉を最優先に考えて、実施の時期・方法などを決めていく必要がある（この点は、規定上も当然のことである。民766条1項）。しかも、面会交流の目的（ミッション）が、親子関係の維持・構築（または再構築）にあることは、すでに繰り返し説明してきたとおりである。このように考えれば、面会交流権を適正な措置を求める手続上の権利であると考えたとしても、なお、親子関係の維持・構築（または再構築）を目的にして、面会交流を原則的に実施する方向で考えていきたいと主張することは、何も不自然なことではない。諸論において、かかる解釈は一貫していないとして批判される向きがあるが、あたらないと思う。

なお、これらの問題を考える際には、児童の権利条約が、「児童［子］の最善の利益に反する場合を除くほか、父母の一方又は双方から分離されている児童が

----

38) これに対し、合意・審判に反して面会交流を拒絶すれば、不法行為または債務不履行に基づいて損害賠償請求が認められることになる（東京地決昭和63・10・21家月41-10-145、静岡地浜松支判平成11・12・21判時1713-92、横浜地判平成21・7・8家月63-3-95）。個々の事案における判断の当否、認容額の当否を別にすれば、この点には異論がないだろう。
39) なお、筆者は、家事事件手続法39条の別表第二3号を類推適用して、子どもにも面会交流の申立権を認めるべきと考える（この点、二宮周平「面接交渉の義務性―別居・離婚後の親子・家族の交流の保障」立命館法学298号（2004）309頁が同旨を述べている）。
40) 近藤ルミ子「家事事件における裁判所の役割」伊藤滋夫編『家事事件の要件事実』（日本評論社・2013）47頁。水野有子＝中野晴行「面会交流の調停・審判事件の審理」曹時66巻9号（2014）1頁。
　これに対し、梶村・前掲注23）『裁判例からみた面会交流調停・審判の実務』9頁、291頁は、かかる考え方には法的根拠がなく、論理的にも議論が混乱していて成り立たないと述べて、反対している。

定期的に父母のいずれとも人的な関係及び直接の接触を維持する権利を尊重する」（同条約9条3項）と規定していること、そして、近年では、法文上、親の子の福祉に対する配慮義務を明記する国（ドイツ、イタリア、オーストリア等）が増えてきていること、さらには離婚後の親権または監護権について父母の「共同分担制」や「共同分担選択制」を採る国（アメリカ、フランス、ドイツ、イタリア、韓国、台湾等）も増えてきていることに、注意を払うべきだろう。[41]

（2） **原則的実施論の台頭**　ところで、家庭裁判所では、近時、「子の福祉の観点から面会交流を禁止・制限すべき事由（面会交流の実施が、かえって子の福祉を害するといえる特段の事情）が認められない限り、具体的な事案に即しながら、面会交流の円滑な実施に向けて、審理・調整を進めていくことを基本方針とする」旨の見解（いわゆる「原則的実施論」）が有力となっている。現に、家庭裁判所では、原則的実施論が定着しているとの報告すら行われている。[42]

同論にいわく、平成23年民法の一部改正で、「父母が協議上の離婚をするときは、……面会及びその他の交流、子の監護に要する費用の分担その他の子の監護について必要な事項は、その協議で定める」（民766条1項、771条）との規定が盛り込まれた。これは、最近の家族モデルの変化、国民の意思の変化、児童の権利条約の発効、さらには、平成8年の民法の一部を改正する法律案要綱の制定（特段の事情がない限り面会交流を行うべきであるとされた）をふまえて行われたものと理解できる。加えて、同改正法は、「子の利益を最も優先して考慮しなければならない」（民766条1項）とも規定している。これらを総合して考えると、離

---

41) 床谷＝本山編・前掲注1）参照。
42) 吉田純一郎「親の子に対する面会交流とその主文」佃浩一＝上原裕之編『家事事件重要判決50選』（立花書房・2012）208頁、本多智子「調停実務講座・面会交流(1)―家事調停における当事者の納得と家裁への信頼」調停時報188号（2014）9頁、髙橋＝藤川・前掲注22）162頁等によれば、家庭裁判所では、現在、「実施により、かえって子の福祉が害されるおそれがあるといえる特段の事情がある場合を除き、面会交流を認めるべきである」との認識が定着しているという。
　これに対し、梶村・前掲注23）『裁判例からみた面会交流調停・審判の実務』246頁は、「本当に定着しているとしたら大変なことになる」、「全国の家庭裁判所において広く共有しているとはいえないというのが、多くの良識ある裁判官や調査官の見解であると筆者は見ている」と述べて、これと異なる認識を示している。

婚後は結束的に面会交流を実施するといった方向での審理・調整を進めることを基本方針とするのが、同改正の趣旨に合致するであろう、というのである。

追って、原則的実施論は、家庭裁判所では、民法766条1項の改正を契機として検討を続けてきたが、面会交流を積極的にとらえようとする国民の割合が増えていること、内外の心理学の諸研究の中で、非監護親との交流を継続することは、子が精神的な健康を保ち、心理的・社会的な適応を改善するために重要であるとの指摘がされていること、そして、わが国の社会でも、子の福祉の観点から面会交流を有益なものととらえる社会的意識が定着しつつあることなど、状況の変化があるとの説明も付け加えている[43]。

そして、筆者も、若干の留保付きながら、前記の原則的実施論に賛成したい。しかし、梶村太市教授は、原則的実施論に強く反対している。その反対論は、広い幅をもつもので要約が困難だが、大要、次のようなものと考えられる。①原則的実施論には法的な根拠がない、②原則的実施論は、面会交流が実体的権利であると考えることで初めて成り立つ議論といえるが、面会交流権が実体的権利でないことは、最高裁昭和59年7月6日決定、同平成12年5月1日決定（前掲注37）参照）から明らかになっている、③上記①②のように、面会交流権は、実体法上の権利ではないから、子の福祉を害する事情があることを抗弁として構成することは不可能であるといってよい、④原則的実施論は、家庭裁判所の地方裁判

---

43) 細矢＝進藤＝野田＝宮崎・前掲注3)75頁。なお、関根澄子判事も、「家庭裁判所の実務では、面会交流を実施することがかえって子の利益を害するような特段の事情が認められない限り、面会交流を認めるべきであり、円滑に実施していくための条件の検討や環境整備を行うことが基本方針とされている」と説明しており（棚村政行編著『面会交流と養育費の実務と展望―子どもの幸せのために』（日本加除出版・2013）37～38頁）、水野＝中野・前掲注40）1頁もこれと同旨である。

なお、石川稔教授は、早くから原則的実施論を主張されていたし（同「子どもの権利条約と家族法の課題」同『家族法における子どもの権利―その生成と展開』（日本評論社・1995））、田中由子判事も、民法改正の以前から、「面接交渉の意義からすると、明らかに子の福祉を害するような特段の問題がなければ、面接交渉の実現を目指すことになろう」と指摘していた（同「子をめぐる家事事件の審理と運営について―初めて家事事件を担当する裁判官のために」家月62巻4号（2010）35頁）。近時、若林昌子「面会交流事件裁判例の動向と課題―父母の共同養育責任と面会交流の権利性の視座から」論叢85巻2・3号（2012）406頁が、原則的実施論を支持している。

所化をめざし、具体的な事情のもとでの検討を省略して、形式的な判断基準で済ませようとする考え方である、⑤同論は内容的にも、欧米的な権利義務の無批判な取入れであり、性差を極端に排除したものである、⑥これらの基準に沿って形式的な運用がされると、子の利益は害されて、よき日本文化は根本から破壊されてしまう（その危険性はすでに、被害児童の発生という形で現れている）、⑦具体的な事情を地道に検討して、比較基準説の立場から、子の利益を確保していくことが、子の福祉に合致する、⑧面会交流の内容を実現させるには、履行勧告制度と再調停の制度を活用することを考えたい、⑨上記⑧につき、家裁調査官の手によって行われることが必要になる、というものである。

なるほど、面会交流を実施する際には、大人の立場から考えるのではなく、子

44）比較基準説の論者は、親子であるからといって、原則として面会交流が認められるなどとはいえないと指摘する。そのうえで、面会交流を認めるべきか否かは、面会交流を行うことが「子の福祉にかなうか否か」で判断することが相当である、「子の利益にかなうか否かは、すべての要素を総合的に検討し、その事例で問題になる要素が何であるかを見極めながら、総合的に判断する」と主張する（横田昌紀＝石川亨＝伊藤彰朗＝加藤幸＝吉永希「面会交流審判例の実証的研究」判タ1292号（2009）5頁。

45）梶村・前掲注23）『家庭法学と家庭裁判所』199〜272頁、同・前掲注23）『裁判例からみた面会交流調停・審判の実務』291〜297頁。
　梶村太市教授は、「審判をしなければならないような当事者間においては、子の利益に合致する面接交渉の実現を望むことは無理である。かえって、子の利益を害する」、「面接交渉をめぐる紛争は、このような考え方を基に家事調停で解決すべきである」という点から出発する（同・前掲注23）『家庭法学と家庭裁判所』212〜214頁）。教授は、その後、自説に多少の修正を加えられたが、それでも、「義務者の協力がないのにそれを強行することは、子の利益を害することが多い」、「義務者の反対を押し切って強行してしまったのでは、信頼関係までも破壊してしまいかねない」、「面会交流は将来も係属して実施していかなければならないから、当事者間の最小限の信頼関係が不可欠である」、「［面会交流に反対する監護者がいると］その監護者の気持ちは、その実施によって、子の精神的な発達に悪影響を及ぼすので、子のためにならない」、「家族間の人格的紛争の解決としては、金銭賠償によって担保しようとする間接強制の方法はふさわしくない」、「間接強制の強行は妥当でなく、有効でもない」、「日本では、犯罪率や離婚率・再婚率は低く、社会は安定しており、一方では面接交渉の頻度は多くない。それぞれは、法文化的に見て、底辺において深くつながっており、犯罪率や離婚率・再婚率は低く、社会は安定し、面接交渉は問題なく頻繁に行われるというわけにはいかない」と主張している（同・前掲注23）『家庭法学と家庭裁判所』250〜252頁）。つまり、上記の反対論は、梶村教授のかかる現状認識・価値判断を背景としていることを理解すべきだろう。

どもの身になって、子の利益を優先していくこと、子どもを独立した人間としてみていくことが必要になる。しかも、子の利益にかなうか否かは、すべての要素を総合的に判断して決めるべきことで、形式的な判断で済ませてはならないことも当然である。これらの指摘には、まったく同感である。加えて、面会交流権が、実体法上の権利ではなく、適正な措置を求める権利であるとされている点も、申立権者の範囲の問題などを留保すれば、相応の理由がある。少なくとも、一概に否定される説ではない（前記3（1）参照）。このように、梶村教授の反対論には耳を傾けるべきものが多く含まれている。

　しかし、これらの指摘は、原則的実施論に立った場合でも、取り入れることができるのではなかろうか。ところが、梶村教授はこれを否定して、異なる趣旨の議論を展開していく。すなわち、原則的実施論に立った場合、監護者側が抗弁として「子の利益の不存在」を主張・立証しなければ、面会交流が認められないことになるという（梶村教授は、これを「抗弁説」と呼ぶ）。しかし、本当にそうなのだろうか。家事事件における要件事実がどのようなもので、その分配基準がどうなっているのかといった問題は、近時の民事訴訟法学でも決着がみられない難問の1つである。したがって、原則的実施論が、当然のように、前記抗弁説に結びつくとはいえない。実際、原則的実施論と呼ばれるものの中身を見ても、「子の福祉の観点から面会交流を禁止・制限する事由が認められない限り、具体的な事案に即して、面会交流の円滑な実施に向けて審理・調整を進めていく」と主張するにとどまっている。梶村教授が言われる意味での「請求原因」、「抗弁」

---

46) 山本和彦「総合判断型一般条項と要件事実―『準主要事実』概念の復権と再構成に向けて」伊藤滋夫先生喜寿記念『要件事実・事実認定論と基礎法学の新たな展開』（青林書院・2009）65頁以下、伊藤編・前掲注40)、三木浩一「規範的要件をめぐる民事訴訟法上の問題点」石川明＝三木編『民事手続法の現代的機能』（信山社・2015）5頁等参照。
　なお、坂梨喬教授は、面会交流権は実体法上の権利であると述べながら、その審理方法については、職権主義的、総合考慮的な審理方法が妥当するとして、いわゆる要件事実的な発想による審理が不適当であることを強調する（同「原則的面会交流論の問題性―元裁判官の立場から」梶村＝長谷川編・前掲注14) 238〜241頁)。このように、面会交流権を実体的な権利であると考えても、その特殊性から考えて、梶村教授が言うところの「抗弁説」を採らない説が主張されることもある。

47) 細矢＝進藤＝野田＝宮崎・前掲注3) 75頁。安倍嘉人＝西岡清一郎監修『子どものため

などの構成を示したうえで、いわゆる抗弁説が主張されているものではない。

百歩譲って、原則的実施論の中で、前記抗弁説が主張されていると考えたとしても、家事事件手続では職権探知主義が働いている（家手56条1項）。そのため、「面会交流」事件では、「主張責任」といった概念が働く余地はない[48]。言い換えると、いわゆる原則的実施論の支持者も、抗弁の主張がされているか否かにかかわらず、多くの具体的な事情を認定して、その事実関係のもとで、総合的に判断して、何らかの結論を出していくことになる。「相手方から抗弁の主張が出されていないので、請求原因の有無だけを判断して、結論を出せば足りる」などといった、乱暴なことを考えてはいない（仮に、そのようなことが起きたとすれば、手続法違反である）。このようにみてくると、梶村説は、いわゆる原則的実施論を取り違えて、批判していると思う。

追って、原則的実施論は、法的根拠の1つに、平成23年の民法改正が行われた後の民法766条1項を援用している。そのため、この時点の論点は、改正後の民法766条1項の解釈論の妥当性ということになる。ところが、梶村教授は、原則的実施論には法的根拠がないことは、前掲最高裁昭和59年決定および同平成12年決定から明らかであり、平成23年の民法改正作業の担当者も、面会交流権が実体法上の権利であることを前提としていないと説明していると述べて、原則的実施論を切り捨てている[49]。しかし、平成23年民法改正後の766条1項の解釈論が、これらの説明で決着できるはずがない。

の法律と実務―裁判・行政・社会の協働と子どもの未来』（日本加除出版・2013）89頁〔進藤千絵＝野田裕子＝宮崎裕子〕も、「面会交流の法的性質に関するいずれの見解も、子の福祉に反する場合には非監護親との面会交流が制限されることを認めており、審判例においても、子の福祉に反する場合には面会交流が許されないとし、面会交流を認める場合には、当事者や子をめぐる諸事情を考慮して、面会交流の具体的な内容を形成している」と述べている。

[48] 伊東乾『弁論主義』（学陽書房・1975）87頁、新堂幸司『新民事訴訟法〔第5版〕』（弘文堂・2011）473頁、上田徹一郎『民事訴訟法〔第7版〕』（法学書院・2011）320頁など。

[49] 梶村太市「親子の面会交流原則的実施論の課題と展望」判時2177号（2013）11頁、同「民法766条改正の今日的意義と面会交流原則実施論の問題点」戸籍時報692号（2013）29頁など。なお、梶村＝長谷川編・前掲注14）には、面会交流の原則実施を問う論考が数多く掲載されている。

このようにみてくると、梶村教授が批判の対象とする原則的実施論は、いわゆる原則的実施論とは、その中身が違う。ましてや、原則的実施論を指して、形式論理を振り回し、家庭裁判所の地方裁判所化をめざしていると批判しているのを聞くと、そうではないと主張したい。なるほど、原則的実施論の論者の中に、梶村教授が懸念するような考え方の者がいないとは限らない。当事者や子どもたちに、辛く、苦しい思いをさせたケースがあったかもしれない[50]。しかし、地方裁判所化を歓迎しない原則的実施論者もいる。少なくとも、筆者はその1人である。いわゆる原則的実施論の主張と梶村教授の反対論とは、議論が噛み合っておらず、エンゲージメントが不十分である。

　それでは、筆者は、なぜ原則的実施論を支持するのか。その答えは、原則的実施論の理解に関わる。筆者の理解するところ、面会交流の目的（ミッション）は、両親が、①子どもに関心と愛情をもって協力していることを、子どもに対し証明していくこと、そして、②そのことを通じて、親子関係の維持・構築（再構築）を図っていくことである（前記1（1）参照）。そこで、1年も2年も面会交流をせず、結果的に親子の縁切りにつながるようなことは認められない。子が一方の親を失うことと、子が一方の親を失わないこととを比べ、後者のほうが好ましいことは、梶村教授自身も認めている[51]。

　したがって、大人たちは、すぐにでも面会交流を始めるか、もし、すぐに始めることができなければ、その原因を取り除いていく努力をすべきである。せめて、そのための準備には、すぐにでも取りかからなければならない。これが、筆者が考えている「原則的実施論」である。

　梶村教授が指摘しているとおり、原則的実施論に立っても、すぐには面会交流

---

50) 斉藤秀樹「原則実施論の問題点」梶村＝長谷川編・前掲注14）154頁は、原則的実施論が子どもに悪影響を与え、親子関係の致命的な破綻の原因ともなると述べたうえで、これとは別に、原則的実施論は司法を劣化させている原因の1つであるという。そして、①汗をかかない裁判官、②裁判官の顔色をうかがう調査官、③調停機能を放棄する調停委員会、④諦めの当事者代理人が登場してきていると指摘する。
51) 梶村太市「『子のための面接交渉』再論」同・前掲注23）『家族法学と家庭裁判所』227頁。

を始められないケースはある。[52] また、すぐに面会交流を開始できるケースでも、いかなる頻度で、いかなる方法で、面会交流を実施するのがよいかとなると、一律には決まらない。その場合は、不確実な事実も含めて、多くの事実ないし事情を総合して、何らかの結論を出していくしかない。[53] その意味でいうと、要件事実的な発想で答えが出てくるわけではない。

　筆者が、梶村教授の反対論で最も違和感を覚える点は、「面接交渉を許すかどうかはその親の裁量による」、「面接交渉の義務はおよそ強制執行を許さないと解せざるを得ない」、「監護者の反対を押し切って面接交渉を強行させることがこの利益に合致するケースがあるとは到底思えない」などと主張する箇所である。[54] なるほど、面会交流を実施するには、大人たちの協力を得ることが大切である。この点を強調しようとする意図はわかる。しかし、ここまで強調されると、結局は、面会交流に反対する監護者の横暴を許すことになってしまうのではなかろうか。[55] そして、もし、この心配が現実のものになれば、父または母と子の関係の維持・構築（再構築）は図れなくなり、「親子の縁切り」につながっていく。

　繰り返しになるが、裁判所で事件に関わる者は、「親子の縁切り」に手を貸してはならない。「親子の縁切り」に手を貸すことは、裁判所自らの存在意義を否定する行為であり、同時に、人の道にも反している。

---

52) 外国でも、面会交流を実施することが、「子の最善の利益を害する」場合（アメリカ・カリフォルニア州、フランス）、「子の福祉のために必要がある」場合（アメリカ・ニューヨーク州）、「子の福利のために必要である」場合（韓国）、「子の心身の健康にとって不利である場合」（中国）には、面会交流が制限ないし禁止されると規定している。

53) 面会交流の頻度について、ドイツでは、2週間ごとに1回というケースが最も多い（床谷文雄＝本山敦『親権法の比較研究』（日本評論社・2014）131頁）。わが国でも、昭和50年頃には、月に2回という取決めが最も多かった。しかし、近年では、月に1回という取決めが最も多く、次いで、2ヶ月に1回という取決めが多い。わが国で、なぜ面会交流の頻度が減ってきているのか、この点の調査・研究が必要だろう。

54) 梶村太市「子のための面接交渉」、同「『子のための面接交渉』再論」、同「『子のための面接交渉』再々論」同・前掲注23）『家族法学と家庭裁判所』211頁、221頁、250頁。

55) 棚瀬孝雄「両親の離婚と子どもの最善の利益―面会交流紛争と日本の家裁実務」同『司法制度の深層―専門性と主権性の葛藤』（商事法務・2010）159頁も、「面会交流の実現が義務者の恣意に依存することが、日本で、面会交流が権利でない理由となっている」と指摘している。

ここまでに述べてきた内容は、強制執行の段階に移行しても、大切にすべきことだと思う。つまり、面会交流事件の強制執行に関わる者も、子どもの身になって、子の福祉を最優先に考えて対応しなければならない。執行手続であるからといって、形式的な判断・運用が許されてよいなどということはない。追って、前述の反対論が、「強制執行によって面会交流を実現すること、そのこと自体が子の福祉を害する」との趣旨を含んでいるというのなら、それこそ、形式論というべきだろう。子の福祉を尊重しながら、なお、執行実務を進めることができる優秀な執行官がいることも忘れてはならない。[56]

（３） 将来のための「調停条項と審判主文」　このように、原則的実施論には、有力な反対説がある。そして、どちらの説を採るのかによって、さらには、原則的実施論の中身をどのようなものと理解するかによって、事件の目標や進め方、当事者への関わり方や働きかけ、面会交流の内容・程度などが違ってくることになる。

　もっとも、現時点では、原則的実施論を採る者も、原則的実施論を採らない者も、調停条項・審判主文の部分ではっきりとした違いが出てこない。いずれの論者であれ、面会交流を認めるときの調停条項・審判主文は、「相手方は、申立人が、月〇回、子との面会交流をする（なかには、『子どもと面会させる』とする例もある）ことを認める。具体的な日時・場所・方法は、当事者間の協議によって定める」というものを用い、子との面会交流を認めないときの審判主文は、「申立人の本件申立てを却下する」というものを用いるのが一般的である。

　しかし、かかる調停条項・審判主文は、面会交流を「認めるか」「認めないか」という二項対立から抜け出せていない。審判の申立てを「認容する」「却下する」といったレベルの判断がされていることはわかるが、これを受け取った当事者の身になった場合、「何のために面会交流をするのか」、「今後、いつから、何をどうしたらよいのか」がわからない。ましてや、「本件申立てを却下する」といった審判主文では、申立人は、「今後、どうしたらよいのか、見当もつかない」こ

---

[56] 杉山初江（園尾隆司監修）『民事執行における「子の引渡し」』（民事法研究会・2010）176〜226頁は、子の引渡しに直面する執行官の生の声を集めて、紹介している。

とになるだろう。このように考えると、前記の調停条項・審判主文は、はなはだ不親切なものであって、親子、家族らの幸せにつながらない。

　加えて、これらの調停条項・審判主文には、「時間の観念」が抜け落ちてしまっている。あたかも、民事訴訟の判決と同様、1つの基準時を設けて、面会交流権の存否の確認ないしその内容の形成をしているかのようである。たとえば、「相手方は、申立人に対し、月〇回、午前10時から午後4時まで、子どもと面会させる。相手方は、申立人に対し、△△公園の入口で子どもを引き渡し、申立人は、相手方に対し、同公園の入口で子どもを引き渡す」との調停条項・審判主文があったとしよう。これには、面会交流を行う期間（開始時期と終了時期）が記載されていない。そのうえ、子どもが何歳になるまでのことを考えて作られているのかも、明らかでない。子どもが中学生・高校生になっても、まだ、公園の入口付近で子を引き渡すことが想定されているというのなら、常識的な話ではない。しかも、中学生・高校生にもなれば、今度は、子ども自身の生活が変わっていく。それにもかかわらず、小学生の時と、同じ頻度、同じ方法で、面会交流を続けていくことが予定されているというのも、強弁が過ぎるというべきだろう。

　このように、前記の調停条項・審判主文では、将来的に、現実の生活との摺り合わせが難しくなる。そして、摺り合わせができないと、今度は、父母の間で意見が合わないという事態が起きる。このように考えてくると、面会交流事件の調停条項・審判主文は、将来の状況を予測して、その変化にある程度対応できるものを作成するように心がけるべきである。たとえば、事情が変化してきたときの支援の方法や条項を変更する手順・手続などをあらかじめ話し合っておいて、それを調停条項や審判主文の中に盛り込んでいくことが望ましい。このような手当をしておくだけでも、当事者らの未来を支援していくことになるだろう。

　なお、前記の手当をするときは、当事者の意向・考え方を重視するのがよい。すなわち、調停や審判手続を進めていくと、その過程で、当事者間に小さな合意ができていくが、事件担当者は、この合意を大切にして、これを調停条項や審判主文を作成するときに活かすようにする。そうして、当事者のやりとりや部分的な合意などが、調停条項・審判主文の基礎の一部となる。当事者も、調停条項・審主文が、自分たち自身が関与して作られていることを実感できるのである。も

しそうなれば、その後の履行ということにもよい影響が出てくる。したがって、事件担当者は、調停条項・審判主文を作成するときに、当事者（子どもたちを含む）らが納得している部分を活かすように心がけていくべきである。

もっとも、当事者に任せるべき事柄も少なくない。裁判所があらゆる事柄を予測して、すべてについて対応策を考えておくことは、およそ不可能だからである。しかし、だからといって、形式的な調停条項・審判主文で満足していることも正しくない。少しでも当事者の役に立ちたいと考えて、知恵を出して、工夫を重ねていくことが大事である。このことは、プロとして、本来の仕事をしていくときの当然の心構えといえるだろう。[57]

（4）　面会交流の障害　前述したように、非監護権者に親権の停止事由や親権の喪失事由があるという場合でも、面会交流を当然に拒否できるわけではない（前掲注15）参照）。同じように、非監護親にドメスティック・バイオレンス（DV）があったとしても、当然に面会交流が拒否できるということでもない（諸外国で多くの工夫がされているように、わが国でも、何らかの手当をして、面会交流が実施できる方向で手当がされるべきである）。親子の縁切りにつながりかねない「面会交流の拒否」は、認められない。[58]

---

57) 京都家審平成 26・2・4 家庭の法と裁判 2-87 は、主文中に面会日、面会時間、面会方法、待ち合わせ場所および方法、面会場所の制限、プレゼント、面会日等の変更、連絡方法等、その他注意点を細かく示している。仮に、「具体的な日時、場所、方法などは、当事者間で別途協議する」との条項を入れるにしても、その次に、「前項の協議は、毎月第 1 日曜日の午後 10 時から電子メールを使って行う。もし、協議がまとまらないときは、〇〇氏にその調整を依頼する。その費用は、申立人が立て替えて、後日、双方で折半する」などと定めてみてはどうだろう。

同様に、「本件申立てを却下する」との主文の次に、「申立人と相手方は、平成〇〇年〇月から同年〇月まで、毎月 1 回、面会交流の実現に向けて、電子メールで、その具体策を協議せよ」と定めることはどうだろう。たったこれだけのことでも、当事者への支援としての意味があると思われる。

なお、面会交流を認める場合の条項中に、目的規定が書かれていないケースが少なくない。しかし、協力関係を築くには、目的意識を共通にすることが大切である。したがって、調停条項中に、「子どもに対し、両親が協力していることを示し、同時に、子どもに安定した環境を提供していくことを目的として」といった目的規定を書き入れてはどうかと思う（筆者自身、目的規定を入れた調停条項を作ったことがある）。

58) 京都家審平成 18・3・31 家月 58-11-62 は、現時点の面会交流を否定しながら、将来の

したがって、ただちに面会交流ができない事由があったとしても、事件担当者は、事件を終了させるべきではない。まずは、面会交流が実施できない原因を突き止める、そして、その原因を取り除いていくことから始めるのがよい。もし、取り除くことが難しいときは、将来的に、何をどのようにしたら、面会交流を実施することができるのかと考えていって、そのために協力を呼びかけ、当事者を支援していくのである。

　なお、当然のことながら、当事者への支援策は複数のものを用意して、当事者らに選択させることが好ましい。選択すること自体が当事者の1人ひとりの個性を発揮できる重要な場面だからである。この点、事件担当者のいっそうの工夫・努力を期待したい。

　このようにみてくると、面会交流の障害事由が認められるからといって、すぐに申立てを「取下げ」させたり、「申立てを却下」したりするのは適当でない。もし、当事者間で、当面、面会交流は実施しないとの約束ができたとしても、いつまで実施しないのか、面会交流を実施しない間、面会交流の実施に向けてどのような準備をするのかと質問して、その回答を引き出すようにし、当事者を支援していきたい。家庭裁判所が、このような目標を掲げて、当事者やその家族らに対して働きかけをしない限り、家庭裁判所がもっている「子どもたちへの思い」や「人に対する温かさ」というものも、当事者には伝わらない。

（5）　ハーグ条約と子の面会交流事件　　ハーグ条約とは、不法な連れ去りまたは留置などにより、子が奪われた場合について、その「子を国際的に保護すること」（同条約前文）、そして、奪われた親から「子が常居所を有していた国への当該子の迅速な返還」の申立てがあったときは、子への「接触の権利の内容を定め、又はその効果的な行使を確保するように取り計ら」い、その旨の申請があったなら、これを「援助」していく（同21条）ものである。すなわち、子を奪われた親は、ハーグ条約の締約国（平成27（2015）年4月現在、93ヶ国）で、その

　　　　面会交流に備えて、写真等を送付することを命じている。このような間接的な面接も、将来の面会交流の実施に向けた手当というのなら、ある程度の意味があろう。しかし、将来の面会交流の実施に向けた手当でなければ、親子の縁切りと変わらない。

国の国民と同じ条件で、法律に関する援助および助言を受けることができる（同25条）。なお、その費用は、原則として、同国の中央当局が負担する（同26条）。[59]

　ハーグ条約は、平成26（2014）年4月1日、わが国にも効力が生じ、同日、国内の条約実施法が施行された。

　ところが、わが国でハーグ条約というと、「子の返還」申立てのことが注目されて、「面会交流」のことが忘れられてしまう。条約実施法で、ハーグ条約に基づく「子の返還」申立事件の管轄が、東京家裁および大阪家裁に限られた（32条）ためか、この2つの家庭裁判所以外にはハーグ条約の関連事件は扱われないといった間違った認識すら拡がっている。しかし、ハーグ条約に基づく申立ては、「子の返還」事件だけでなく、「面会交流」事件もある。このことは、条約実施法が、ハーグ条約申請者の「国又は地域の法令に基づき面会その他の交流をすることができる者……は、……当該子との面会その他の交流を実現するための援助……を外務大臣に申請することができる」（16条）と規定していることからも明らかであろう。

　そこで、わが国の外務大臣（中央当局）が、ハーグ条約に基づいて、面会交流を実現するために援助決定を行った場合を考えてみたい。この場合、申請者は外務大臣から、面会交流の実現に関連した援助を受けられる。その情報の中には、当然、日本の家庭裁判所の調停・審判などの制度のことも含まれる（16条、17条）。しかも、ハーグ条約に基づく「面会その他の交流をすること」の申立事件の管轄は、「子の引渡」事件とは違って、東京家裁および大阪家裁に限られない（148条）。したがって、ハーグ条約に基づく「面会その他の交流」事件の申立ては、わが国の管轄規定に合致する限りにおいて、全国のどこの家庭裁判所にもあり得ることになる。

　そこで、ハーグ条約に基づく「面会交流」事件の申立てが行われて、同事件を担当することになった場合を考えよう。この場合、準拠法が問題となってくる。

---

[59] ハーグ条約と条約実施法の解説については、最高裁判所事務総局家庭局監修『国際的な子の奪取の民事上の側面に関する条約の実施に関する法律執務資料（家庭裁判所資料第198号）』（法曹会・2014）参照。

すなわち、法の適用に関する通則法 32 条は、「親子間の法律関係は、子の本国法が父又は母の本国法（父母の一方が死亡し、又は知れない場合にあっては、他の一方の本国法）と同一である場合には子の本国法により、その他の場合には子の常居所地法による」と規定する[60]。このため、ケース次第で、わが国の民法が適用され、あるいは外国法が適用される。事件担当者は、事前に、前記通則法によって定められている準拠法について調査しておかなければならない。

　追って、ハーグ条約に基づく「子の引渡」事件で、子の返還を実現しようとするときに、わが国の強制執行手続を使うことができる。もっとも、条約実施法は、民事執行法とは異なる手順を取ることを求めている。すなわち、「間接強制」を前置させて、まずは、任意に子の返還をするように促すことを求め、間接強制の効果が挙がらなかった場合に初めて、「代替執行」の申立てができると定めている（136 条。本書第 1 章 **II** 1 参照）。もっとも、かかる取扱いは、「子の引渡」事件に限られている。「面会交流」の強制執行については、ハーグ条約に基づくものであれ、基づかないものであれ、前述のような特別な取扱いは行われない[61]。

III　子の引渡事件の実務

1　子の引渡事件の目的と特徴

（1）目　的　「子の引渡」事件にも、多くのバリエーションがあって、一律に論ずることは難しい。たとえば、①子どもの生命・身体等に危害が及ぶおそれがあると述べて、危険の除去を目的に申し立てられるもの、②子どもが親権者・監護権者以外の者と暮らしているときに、本来の親権・監護権者から、子ど

---

60) 京都家審平成 6・3・31 判時 1545-81。なお、東京地判平成 2・11・28 判時 1384-71、判タ 759-250 も参照。
61) なお、平成 25 年から施工された家事事件手続法 290 条は、履行命令ができる義務の範囲を、「金銭の支払その他の財産上の給付を目的とする義務」に限るとした。したがって、面会交流に関する義務について履行命令を発することができなくなっている。

もを自分のもとに置きたいとして申し立てられるもの、③子どもを連れた家出があったときに、家に残された家族らから申し立てられるもの、④子どもを自宅に残して家出をしたが、やはり子どもを引き取りたいと考えて、申し立てられるもの、⑤子が奪取されたときに、子どもの父母・家族から、原状回復を理由として申し立てられるものなどがある。最近は、これらに、⑥ハーグ条約に基づく子の引渡しの申立てが加わった。⁽⁶²⁾ ⑦さらに、地方裁判所に対して、人身保護請求（人身保護法2条、4条）が行われ、子どもの拘束状態の救済が求められるものがある。

しかも、「子の引渡」事件は、両親（親権者）と他人との間で起きるとは限らない。むしろ、両親の間で、あるいは、一方の親と親族（主として、祖父母）との間で起きることが多い（たとえば、親権者と親権者の間で、親権者と監護権者の間で、さらには、親権者と非親権者の間で起きる）。それも、「別居中の夫婦の間における引渡請求」、「離婚後の夫婦の間における引渡請求」、「親権者から第三者（監護者・監護受託者）に対する引渡請求」、「非親権者から第三者（監護者・監護受託者）に対する引渡請求」、「親族から第三者（監護者・監護受託者）に対する引渡請求」などというように、いろいろなパターンがある。

紛争が、すでに訴訟・調停・審判事件として係属中であるか否かも、直接は関係がない。事件が、係属している、係属していないかも関係しない。起訴前、起訴後のどちらの「保全処分」（民保23条2項・3項、家手105条）もある。しかも、家庭裁判所だけが扱うわけではない。たとえば、監護権者となる余地のない第三者が子を拉致している場合や、人身保護請求が行われている事案では、地方裁判所がその舞台となる。ちなみに、当該人身保護請求も、訴訟・調停・審判事件が係属中であることは要件とならない。

このように、子が関係している紛争であれば、いつ、どんな形で、「子の奪い

---

62) ちなみに、ハーグ条約に基づく事件であるからといって、当事者が「外国人対日本人」の事件ばかりとは限らない。「外国人対外国人」である場合も、そして、「日本人対日本人」である場合も含まれる。

合い・子の引渡し」の紛争が起きても、おかしくない。しかし、どのような場合であれ、まずは、「子の利益」や「子の最善の利益」を優先して、それを確保していくことが大事になる。もちろん、裁判所が、子の引渡しを求める請求権の存否について判断し、子の引渡しを求められる地位を保護することは大切である。しかし、法的判断にばかり目がいって、肝心の子の福祉や、親子関係の維持・構築（再構築）といった目的（ミッション）を忘れてしまっては、本末転倒である。

　もう１つ、注意してほしいことがある。それは、「子の引渡」事件の中に、緊急な対応が求められているものがあることである。この中には、社会問題になりかねないものや、国際問題にまで発展しかねないものも含まれている。これらの事件で対応を間違えると、裁判所の資質・姿勢が問われかねない。そのため、子の引渡しの問題が明らかとなったときは、すぐに裁判官に報告しなければならない。そして、多くの人の英知を結集して、対応策を練っていくことが大切になる。もちろん、その報告を受けた裁判官は、事案の特性や緊急性などに応じて、適切に対応できなければならない。しかし、そうはいっても、裁判官が１人で悩む必要はない。他の人の意見を聴き、さらには、関係機関の協力を仰ぐなどして、関係者の英知を集めるべきである。

　なお、そのような検討を重ねた結果、緊急に対応するまでの必要はないとの判断に達したとしよう。そのときは、申立人に対して、その理由を、丁寧にわかりやすく説明してほしい。もし、この説明ができないとき、それはまだ、十分な検討が尽くされていないことを意味している可能性がある。このように考えて、慎重を期し、もう一度、検討し直してほしい。

　（２）　特　　徴　　「子の引渡」事件にも、いろいろなパターンのものがある。すべてに共通するような一般的な特徴をみつけ出して、整理していくことは難し

---

63) 子の引渡しが裁判上の問題となる場面については、梶村太市『裁判例からみた「子の奪い合い」紛争の調停・裁判の実務―子引渡請求訴訟・人身保護請求・子引渡請求審判・ハーグ条約子返還請求』（日本加除出版・2015）の中で詳しい説明がされている。
64) たとえば、裁判官に報告せず、独断で、「次回の期日に、裁判官に直接話してほしい」とか、「次回の期日までに資料を整えて申し立ててほしい」などと答えることは、対応として不適当なものである。

い。それでも、あえて整理すると、次のようになろう。第1は、引渡しの対象となるのが「子ども」、それも、年端のいかない子どもであることである。子どもからすると、かかる事態に直面させられることは、「迷惑」以外の何者でもない。一応の取決め・一応の解決でよいから、早急に、何らかの着地点をみつけてほしい、そう願っていると思われる。第2は、争いの形が、子を「引き渡せ」、「引き渡せない」といった二項対立になりがちであって、着地点をみつけることが難しいことである。事件担当者にとっては、知恵と工夫（アイディア）の出し所となる。第3は、争いに祖父母・兄弟といった親族が加わることが多いことである。親族に相談すると、どうしても親族内で立場の強い者の意見が勝つ。しかし、そうなると、当事者は、自分の考え方だけでは決められない。紛争は硬直化し、迷走を始めることになる。第4は、紛争解決に必要な手続が、複雑で難解なことである。子の引渡しの問題は、いつ、どのような形で起きるかわからない。そのため、事前に研究できることは少ない。それだけではない。解決のための手続といったものも、訴訟・審判・調停・保全処分・人身保護法など多くの手続があって、それが複雑にからんでくる。したがって、当事者らに対し、正確で、かつ、必要・十分な情報が提供されないまま、手続が進んでいってしまう危険性がある。

　いずれにせよ、両親、親族および監護者らの多くは、子どもにとって、かけがいのない大切な人たちである。このように考えると、事件担当者は、子どもの周りにいる大人たちを、大切な資源・環境であると考えなければならない。もし、そのように考えられなければ、自らに、この事件を担当する資格が備わっているのか、一度、疑ってみることが必要になるだろう。

　以上に述べてきたところは、「子の引渡」しが強制執行の手続に移行したときにも、変わらない。子どもたちは、基本的に、強制執行の対象者となるのではない。したがって、大人たちは、強制執行の手続でも、子どもたちに対し、優しく、丁寧に対応できなければならない。[65]

---

[65] わが国では、訴訟・調停・審判の係属中に、あるいは、事件の申立てを考えているときに、実力行使をして、子を奪ってしまう者がいる。このような行動は、子どもの気持ちを考えない、まことに自分勝手な行動というほかはない。子の奪い合いは、結果的に、

2 「子の引渡」事件の進め方

「子の引渡」事件は、大きく、次の3つに分けられる。①現状のままで放置しておくと、子の生命・身体等に危害が及ぶおそれがあって、見逃すことができない場合、②子の奪取など違法な行為があって、原状回復を行う必要性が高いとみられる場合、③両親らの協力関係をつくっていくことを優先するか、あるいは、これに並行して、子の引渡しの問題を話し合っていくことが、結局、子の利益（子の最善の利益）につながっていくとみられる場合である。

そして、上記①②の場合は、即時に対応するのが望ましい。もっとも、以前の家庭裁判所では、②の場合について、「子どもの気持の安定を考えると、監護者が頻繁に変わることには問題がある」などと述べて、必ずしも即時に対応していなかった。しかし、かかる事態を黙認したのでは、大人たちの協力関係が破壊されていく。そうなれば、今度は、力づくによる「子の奪い合い」を誘発し、子の福祉は害されていく。そこで、近時、家庭裁判所は、②の場合について、即時に対応するようになっている。好ましい傾向である。③の場合は、即時に対応する必要性はさほど高くはない。即時に対応するまでの必要がないことになる。しかし、この③の場合でも、家庭裁判所が、「子の奪い合い」を黙認しているなどと誤解されることがないように、対応に注意しなければならない。もし、そのような誤解を招いてしまえば、当事者からの信頼を得ることができず、その後、事件も円滑に進まない。

そして、この3つの違いに応じて、「子の引渡」事件の進め方も違ってくることになる。そのときの事件担当者の選択が重要になる。

ところで、即時の対応を優先させなければならないからといって、親子関係の

関係者の協力関係を破壊し、親子関係の維持・構築（または再構築）を妨げてしまう。決して、許されない。

なお、ここで説明した内容は、子を奪取した者が、親権者・監護権者であったとしても、何も変わることがない。

維持・構築（または再構築）といった目的（ミッション）を忘れてよいわけではない。しかし、即時の対応を優先させていくと、どうしてもこれらの問題に取り組む余裕がなくなっていく。つい、子どもが受けている危害の除去や違法状態の除去に懸命となって、評価裁断型を用いた進め方に頼ってしまうことが起きる。そして、事態が進展しないとなると、つい、保全処分を使ったり、人身保護法を使ったりして、子どもへの危害を除去すること、違法状態を除去することだけをめざすようになってしまうのである。[66]

　そうなってしまうと、今度は、「子の引渡」事件が終了した後の対応が難しくなる。裁判官（または調停委員会）が、子の引渡しを認めたか、認めなかったかは別にして、いったん、何らかの判断を下している以上、その裁判官（または調停委員会）が、その後に、同一当事者の間に入っていって、関係を調整することは至難の技だからである。

　それでは、即時に対応するのをやめて、当面、合意による解決をめざして、協力を呼びかけていったらどうか。思うに、それでは、期待する効果は生まれてこない。かえって、裁判所は、問題を棚上げにし、自らの責任を先送りにしているといった批判にさらされる。そのため、時間と労力が無駄になる。当事者の関係も、決してよい方向には進んでいかない。

　このように考えると、即時に対応すべき事案では、その事件を担当する者（裁判官・調査官・調停委員）と、その後、当事者間の調整をめざして調整する者（裁判官・調査官・調停委員）とを分けるのがよい。言い換えると、即時に対応すべき事案では、まず、裁判所の後見的な役割を前面に出して、当事者から紛争を取り上げて、裁判所の責任で、仮の状態と呼べるものをつくっていく。それも、できるだけ当事者に責任を押し付けず、当事者同士の競争・対立関係を亢進させないように注意して、丁寧に、しかも、迅速に対応していくようにする。もし、時間をかけてしまうと、当事者の不安感や不満が増して、その分、対立感情も深

---

66) 当事者に求める内容が厳しければ厳しいほど、余計に、当事者に対して優しく、自分の言葉で働きかけていくことが重要になる。難しい場面であればあるほど、必ず道が開けるものと信じて、笑顔を忘れないで、調停・審判を進めていくのがよい。

まってしまう。そのことが、子の利益・子の最善の利益を害することになるからである。

　このようにして、仮の状態をつくった後、今度は、別の担当者が、時間と手間をかけて、当事者の関係を構築（または再構築）するように援助していきたい。そして、このときは、交渉あっせん型による進め方は用いない。関係変容型またはコンフリクト・エンゲイジメント・アプローチなどの調停技法を使って、当事者の協力関係をつくっていく、そのことを目標にして、模索し、工夫し、試していくのがよい。

　もっとも、肝心の当事者が、子の福祉を害するなどして、子どもの将来にとって大切な人間とは思えない場合もある。このような場合は、そこまでの配慮をする必要はない。そして、担当者が交替する必要もない。「評価裁断型」を使って、事件を進めていけば足りることになる[67]。

　追って、「子の引渡」事件というと、ついつい子の奪い合いを考えがちになる。しかし、実際には、子の「押し付け合い」の事件も含まれる。筆者自身、過去この手の事件を担当したこともある。筆者が担当した事件は、幸いにして、すべて合意が成立して解決した。今でも、忘れられない事件の1つとなっている。

3　「子の引渡」事件の解釈の変化

（1）　直接強制の可否　　かつての裁判実務では、「子の引渡」しを求めようとする場合、多くは、「人身保護請求」が用いられていた。しかし、最高裁平成5年10月19日判決（民集47-8-5099）と、同平成6年4月26日判決（民集48-3-992）が出てからは、この状況が一変する（この点の詳細は、本書第4章Ⅲ1参照）。つまり、これらの判決以後は、家事事件手続によって、「子の引渡」しが求めら

---

[67] これらの場合、交渉促進型は、原則的に用いない。一方当事者に有利に偏っている状況で、交渉促進型を用いることは不公平だからである。実際、不利な状況に置かれた者からすると、合意を押し付けようとしていると受け止められるだろう。仮に、合意できたとしても、それは、プレッシャーを背景にした「偽の合意」に過ぎず、当事者間の「真意による合意」ではない。

れるという形になった。なぜかというと、上記の各判決で、「子の引渡しの紛争は、本来、家庭裁判所の守備範囲に属するものであり、人身保護請求による救済は、家事審判または審判前の保全処分が効を奏しないなど、特別な場合に、補充的に活用されるべきである」旨の説示がされていたからである。そして、現在、「子の引渡」しの問題は、一般に、家庭裁判所の審判・調停・審判前の保全処分などで取り扱われている。[68]

そればかりではない。以前には、「子の引渡」しで「直接強制」が認められる例はなく、せいぜい、「間接執行」ができるだけであった（一部には、間接強制を否定する説もあった）。いわく、子は1個の人格であり、子を引渡しの直接執行の対象とすることはできないというのである。しかし、東京家裁（本庁）は、平成8年頃から、直接強制ができる余地を認めるべきであるとの考え方を打ち出し（筆者も当時の部内の研究会に参加したことがある）、平成17年頃には、東京地裁の執行部・執行官室でも、一定の要件のもとで、「子の引渡」しの直接強制を認めるようになった。[69] すなわち、前記最高裁平成5年10月19日判決と同平成6年4月26日判決の趣旨を敷衍すると、「子の引渡」しの問題は、基本的に、家庭裁判所の審判・調停や、審判前の保全処分により解決するのが相当である。しかし、これらの審判・調停等に実効性がないと、家庭裁判所で紛争の解決が図れない。当事者に、自力救済の横行を許すこととなり、かえって、問題が大きくなってしまうおそれがある（詳細は、本書第4章 III 2参照）。[70]

---

68) 瀬木比呂志教授は、人身保護請求に頼ったやり方では、子の福祉について、家裁調査官の調査をすることができず、強制執行の手段も、拘束者に対する刑事制裁を中心としたものであって、このようなやり方は、親子関係の構築（再構築）といった観点から問題があり、実効性・柔軟性に欠けることになるとする。そして、そうだとすると、結論的には、家庭裁判所の審判を中心とした判断を基にして、直接強制を認めていくのが適当であると主張する（同「子の引渡しに関する家裁の裁判と人身保護請求の役割分担―子の引渡しに関する家裁の裁判の結果の適正な実現のために」判タ1081号（2002）49頁）。
69) 青木晋「子の引渡しの執行実務」家月58巻7号（2006）93頁、遠藤真澄「子の引渡しと直接強制―主に家裁の審判、保全処分と直接強制の在り方について」家月60巻11号（2008）1頁、同「子の引渡しの強制執行」佃＝上原編・前掲注42) 554頁など参照。
70) すなわち、近時の家庭裁判所は、面会交流の取決めのところでは、強制執行手続に移行することに慎重な態度をとりながらも（前記 III 2（1）参照）、子の引渡しの決定ないし

もちろん、「子の引渡」しの直接執行は、物の引渡しの直接執行（民執169条）とは異なっている。当然のことながら、子どもの人格は十分に尊重される必要がある。そして、「自己の意見を形成する能力のある」子どもに対しては、「意見を表明する権利」が確保されなければならず、そのような子どもの意見は、「児童[子]の年齢及び成熟度に従って相応に考慮される」べきである（児童の権利条約12条）。そして、当然のことながら、「子に対して威力を用いることはできない」（140条5項）。このようなことからして、自己の意見を形成する能力がある子どもには、一定の権利が認められているといえる。

しかし、よくよく考えてみると、問題は、自己の意見を形成する能力があるか否かというところにはない。子どもは、大人ほど、自由に、正確に発言できないのは当然のことであるが、自己の意見を形成する能力の有無以前の話として、子どもは1人の人間として、大人から最大限の配慮を受けるべきである。大人たちは、この点を十分に理解して、手続を選択し、運用していくことが必要となる。

したがって、子の引渡しの直接執行という意味を、動産執行の場合と同じように、「執行官が、対象者についての債務者の直接の占有を解いて、申立人にこれを引き渡す」といったイメージでとらえてはいけない[71]。むしろ、子どもを引き取る際に妨害行為があったとすれば、その「妨害行為を排除する」といったイメージでとらえていくことが基本とされるべきである[72]。

取決めに限っては、直接執行ができる余地を拡げて、積極的に強制執行をする姿勢をみせている。ちなみに、梶村太市教授の見解も、これと同一方向とみられる（同「子の引渡請求の裁判管轄と執行方法」同・前掲注23）『家族法学と家庭裁判所』141頁）。しかし、家庭裁判所の実務の運用として、この2つの流れは一貫しないのではないだろうか。この観点からの研究は、今後の課題の1つというべきだろう。

71) このようなイメージでとらえている人は、子の引渡しの対象年齢を何歳とするのが適当なのかといって議論していく。その議論の結果、乳児に限られる、意思能力のない幼児に限られる、小学校低学年までの子どもに限られる、10歳ぐらいまでの子どもに限られるなどといった見解に分かれ、現在のところ、一致していない。

72) 子どもの「引取りを妨げない」とのイメージでとらえるとしても、ケース次第で、債務者側が積極的に何らかの協力をすることを約束していたり、負担を約束していたりすることがないわけではない。この場合は、その負担部分について、「為す行為」ととらえるのである。

（2） 子の引渡しと強制執行　このように考えれば、「子の引渡」事件で強制執行を行うときも、基本的には、子の年齢を考慮する必要はない。仮に、債務名義の内容が、「○月○日午後１時、△△公園入口で、子どもを引き渡す」となっていても、その日時が経過した後は、日時・場所の指定は意味をもたないので、債務名義は、「子どもを引き渡すことを妨げない」との部分だけが残されていることになる[73]。そして、もし、そのような解釈ができるとすれば、「子の引渡」事件の執行は、直接強制ではなく、代替執行が基本となる[74]。

　このような考え方は、これまでの実務とは違ったもので、いかにも突飛な考え方のように思われるかもしれない。しかし、ハーグ条約に関する条約実施法では、子を返還するにあたって、直接執行という方法は採らなかった。ハーグ条約事案では、「子の監護を解くために必要な行為（＝解放実施行為）」をしてほしいとの申立てがあった場合、執行官は、子を解放し、その後、子の返還については、執行実施者による「代替執行」を用いるとされている（141条、規85条）。そうだとすると、ハーグ条約事案以外の「子の引渡」事件でも、これと同じように、執行官は義務者の妨害行為を排除し、権利者が子どもを引き取ることができる状態をつくり出せばよい。そのようにすることで、「子の引渡」しの強制執行手続は終了し、その後は、大人による子ども自身への働きかけの場面に移ると考えるのである。

　もっとも、このように割り切って運用できないケースもある。その典型例の１つが、実は、ハーグ条約に基づく子の返還事件である。すなわち、同返還事件の債務名義は、「相手方は、○○国に対し、子を返還せよ」というものである。すなわち、同事件では、子の常居所地国への返還が命じられるが、子を権利者のもとに引き渡すことまでは命じられていない（26条）。そのため、この債務名義には、義務者に対し、権利者が子を引き取ることを妨げてはならないとする不作為

---

73) かかる解釈の仕方が乱暴過ぎるというのなら、債務名義を作成する時点で、「相手方は、申立人が子どもを引き取ることを妨げない。相手方は、○月○日午後１時、子どもを△△公園入口に連れていき、その場で引き渡す」と書くように改めてほしいと思う。
74) 中野貞一郎『民事執行法〔増補新訂６版〕』（青林書院・2010）159頁。

義務が含まれていると解釈する余地はない。義務者は、文字どおり、子を常居所地国に返還しなければならない義務がある、それだけのことである。しかし、この場合に、民事執行法の規定だけで処理するので、権利者がその場で、子を引き取ることができず、結果として、子を常居所地国に返還することができない。したがって、ハーグ条約事案の「子の引渡」しの執行に限っては、民事執行法の特別規定を設け、債務者に代わって常居所地国に子を返還する者（いわゆる返還実施者）を特定し、その者に、常居所地国への返還の代替執行をさせることにしたのである（137～142条。詳しい内容については、本書第1章Ⅱ参照）。

それでは、ハーグ条約に基づいて子の引渡しを命じるのは、いったい何歳までの子が想定されているのだろうか。この点、ハーグ条約は、子の返還事件の申立てがあった時点で「子が16歳に達していない」ときは、子の返還が命じられなければならない（27条1号）と定め、さらに、「子が16歳に達した場合には、民事執行法第171条第1項の規定による子の返還の強制執行（……『子の返還の代替執行』という。）は、することができない」（135条1項）と定める。すなわち、ハーグ条約は、15歳以下の子どもならば、子の引渡しの代替執行が行われる余地があると考えられているのである。

もちろん、子どもが15歳以下であっても、子どもの意見は相応に尊重されなければならない。この点、ハーグ条約でも、「子の年齢及び発達の程度に照らして子の意見を考慮することが適当である場合において、子が常居所地国に返還されることを拒んでいる」ときは、返還しないことができる（28条1項5号）と定め、さらに、その一方で、子が拒否した場合であっても、「一切の事情を考慮して常居所地国に子を返還することが子の利益に資すると認めるときは、子の返還を命ずることができる」（28条1項本文但書）と定めている。

いずれにせよ、子どもが15歳以下であれば、上記の検討の結果次第で、常居所地国への返還が命じられることがあり、それについて間接執行ないし代替執行の申立てがされることがある（134条1項・2項、規184条、185条）。もし、代替執行が行われると、執行官の手で子は解放され、その後は、裁判所の指定を受けた返還実施者の手によって、常居所地国への返還が実行されることになる。このときに、小学校高学年だから返還ができないとか、中学生だから返還ができない

などという問題ではない。15歳以下の子ならば、誰でも、代替執行を受ける可能性がある。

　それでは、子の引渡しの債務名義であって、「子どもの引取りを妨げない」と解釈することができないもの（ただし、ハーグ条約事案を除く）について、その強制執行はどうなっているのだろう。この場合は、債務名義ごとに、個別に、具体的解釈をしていくことになる。場合によって、直接強制ができるものもあれば、間接強制をするしか方法がないものも出てくるだろう。

　もっとも、債務名義をつくるときに、直接強制か、間接強制か、それとも代替執行かなどと考えて、その中のどれか1つの方法しか選択しないことに問題がないのかは、なお、検討してみたい（この点については、本書第3章Ⅳ2参照）。むしろ、事案の進展や状況の変化などに合わせて、強制執行の方法の選択の余地が違ってきてもよいのではないだろうか。現に、平成15年の民事執行法の改正で、間接強制は、不代替的債務および不作為債務だけに限定して用いられることがなくなって、直接強制や代替執行が可能なものについても、間接強制が選択できるようになった。このようなことを考えると、裁判所が、将来を予測して、複合的・重層的な性質をもった「調停条項・審判主文」（債務名義）といったものをあらかじめつくっておいても、何ら不都合なことはないと思われる。[76]

....

75) 大濱しのぶ「間接強制と他の執行方法との併用の許否―間接強制と代替執行の併用が問題になった事例を手掛かりとして」判タ1217号（2006）73頁、鈴木雄輔「間接強制と代替執行・直接執行の併用の許否」金法1990号（2014）57頁。
76) 家事事件で、処分権主義は適用されない。したがって、いかなる調停条項・審判主文を用いるのかということは、裁判所が日頃から、責任をもって検討しておくべきことである。家庭裁判所では、その検討結果に基づいて、いくつかのメニュー（選択肢）を用意し、実際のケースでは、それを参考にしながら当事者らとともに検討して、ケースに相応しい、新しい調停条項・審判主文を作り上げていくべきだろう。
　　なお、子の引渡し・監護者指定に関する最近の裁判例などは、松本哲泓「子の引渡し・監護者指定に関する最近の裁判例の傾向について」家月63巻1号（2011）54頁、梶村・前掲注63)を参照。

4　子の引渡しの許否の判断

　前述したように、「子の引渡」事件には、いろいろなバリエーションがある。したがって、一律に論じることは難しい。ここでは、主として、両親の間で「子の引渡」しの問題が争われているケースを念頭に置いて、「子の引渡」事件の判断のあり方につき、検討してみたい。

　（1）　子の生命・身体等に危害が及ぶおそれがあるとき　このような場合、子の現状を変更する必要があることはいうまでもない。しかし、そうだからといって、ただちに、申立てを認容すると即断できるわけでもない。申立てを認容しても、現状が改善しないことが予想される場合があるし、かえって原状が悪化していく場合も考えられるからである。したがって、仮に申立人に対して子を引き渡したら、その後の子の生活・環境がどうなっていくのかということも、きちんと見極めるべきである。この点、家裁調査官による調査が重要になる。

　子は、往々にして、現状のままで問題がないと回答する。そして、裁判官も、子の意見表明権を確保し、その意見を尊重していくことが大切であると考えている。しかし、子の意見と違っても、なお、関係機関と連携して、児童福祉法所定の措置や児童虐待防止法所定の指導・支援などといった手当を施さなければならない事案もある[77]。そのような場合には、あえて、困難な途を選択するしかない。

　（2）　子の違法な奪取などがあり見過ごせないとき　かつて、家庭裁判所では、「子の気持ちの安定を考えると、監護者が頻繁に変わるのは好ましくない」、「申立てを認容したものの、その後の本案事件で、子の監護者を元に戻すのでは、子の福祉を害してしまう」、「したがって、本案事件の結論を見越して、原状回復を命じるか否かを決めるべきである」などと述べて、即時に対応してこなかった時期がある。要するに、子の気持ちの安定が大切であり、したがって、監護関係

---

[77] 子に対する調査の難しさについては、上野はるみ「子の意思を『把握』して『考慮』するということ―家庭裁判所調査官の立場から」二宮＝渡辺編著・前掲注14) 47頁以下参照。

の継続性を重視することが適当である(これを「監護関係の継続性の原則」と呼ぶ人もいる)というのである。しかも、家庭裁判所では、「この原則は、子の奪取があった場合でも、変わらない。最終的に、監護権者を誰にするのがよいかを考えて、その後に、申立てを認容するか否かの判断をするのが適当である」などと述べて、それに沿った運用をしていたこともあった。

　しかし、現在の家庭裁判所の担当者は、おそらく、このようには考えない。たとえば、「監護関係の継続性の原則といっても、原則と呼べるほどに法則性があるとは思えない。継続性の原則に頼って本案の判断まで踏み込んでいくと、審理が長引くうえに、結局は、力づくによる『子の奪い合い』を誘発することになる。そうなると、かえって、子どもの気持ちや環境を害して、子の福祉に反する結果を招いてしまう。したがって、本案の判断がどのようになるかを重視して、対応していくのではなく、事案に即して、できるだけ即時に対応するように努めていくべきである。そして、子どもが、早期に、とりあえず気持ちの安定できる場所を確保していくことが大切である」といった説明がされることと思う(ただし、担当裁判官により、表現に多少の異同があるかもしれない)[78]。

　そして、筆者も、現在の運用のあり方は妥当なものと考えている。そもそも、子の奪取を「やむを得なかった」などと言って、簡単に許すべきではない。子の奪取者は、多くの場合、自らの欲求を満たすために奪取していると思う。しかも、裁判ないし紛争の解決を、自分の思いどおりの結果にしたいと考えて奪取している。決して、子の福祉のことを考えて、奪取しているわけではない。たとえば、次のような場面を考えてほしい。

　子を奪取した後から、奪取者が奪われた側の者に向かって、「これからは、子どものことでは協力し、親子関係を維持・構築するようにしたい。ついては、協

---

78) ちなみに、ハーグ条約は、連れ去り後、「子の引渡」しの申立てまで1年以内である子について、「新たな環境に適応している」旨を理由とした返還拒否を許していない(同条約12条1項)。他方で、申立てまでに1年が経過した子について、「新たな環境に適応している」ことの積極的な証明があれば、返還拒否を認めている(同12条1項・2項)。言い換えると、子どもが奪取者のもとに半年、1年暮らしていたからといって、そのことをもって返還拒否の事由とはしていないのである。

力し合って解決していこう」と呼びかけたとする。このような場合、相手方が呼びかけに応えることは、まず考えられないことだろう。

　奪取者は、自らの行為によって、関係者の間の信頼を破壊している。その破壊者が、今度は子どものために、これから土台づくりを始めていこうなどと呼びかけてみたとしても、真実味はなく、簡単には受け入れられることがない。つまり、奪取者は、子どもにとって貴重な環境を破壊した者であって、広い意味で、子の福祉を侵害した者なのである。そして、このことは、親権者・監護権者としての適格性を判断するうえで、マイナス要素の1つとしてカウントされなければならない。

　そのため、奪取者が行ったルール違反は、簡単に許すことはできない。少なくとも、奪取者がルール違反をしたことを認めて、誠実な態度に戻るまでは、ルール違反についてのマイナス評価を消すわけにはいかない[79]。もっとも、ルール違反の事実があったからといって、すぐに原状回復を命じることにも直結しない。原状回復を命じたら、今度は別の理由で、子の生命・身体等に危害が及ぶ心配が出てきたというのでは、現状回復を命じられない。そのため、家庭裁判所では、子を監護するのに困難な別の事情（ハーグ条約13条、条約実施法28条1項4号・6号、同2項1～3号）があるか否かを調査して、判断していくべきだろう。家庭裁判所は、実質的な子の代理人として、子の福祉が害されることがないように配慮しなければならないのである。その結果、原状回復を命じないといった判断に結びつくとしても、やむを得ない（ハーグ条約13条2項、条約実施法28条1項5号）。

　原状回復を命じられないからといって、当然のように、子の引渡しの申立てを却下すればよいともいえない。このときも、子どもの様子を調査して、そのうえ

---

79) 交渉理論は、次のようにいう。すなわち、交渉中、重要なことは、誠実に振る舞うことである。ただし、先方が不誠実な行動に出たときは、すかさず「しっぺ返し」を行って、不誠実な対応を許さないことを先方に伝えるようにする。そして、先方が、誠実な対応に戻ったときは、こちらも誠実な対応に戻すようにすべきである（R. アクセルロッド（松田裕之訳）『つきあい方の科学―バクテリアから国際関係まで』（ミネルヴァ書房・1998) 119頁以下）。

で判断をしていく必要がある。たとえば、当事者いずれの側の養育監護にも問題があるときは、申立てを却下するだけでは足りない。そのような場合には、両親や子どもの意見とは違っても、なお関係機関と連携して、児童福祉法所定の措置や、児童虐待防止法所定の指導・支援などといった手当をしなければならない場合が出てくるのである。

　原状回復を認めないときにもう1つ、気をつけてほしいことがある。それは、子を奪取された側の人間に対する支援・手当である。つまり、原状回復の申立てを却下しても、そのことによってルール違反が正当化されることはない。しかし、奪取された側の人間からすると、到底、理解できない判断であり、裁判所への不信感を強めていることも予想される。そのため、原状回復を認めなかったからといって、ルール違反を許していないことを、きちんと説明することが必要になる。そうすることが、子の将来に向けて関係者が協力していく、1つの契機となるように思う。

　次に、子の奪取があった、奪取がなかったとの判断について、判断の基準・妥当性が問題になることがある。これまでは、子の奪取の違法性の有無・程度の問題は、総合的な判断をするときの「諸般の事情の1つ」として扱われることが多く、さほど厳密な議論もされてこなかった。しかし、今回、ハーグ条約の締結・施行がされたことにより、返還対象となる子は、「不法に連れ去られ、又は留置されている」場合の子であって、「当該連れ去り又は当該留置」によって、当該監護の権利が侵害されている場合に限られることになった。そのため、「不法な連れ去り」、「不法な留置」の法的意味が、実定法上の解釈問題として浮上してきたのである（ハーグ条約1条、3条、条約実施法2条6号・7号）。

　この点で、梶村太市教授は、無断連れ去りをもって「不法な連れ去り」と評価することに反対し、次のように主張している。すなわち、「ハーグ条約及びその実施法は、わが国の法体系になじまず、鬼子として機能しかねない危険性を内包している」、「母親であれば、危険を感じた場合には、子を連れて避難するのは、むしろ当然のことであろう」、「無断連れ去りが違法だと評価されるのは、父母中、主たる監護者でなかった者が子を強引に自分の支配下に置く場合が一般的な類型である」、わが国では、「実力や有形力を用いて連れ出した場合にのみ略取罪が成

立するとしており、単なる無断連れ去りに略取罪を適用していない」というのである。そのうえで、最高裁平成15年3月18日決定（家月58-4-70）、同平成17年12月6日決定（家月58-4-59）などの刑事事件判決を引用して、自説の正当性を裏づけている。

筆者も、梶村教授が、「あくまでも、合意による解決をめざして、関係者は最大限の努力を払うべきである」と述べている点については、賛成したい。しかし、だからといって、「不法な連れ去り」、「不法な留置」の意味内容を解釈するときに、条約実施法2条の規定を無視するわけにはいかない。したがって、実力や有形力を用いない限り、「不法な連れ去り」、「不法な留置」にあたらないなどといった解釈は、同条の文言から離れ過ぎていると思う。実際、他のハーグ条

---

80) 梶村・前掲注63) 380〜383頁。なお、梶村太市教授は、ハーグ条約に基づく子の返還を積極的に推し進めるのは、「我が国の子育て文化を否定し、欧米文化に合わせようとする」もので無理があると指摘し、「共同親権や共同監護の制度は、我が国をふくめて中国や韓国など儒教国である東アジア諸国では、大方の理解は得られない」と述べている（同書380頁）。

しかし、現在、韓国、台湾などでは、離婚後の共同親権を選択することができる。中国でも、「離婚後、父母は、子に対し、依然として、撫養及び教育の権利と義務を有する」（中国婚姻法36条1項・2項）と規定している。すなわち、現状で、キリスト教と儒教の文化の違いといった問題をもち出すことはできないと思われる。

81) 梶村・前掲注63) 384頁。

82) 筆者は、次のような事件を担当したことがある。1つ目は、自宅に子ども（小学校低学年）を置いて家に戻った妻とその夫との夫婦関係調整（離婚）事件である。調停事件が係属中、妻は、調停期日の間を利用して、子どもを預かっていた夫の両親宅に出向いた。そして、「しばらく子どもの顔を見ていない。ついては、子どもに会わせてほしい。できれば、半日ほど子どもと過ごしたい」と頼んだ。夫の両親らも、もっともな話だと思ったし、夫が円満同居を求めていたことも知っていたから、これを承知した。ところが妻は、その当日に、夫やその両親に無断で子どもを連れ去って、妻自身の実家近くの小学校に子どもを転校させてしまった（事前に入学準備を整えておいてから、夫の両親宅に出かけていた）。妻が、このような行動に出るについては、事前に代理人である弁護士からのアドバイスがあったという（弁護士も、このことを認める発言をしていた）。2つ目は、夫は、その朝、妻と子ども（幼児）に、玄関で「行ってらっしゃい。早く帰ってきてね」と言って見送られ、仕事場に向かった。そして、夜になって、仕事場から戻って来ると、自宅には誰もおらず、衣類・家具類などもまったく残されていなかった。調停の場で、妻に対し、事前に離婚話や家を出ることについて話をしていたのかと聞くと、まったくしていないとのことであった。そして、筆者は、これらの事件はいずれも、「不法な連れ去り」として評価されるべきものだと思う。

約締約国でも、梶村教授のような解釈は採られていない。

　（3）　即時に対応する必要性に乏しい場合　この場合は、当事者間の話し合いを中心として進めていくことになろう。もっとも、一般の調停ないし話し合いとは異なる特徴をもたざるを得ない。すなわち、この時点で、申立人と相手方の立場は平等であるわけではない。子の奪取があったことによって、申立人は、子どもと接触できなくなった。これに対し、相手方は、子どもを、常時、自分の手元に置いている状態である。この状態は、不平等な状態というべきもので、この点のバランスを調整しないまま単純に話し合いを行っても、上手くいかないからである。

　仮に、話し合いを呼びかけたとしても、話し合いはなかなか思うようには進展していかない。そうなると、申立人は、いろいろと不満を述べ始め、性急な要求をしてくることになる。しかし、そのような状態になっても、相手方は、いっさい耳を傾けようとしないだろう。

　このような場合には、交渉促進型による話し合いではなく、コンフリート・エンゲイジメント・アプローチまたは評価裁断型（前記**I**２（1）参照）を用いて、話し合いの場をつくっていきたい。もっとも、不平等な状況が影を落としている関係で、話し合いはどうしても平行線になりがちである。本来であれば、目的（ミッション）となるはずの、「子の福祉に向けた協力」や「親子関係の維持・構築（再構築）」といったことが忘れられてしまう。

　このような場合、裁判官や調停委員会は、その１人ひとりがアイディア・マンまたはアイディア・ウーマンになって、場面を打開しなければならない。１人ひとりが、考えられる限りのアイディアを出して、それを実際に試していくのである。そのような積み重ねをすることが、どうしても必要になってくる。

　昨今は、調停委員会の評議の重要性が強調される。しかし、評議そのものは、意見の統一を目的としたものではない。調停委員会を構成している人間は、その１人ひとりが「臨床家」である。１人ひとりが、それぞれの違った感性で、違った意見を述べていく。そして、その評議の場に参加した人たちは、それぞれの異なった意見、異なった感性に触れて、新しいアイディアをみつけ出し、それを育てて試していくようにするのである。

評議の場を、意見の統一会にしてはならない。意見の統一会にしたのでは、参加者は、結局、頭を使わなくなる。そうなると、当然のことながら、新しいアイディアも生まれてこない。

第3章

引渡しと面会交流の執行手続
——当事者の関係調整のための執行の手続化

I 条約実施法による引渡執行の特色と国内事案の引渡執行への影響

1 子の引渡執行に関する裁判例

（1） 子の引渡執行の基本的理解　本章では、条約実施法による執行手続の構造を検討する。その概要を紹介するのみならず、国内事案の執行手続と比較し、互いの手続運用に与える影響について考察する。ハーグ条約に基づく希少な事案を特殊な例外として扱うのでなく、これを、近時増加する国内事案における子の引渡し（および面会交流）の事件を検討する契機としたい。

検討の前提として、まず、国内事案の執行手続につき整理しておく。子の引渡しについて、日本国内法においてはその執行方法を直接に定めた規定がなく、どのような執行方法をとるべきか、従来から議論がある（本書第4章Ⅲ3参照）。実務では、子の人格を尊重し、動産引渡し（民執169条）に準じた直接強制でなく、引渡請求権を子の引渡しを妨害しないことを債務者に求める不作為請求権ととらえ直すことなどにより、間接強制（民執172条）をとるのが主流とされてきたが、執行の実効性の観点から最近では直接強制が認められるようになっている。

---

1) 最近の事件動向とその審理につき、石垣智子＝重髙啓「子の監護者指定・引渡調停・審判事件の審理」曹時66巻10号（2014）2741頁、水野有子＝中野晴行「面会交流の調停・審判事件の審理」曹時66巻9号（2014）2375頁。なお、子の引渡しの執行の新受件数は減少しており、いずれも執行不能終了しているとするのは、酒井良介「東京地方裁判所（本庁）における平成26年の民事執行事件の概要」新民事執行実務13号（2015）221頁。
2) 議論のまとめとして、青木晋「子の引渡しの執行実務」新民事執行実務4号（2006）88頁、同「子の引渡しの執行実務」家月58巻7号（2006）95頁、吉村真幸「直接強制による幼児の引渡執行の可否（札幌地裁決定平成6.7.8）」家月47巻8号（1995）128頁、遠藤真澄「子の引渡しと直接強制―主に家裁の審判、保全処分と直接強制の在り方について」家月60巻11号（2008）14頁、梶村太市「子の引渡請求の裁判管轄と執行方法」同『家族法学と家庭裁判所』（日本加除出版・2008）159頁、杉山初江（園尾隆司監修）『民事執行における「子の引渡し」』（民事法研究会・2010）66頁、斎藤哲「子の引渡しの実現（3・完）」島大法学37巻2号（1993）61頁、福島政幸「ハーグ条約および国内実施法における解放実施事務が国内における子の引渡執行に与える影響」新民事執行実務12号（2014）41頁等。

学説においては、債務名義上の請求権をやはり不作為請求権ととらえることにより、まずは間接強制、それが奏功しない場合は将来のための適当な処分（民414条3項）として執行官による引渡執行、実質的には直接強制を認める、いわゆる不作為執行説[3]が有力である。条約実施法は、この有力説と共通する構造をとっている。

　条約実施法の特徴を示すため、まず国内事案における裁判例を題材に、執行手続を具体化しておきたい。ここで用いるのは、条約実施法の施行をにらんで公刊された、東京高裁第10民事部の最近の裁判例2件である。両事件とも子の引渡しを求めて審判とともに、審判前の保全処分が申し立てられた事案で、いずれも審判前の保全処分で引渡しが命じられた結果、それに基づく強制執行として直接強制がなされた。ただし、最初に紹介する事件では債務者の知らないところで実施された引渡執行が完了したのに対し、次に紹介する事件では債務者立会いのもと、債務者宅で実施された執行が、子の抵抗により不能に終わっている。[4]

（2）　直接強制による子の引渡しが完了した事例——東京高裁平成24年10月5日決定（判タ1383-330）　　本件は、審判前保全処分の執行により、すでに子の引渡しがなされた事案で、引渡執行を受けて子と離されたXが、申立却下を求めた審判前の保全処分および同趣旨の本案の審判に対する抗告を、いずれも棄却した事件である。

> X（妻。結婚当初から夫Yとともに静岡県内に居住）が、別居後Yの実家（静岡県）で養育されていた子を、（裁判所の認定によれば）強引に引き取ってXの実家（埼玉県）

---

3) 山木戸克己「幼児の引渡」中田淳一＝三ケ月章『民事訴訟法演習II』（有斐閣・1964）241頁、中野貞一郎『民事執行法〔増補新訂6版〕』（青林書院・2010）799頁、野村秀敏「審判前の子の引渡しの保全処分の執行と執行期間」小島武司先生古稀祝賀『民事司法の法理と政策（上）』（商事法務・2008）1046頁、上原敏夫ほか『民事執行・保全法〔第4版〕』（有斐閣・2014）214頁〔山本和彦〕。なお、山本和彦「ハーグ条約実施法の概要と子の返還執行手続」新民事執行実務12号（2014）34頁は、条約実施法においてこの説が採用されたわけではないとみるが、福島・前掲注2）51頁注5は、この説に近いとみる。
4) なお、同じ裁判部によるもう1件の抗告事件も含め、条約実施法の手続全体を、ドイツ法とも比較しつつ検討した、安西明子「子の引渡しをめぐる判断・執行手続」河野正憲先生古稀記念祝賀『民事手続法の比較法的・歴史的研究』（慈学社出版・2014）403頁以下も参照されたい。

で養育するに至った。そこでYは、子の監護者をYと定め、子の引渡しを求める審判と審判前の保全処分の申立てをした。原審のさいたま家裁川越支部は、当事者からの提出証拠のほか家裁調査官の調査を経て、Yの審判および審判前の保全処分の申立てをいずれも認める審判をしたので（さいたま家川越支審平成24・5・10 判例集等未登載）、Xが抗告した。一方、Yの申立てによる審判前の保全処分の執行（Xの抗告理由によれば、事前の任意交渉や面会交流を経ずに、嫌がって泣き叫ぶ子を突如として無理矢理連れ帰った直接強制）により、子はXからYに引き渡され、Yがその父母の助力を得て子を養育している。

　このような事実認定のうえで、本決定は、子が4歳で一般的には母のもとで養育されるのが自然としても、原審が認定したとおりXもYも監護適格を有するとし、X・Yが不仲で互いに遠隔地に居住しており、監護者の決定には慎重を要するとした。そこで、本抗告審は、再度家裁調査官による調査（2名による共同調査）を命じ、審判前保全処分の執行後の状況も見分することとして、東京高裁でX・YおよびXの母を、Yの実家で子、Yとその父母と面接をして調査を実施している。本決定は、その報告書によれば、X・Y両者とも相手方の監護のもと子の養育がきちんとなされたことを互いに認めており、このような状況で監護者をいずれかに定めがたいとしつつも、原審判のとおり、両者の経済状況、Xの監護環境が突然形成されたものであることなどからすれば、Yを監護者と指定するのが相当とした。なお、本決定前にXと子とは面会交流しており、久しぶりの対面でも良好な関係が保たれているとの認定が、本決定理由に示されている。

　以上、この事件では、債務者の立会いなしの直接強制が成功したが、債務者には大きな不満を残したこと、抗告審である高裁も家裁調査官の調査を慎重に行っていること、引渡しと同時並行的に面会交流が実施され、今後も面会交流につき当事者関係の継続が予測されることを指摘しておく。

　（3）　直接強制が不能に終わった事例──東京高裁平成24年6月6日決定（判時2152-44、判タ1383-333）　　本件は、最初に紹介した事件と同様に、引渡しを命じた審判前の保全処分に基づいて直接強制が実施されたが、執行が子の拒否にあって不能に終わった事案で、命じられても引き渡さない非監護親Yにより抗告が申し立てられた。抗告審は引渡しを命じた原審判を相当と認め、抗告を棄却している。

　X（妻。結婚当初から川越市に居住）は、一家の転居作業中にY（夫）に相談なく子ら

を連れて実家（茨城県）に帰り、以後別居を継続してきた。Ｙは、離婚調停に伴い複数回面会交流をする中で、子らの奪取を計画し、面会交流予定日に車3台でＸの実家に赴き、Ｘやその父の抵抗を排除して子らを連れ帰った。そこで、Ｘは子の監護者をＸと定め、子の引渡しを求める審判および審判前の保全処分を申し立てた。さいたま家裁川越支部は、Ｘの申立てを認め、保全処分として子をＸに引き渡すことを命じた（さいたま家川越支審平成24・4・26判時2152-46）。その執行手続として直接強制が実施された際、執行官はＹ宅に赴き、Ｙの了解を得て長男（執行当時9歳。以下同じ）の意向聴取をしたが、Ｘも同席して説得を試みたにもかかわらず、長男が執行官に対して川越から出たくないと述べたことから、これを長男の真意と認め、次男（5歳）を長男と引き離すのも相当でないとの判断のもと、執行手続は不能として終了した。原審さいたま家裁川越支部は、今度は審判においても、上記の事情を把握したうえ、Ｘを監護者と定め、Ｙに子らの引渡しを命じた。その主な理由は、現在の状態はＹの違法な子らの連れ去りによって作出されたものであり、審判前の保全処分が発令されたことに照らしても、監護の継続性の観点から現在Ｙのもとで生活していることを重視できない、というものであった。

　これに対しＹが抗告したが、本決定は原審判を相当であるとして、抗告を棄却した。Ｘの監護開始こそ違法でありＹの監護開始態様のみが非難されるものではないなどとしたＹの抗告理由について否定したうえで、原審判のとおり控訴審裁判所もＸ・Ｙともに親権者適格を有していると認めるが、子の監護者はＸと定めるのが相当であり、そうである以上、子を引き渡さなければならない、としたのである。そして、審判前の保全処分の執行は上記のとおり不能として終了したが、子の強制執行における執行官の判断は相当と認められ、また執行現場ではＹにも執行妨害行為はなかったと認められるが、これらの点は原審判も考慮済みである、また子の強制執行はＹによる子ら連れ去りの約2ヶ月後に行われており、その後すでに7ヶ月経過していることからすると、強制執行が再度行われたとしても再度不能になる可能性は相当程度ある、その不能原因がＹの妨害行為でない以上、Ｙが債務名義により命じられた義務履行を怠っていると認められず間接強制は認められないこととなるが、それでも、原審判と同様、子らの引渡しを命じるものであり、子らの福祉に配慮して裁判所の判断に従うことを求めるとした。

　以上から、この事件で確認したいのは、債務者Ｙの立会いで実施された直接強制は子の拒否により不能に終わったが、抗告審では、執行官が丁寧な執行を行ったと認められたこと、子の拒否はさらに今後の間接強制も困難にすると予測されることである。

2 条約実施法による引渡執行の特色と国内事案執行への影響

（1）　条約実施法による執行の構造　　具体例を用いて述べてきたとおり、日本国内の子の引渡しの執行方法としては近時、動産執行（民執169条）を準用した直接強制のほか、間接強制（民執172条）が用いられる。これに対し、日本における条約実施法は、民事執行法の特則として第1に、間接強制を前置して、まずは子の返還を命じられた債務者に任意の義務履行を促している（136条）。第2に、直接強制ではなく代替執行を採用している（134条）。第1の間接強制の手続について、条約実施法は執行事件の記録閲覧等に関する規定（143条）のほかに特則を設けていないので、通常の国内事案執行と同じ手続となる。一方、国内における引渡しの断行には想定されていなかった代替執行を選択した第2点が、ここでまず注目される。

ハーグ条約事案では「子を申立人（債権者）に引き渡せ」ではなく、「子を常居所地国に返還せよ」との債務名義に基づく執行となる（本書第1章Ⅱ2(1)参照）。これを、子の返還を命じられた債務者による監護を解く行為と、解放された子を常居所地国まで返還する行為に分け、前者は執行官、後者は後述する返還実施者が行うものとして、代替執行ととらえている。これは、同じく執行官が行って直接強制とされてきた従来の執行方法の位置づけ、ひいては与える債務であるとして直接強制となると考えられてきた請求権に従った執行方法の配分につき再検討する契機を生み出す。さしあたりここでは、条約実施法が代替執行を導入したことによる、以下の2点の影響につきまとめておく。

（2）　家庭裁判所による判断・執行手続の継続的関与と地裁執行官との連携

条約実施法による執行手続では、間接強制と代替執行の方法が採られ（134条）、いずれの方法でも家庭裁判所が執行機関となり（民執171条2項、172条6項、33条2項1号）、判断手続と執行手続を連結している。しかも代替執行では、授権決定により家庭裁判所が執行官を指定するという形で（138条）、債務名義を作成した東京家裁あるいは大阪家裁と子の住所地を管轄する地裁執行官との連携が確保される。これに対して、国内事案の引渡執行では、間接強制ならば基本的に債

務名義を作成した家庭裁判所が執行も担当するが、直接強制の場合、執行機関は地裁執行官であり（民執169条準用）、債務名義を作成した家庭裁判所との連携についての制度的な保障は用意されていない。従来から、子の引渡しの直接強制につき、家庭裁判所との連携の必要性が主張されてきたが、保全処分はもちろん（家手115条、民保43条1項）、審判も単純執行文は不要とされることからすると（家手75条）、制度上は、家庭裁判所には作成した債務名義のその後の執行について把握する機会すらない。

　ただし、実務においては、平成7、8年頃から、東京家裁と東京地裁の連携が生まれていた。すなわち従来の執行実務においては、子の引渡しの直接強制を許さず、間接強制のみを許す立場が主流とされてきたが（札幌地決平成6・7・8家月47-4-71（本書第4章Ⅲ2(2)）、家庭裁判所が作成した債務名義に実効性がない、子の引渡しにつきおよそ直接強制ができないのでは自力救済を助長し司法への期待を裏切るとして、平成7、8年には東京家裁から直接強制を採用すべきとの論考や直接強制によるべきと付言する審判（東京家審平成8・3・28家月49-7-80）が出され、これを受けて東京地裁でも直接強制を認める論考が出された。平成17

---

5) 山﨑恒「子の引渡しと直接強制」山﨑＝山田俊雄編『新裁判実務大系12 民事執行法』（青林書院・2001）400頁、遠藤・前掲注2) 49頁、家裁調査官の活用を指摘する、瀬木比呂志「子の引渡しと人身保護請求」東京地裁保全研究会『詳論・民事保全の理論と実務』（判例タイムズ社・1998）476頁、同「子の引渡しに関する家裁の裁判と人身保護請求の役割分担」判タ1081号（2002）61頁等。

6) 山﨑・前掲注5) 396頁、紙子達子ほか編『家事調停の実務』（青林書院・2014）246頁〔金澄道子〕、佐藤裕義編著『Q＆A執行文付与申立ての実務―要件と手続、紛争事例』（新日本法規・2011）50頁など。これに対し、債務名義と同一の効力を有する文書はその性質により執行文の要否が個別的に決まるとし、審判には必要とするのは、生熊長幸「『執行力ある債務名義』について―民事執行法51条の『執行力のある債務名義の正本』という表現を契機に」岡山大学法学会雑誌32巻3・4号（1983）171頁。民事執行法22条3号に該当し、執行文を必要とするのは、福永有利『民事執行法・民事保全法〔第2版〕』（有斐閣・2011）68頁、69頁。なお、条約実施法によれば執行文は不要である（134条2項）。

7) 『執行官提要〔第4版〕』（法曹会・1998）267頁。

8) 梶村太市ほか「子の引渡し保全処分事件の処理をめぐる諸問題」家月47巻7号（1995）66頁。

9) 吉村・前掲注2) 115頁。

年以降、東京地裁では直接強制説を採用し[10]（東京地立川支決平成 21・4・28 家月 61-11-80）、債権者＝申立人（代理人）からの家事事件調査報告書の写しなどの提出や事前打ち合わせで足りない場合、必要に応じて、担当執行官は裁判官を通じて家裁審判官および家裁調査官などと事前、事後にミーティングを行うという連携の実務も形成されている[11]。さらに、ハーグ条約の国内実施をにらみ平成 24 年秋以来、大阪家裁と大阪地裁および地裁執行官室との協議が実施されている[12]。なお、条約実施規則では、返還命令をした家裁の執行官への情報提供その他の協力が規定されている（規 87 条 3 ～ 5 項）。

　以上から、従来の東京などの実務を制度化したともいえる条約実施法により、国内事案に関しても、全国各地で地裁および執行官において直接強制の実施にあたって、各地の家裁と地裁執行官の連携システムが形成、促進されることが期待される。さらにいえば、債務名義作成手続とそれに基づく執行手続とが連結・一体化することにつながるだろう[13]。

（3）　引渡断行手続の分節化・明確化　　条約実施法では、直接強制でなく代替執行として引渡しが断行されることにより、断行の手続を執行官の裁量任せに

---

10) 山﨑恒「子の引渡しの強制執行―直接強制の可否」判タ 1100 号（2002）188 頁、『執行官提要〔第 5 版〕』（法曹会・2008）309 頁。各地裁も同方向にあるとする、西川佳代「家事事件における執行―判断機関と執行機関の連携」法時 81 巻 3 号（2009）57 頁。現在の実務は直接強制を認める方向へ転換したとみる、園田賢治「子の引渡請求の執行方法」上原敏夫＝長谷部由起子＝山本和彦編『民事執行・保全判例百選〔第 2 版〕』（有斐閣・2012）142 頁、横浜での状況も含め杉山・前掲注 2）100 頁、196 頁参照。

11) 遠藤・前掲注 2）47 頁、青木・前掲注 2）新民事執行実務 4 号 89 頁、同・前掲注 2）家月 58 巻 7 号 99 頁、福島・前掲注 2）41 頁、51 頁注 3・11 参照。

12) 桑原直子「大阪地方裁判所（本庁）における平成 24 年の民事執行事件の概要」新民事執行実務 11 号（2013）188 頁、黒野功久「大阪地方裁判所（本庁）における平成 25 年の民事執行事件の概要」金法 1990 号（2014）89 頁、細川二朗「大阪地方裁判所（本庁）における平成 26 年の民事執行事件の概要」新民事執行実務 13 号（2015）230 頁。

13) 判断・執行二分論の修正、判断手続と執行手続を一体把握する必要性につき、竹下守夫「生活妨害の差止と強制執行・再論―名古屋新幹線訴訟判決を機縁として」判タ 428 号（1981）28 頁。家事事件、抽象的差止めに限らず一般的に考察したものとして、西川佳代「民事紛争処理過程における執行制度の機能―判断手続・執行手続峻別の相対化をめざして（1）（2・完）」民商 109 巻 3 号（1993）444 頁、同 4・5 号（1994）759 頁。安西・前掲注 4）420 頁参照。

せず、授権決定により明確化している。この点につき、国内事案執行においては直接強制とだけ位置づけられても、前述の事件で示されたように現実の引渡場所や債務者の立会いを要するかなどは一義的に定まるわけではなく、個別事件の具体的状況による。国内事案執行に関する不作為執行説では、執行裁判所の判断・裁量により事案に応じた柔軟な態様、手段を用いることができることは利点とされてきたけれども、反面、具体的な引渡しの断行の具体的方法はもちろん、この説の特色である間接強制から将来のための適当な処分へ移行する契機についても必ずしも明確にされてはいない。この手続につき、条約実施法は、間接強制決定確定から2週間を経過すれば債権者の申立てにより開始されることとした（136条、規84条2項2号）。また、代替執行では通常、執行の実施者を指定しないで授権決定できるところ、子の返還実施決定においては債務者に代わって常居所地国に子を返還する者＝返還実施者とともに、債務者による子の監護を解くために必要な行為をする執行官を指定しなければならないことのほか（138条）、執行官の権限なども規定し、とくに執行官については直接強制の実務で必要とされてきた配慮、すなわち従来からの執行官による説得についても明文化している（140条、141条）。

　このうち、前述の両事件との関係で注目されるのは、債務者の立会いである。東京高裁平成24年10月5日決定（前記1(2)）の事件ではYの知らないところで直接強制が実施され、Yの不満、不信感を生んだところ、条約実施法では、執行場所は原則として債務者の住居、子の解放行為は子が債務者と同席している場に限り実施できるとされ（140条1項・3項）、債務者の知り得ないところでの執行は想定されていない。債務者立会いを要求することの妥当性は今後議論の余地があるとする見解もあるが、債務者をだまし討ちするような執行を問題とし、条

---

14) 山木戸・前掲注3) 241頁、中野・前掲注3) 799頁、野村・前掲注3) 1055頁。
15) 遠藤・前掲注2) 45頁参照。条約実施法につき山本・前掲注3) 35頁、福島・前掲注2) 42頁。なお、解放実施における返還実施者の出頭といった返還実施要件、解放実施の執行不能については条約実施規則88条が明記する。最高裁判所事務総局家庭局監修『国際的な子の奪取の民事上の側面に関する条約の実施に関する法律執務資料』（法曹会・2014）231頁以下参照。

約実施法により国内事案執行上の問題点の検討が必要となるとの指摘もある[16]。

以上から、条約実施法により、単なる一回的な引渡しを断行する直接強制の手続であっても実際には細かな作業や配慮が必要であること、直接強制とされてきた手続も条約実施法のように分節化して一部は代替執行と位置づけ得ること、代替執行化することにより債務名義を作成した裁判所が執行手続も引き続いて担当し[17]、分節化した各段階への配慮も可能となっていることを確認しておく。

3　執行手続をみる視角
──条約実施法における執行規定の位置づけ・評価

前述の債務者の立会保障をふまえて、条約実施法から国内事案手続にも受け継ぐべきは、執行官が仲立ちして両当事者と子を面会させ話し合わせる手続運用ではないだろうか。条約実施法に際し、実際に東京地裁などの執行実務で行ってきたように、債務者同席のもと執行を実施し、まず債務者の説得作業にあたることが肝要との指摘もなされているし、また従来から、子の引渡断行時に債権者と執行官が子と対面して裁判所の手続経過などを説明できる点を評価する立場があった[18]。この点に関して条約実施法をみると、返還実施者は債権者が申立てにより特定する者とされているところ（137条）、返還実施者には通常、債権者があたると想定されている。当初は、返還実施者にあたるのは法律学、心理学、社会学など

---

16) 前者の見解は、村上正子「子の引渡請求の強制執行再考のための覚書」筑波法政53号（2012）49頁、後者は、福島・前掲注2) 45頁以下参照。解放実施場所で（一時的でなく）債務者に出会わないことは解放実施の不能事由となる（規89条1号）。また執行官による説得が前提とされていること、およびそれが奏効せず、再度の臨場による完了の見込みがないような場合も不能事由となり得ることについても、最高裁判所事務総局家庭局監修・前掲注15) 235頁、236頁参照。
17) 村上・前掲注16) 51頁。すでに国内事案につき家庭裁判所の継続的関与を評価する西川・前掲注10) 57頁。抽象的差止めに関して裁判所の判断・執行手続への継続的関与の必要性を説いていたのは、川嶋四郎『差止救済過程の近未来展望』（日本評論社・2006）259頁、同『民事救済過程の展望的指針』（弘文堂・2006）368頁。
18) 前者は福島・前掲注2) 46頁以下、後者は山口亮子「子の引渡しに関する2つの裁判例」判タ1312号（2010）65頁。

親子問題の専門家とみる立場と債権者本人やその親族、代理人などを想定する立場があったが[19]、条約実施規則84条1項3号ロが返還実施者が申立債権者でないときには、返還執行の申立書に「返還実施者となるべき者と子との関係その他のその者を返還実施者として指定することの相当性」を記載することと規定していることからすれば、申立債権者が返還実施者になることが原則とみられ、執行官により債権者と子や債務者を面会させる国内事案執行実務を追認したものと解される[20]。これに加え、前述のとおり債務者の立会いが保障され、執行官の権限として債務者を説得し、子と返還実施者＝債権者と債務者を面会させると規定されていることからは（140条2項、同1項2号）、当事者の関係に配慮した手続の仕組みが浮かび上がる。

　一方、国内事案の引渡執行に関しては、1(1)で前述したように、実効性の観点、すなわち債務名義どおりの結果を獲得するために、直接強制を重視する傾向がみられる。債務名義に基づく実体的権利の実現、すなわち引渡しの実効性を優先すれば、東京高裁平成24年6月6日決定（前記1(3)）の事件より東京高裁平成24年10月5日決定（前記1(2)）の事件のように債務者不在の場所で、多少の抵抗にあっても子を奪還すべきことになる。けれども、条約実施法による執行手続を受けて、国内事案引渡手続でも、実効性を後退させても執行現場で当事者が一堂に会する運用へ向かうべきであろう。また、条約実施法による執行手続では、間接強制が前置され、まずは債務者による任意の履行が期待されている。このことからしても、単に結果を実現するのでなく、今後もおそらく面会交流として継続していく当事者間の関係に配慮した手続像を読み取ることができるのではないか。

---

19) 前者は半田吉信『ハーグ条約と子の連れ去り―ドイツの経験と日本への示唆』（法律文化社・2013）198頁、後者は村上・前掲注16) 51頁。
20) 福島・前掲注2) 49頁。最高裁判所事務総局家庭局監修・前掲注15) 235頁も参照。なお同212頁は条約実施規則84条1項3号ロの解説として、債権者は子の返還申立事件において子の監護権を有していたと認定されているため（27条3号、28条1項2号）、債権者を返還実施者として指定することが子の利益に照らして相当でないと認められる場合はあまり考えられないとする。

そこで、次に間接強制の手続に検討を進めることとし、その題材として、引渡しとともに問題となる非監護親と子の面会交流の国内事案を加える。

II 面会交流の執行──間接強制の検討

1 面会交流の間接強制に関する裁判例

（1）面会交流の法的根拠と履行確保　東京高裁平成24年10月5日決定（前記 I 1（2））の事件でもみたとおり、面会交流は子の監護をめぐって子の引渡しと同時並行的に、そして引渡し後も問題となり得る。面会交流については、平成23年改正の民法766条1項、家事事件手続法39条、244条、別表第二第3項、154条3項に明文で規定されたが、実務上は、東京家裁昭和39年12月14日審判（家月17-4-55）が初めて認めて以来、最高裁平成12年5月1日決定（民集54-5-1607）も離婚時、離婚後、別居中いずれの場合も、民法旧766条、家事審判法9条1項乙類4号により、面会交流について相当な処分を認めることができるとしてきた（本書第2章 I 参照）。条約実施法も面会交流を当然想定し、外務大臣による面会交流援助を規定しているほか（16～25条）、子の返還申立てをした者が面会その他の交流の申立てをすることを想定して管轄、記録閲覧につき家事審判および家事調停の手続に関する特則を規定している（148条、149条）。ただし、同法は、面会交流の履行確保につき特別な方法を備えていないから（なお子の返還につき、121条参照）、国内事案における手続運用がハーグ条約事案にもあてはまる。

　子の監護に関する処分として調停または審判で認められた面会交流の履行確保は、履行勧告（家手289条1項、旧家審15条の5、25条の2。本書第2章 II 2（1）参照）のほか、調停または審判を債務名義として（家手75条、268条1項、旧家審

---

21) 引渡しにつき強制執行以前に家裁調査官による履行勧告を活用すべきとするのは、野村・前掲注3) 1066頁、梶村ほか・前掲注8) 72頁。履行勧告による判断機関の判断終

15条、21条1項但書)、強制執行が可能である。およそ強制執行になじまないとする説もあったが[22]、その執行方法については、もっぱら間接強制の可否が議論され、これを認めるのが通説である[23]。最近では、消極説の主張者も、例外的に間接強制が認められる場合があるとしている[24]。下級審裁判例もおおむね間接強制を認めていたところ[25]、以下に紹介する3決定が最高裁として初めて間接強制が可能であることを明らかにした。この3決定は、面会交流の間接強制を肯定したうえで、執行可能な債務名義としてはどの程度の特定を要するかという問題につき指針を示したものと位置づけられている(本書第2章 II 2 (1)参照)[26]。なお、この3件の事案はいずれもX(父)が子を単独で監護するY(母)に対し、審判ないし調停

了後の当事者援助機能を指摘するのは、西川・前掲注10) 53頁参照。なお、より強制力の強い間接強制が可能であることを理由に、履行命令(家手290条)の対象とはならないことにつき、金子修編著『逐条解説 家事事件手続法』(商事法務・2013) 880頁。

22) 梶村太市「『子のための面会交渉』再々論」同・前掲注2) 249頁等。
23) 中野・前掲注3) 820頁注(3a)、沼邊愛一「子の監護・引渡しおよび面会交渉に関する家裁の審判権」同『家事事件の実務と理論』(日本評論社・1990) 134頁、釜元修=沼田幸雄「面会交渉と強制執行」判タ1087号(2002) 42頁(右近健男ほか編『家事事件の現況と課題』(判例タイムズ社・2006) 184頁)、梶村太市=徳田和幸編『家事事件手続法〔第2版〕』(有斐閣・2007) 502頁〔岡部喜代子〕等。
24) 梶村太市「親子の面会交流原則的実施論の課題と展望」判時2177号(2013) 11頁、同「民法766条改正の今日的意義と面会交流原則実施論の問題点」戸籍時報692号(2013) 29頁、同『裁判例からみた面会交流調停・審判の実務』(日本加除出版・2013) 305頁、308頁等。
25) 大阪高決平成14・1・15家月56-2-142、大阪高決平成15・3・25家月56-2-158、大阪高決平成19・6・7判タ1276-338、岡山家津山支決平成20・9・18家月61-7-69、東京高決平成24・1・12家月64-8-60等。
26) 3件の評釈として、金亮完・新・判例解説Watch14号(2014) 109頁、上向輝宣・北大法学論集64巻6号(2014) 162頁、髙部眞規子・法の支配172号(2014) 99頁、野村秀敏・民商149巻2号(2013) 155頁、本間靖規・ジュリ臨時増刊1466号(2014) 152頁、山木戸勇一郎・法学研究87巻4号(2014) 43頁、田中宏・大宮ローレビュー10号(2014) 53頁、中野晴行・ケース研究320号(2014) 32頁、梶村・前掲注24)『裁判例からみた面会交流調停・審判の実務』208頁、310頁。主に後記(3)の48号事件評釈として、本山敦・法教401号(2014) 24頁、大濱しのぶ・法教402号(2014) 34頁、同・リマークス49号(2014) 126頁、川嶋四郎・法セミ713号(2014) 116頁、村重慶一・戸籍時報710号(2014) 62頁、小池泰・ジュリ臨時増刊1466号(2014) 93頁、柴田義明・ジュリ1470号(2014) 76頁、池田愛・同志社法学66巻2号(2014) 283頁、河野泰義・白鷗法科大学院紀要8号(2014) 63頁、髙田昌宏・民法判例百選III(2015) 42頁。

に基づき、子との面会交流を求めて間接強制を申し立てたものである。

（2）　間接強制が否定された2事例　　（a）　子の引渡方法の定めがない審判が債務名義の特定性を欠くとされた事件（最決平成25・3・28集民243-261、裁時1577-4、判時2191-46、判タ1391-126。以下、「41号事件」）

　1件目の41号事件では、Xと、長男（債務名義作成時10歳。以下同じ）と次男（6歳）との面会交流が問題となった。X・Y間には、Yは、Xが子らと1ヶ月2回、土曜日または日曜日に1回につき6時間面会交流することを許さなければならないなどとする審判が確定した。面会交流は本件審判後2回実施されたが、その後は行われていないとして、Xが、本件審判に基づき面会交流を許さなければならないと命ずるとともに、義務が履行されないときは間接強制決定を求める申立てをした。
　原審、高松高裁は、本件審判は面会交流の大枠を定めたものにとどまり、Yの履行義務の内容が具体的に特定されているとは認められないとして間接強制を認めなかった（高松高決平成24・9・24判例集等未登載）。そこでYは抗告許可を申し立てた。

　（b）　具体的な日時・場所・方法につき協議で定めるとした調停調書が債務名義の特定性を欠くとされた事件（最決平成25・3・28集民243-271、裁時1577-4。以下、「47号事件」）

　2件目の47号事件の事案では、X・Y間に長男（8歳）と次男（4歳）がいたところ、調停では長男についてのみXとの面会交流が定められた。面会交流は1回実施されたのみであるとして、Xが調停調書に基づき、間接強制を申し立てた。本件の調停条項では、2ヶ月に1回程度、原則第3土曜日の翌日に半日程度（原則、11時から17時まで）、ただし最初は1時間程度から始めて、徐々に長男の様子をみながら時間を延長するなどといった、原則を定めたうえで、面会交流の具体的方法については長男の福祉に慎重に配慮して、X・Yが協議して定めるなどとされていた。なお、本件では、その後X・Yは訴訟における和解により離婚し、子らの親権者をYと定める一方、本件調停の合意内容が実現されていないことを確認し、合意内容が早期に実現されるよう努力するとの合意もなされていた。しかし、XがYに対し長男の面会交流の再開および次男との面会交流に関する協議の申入れを行ったが、いずれも実現しなかったという経緯がある。
　原審、仙台高裁も、面会交流内容が強制執行可能な程度に特定していないとしたほか、調停条項の面会交流を「認める」という文言が給付を明示したものとはいえないとして、間接強制を否定した（仙台高決平成24・10・29判例集等未登載）。これに対し、Yから許可抗告が申し立てられた。

（c）両事件の決定要旨　　以上2事件につき、最高裁は、まず一般論として面会交流の間接強制が可能であることを認めたが、他方で事件の結論としては、いずれも間接強制決定をすることができないとした。

　すなわち、監護親と非監護親間で非監護親と子との面会交流について定める場合、面会交流は柔軟に対応できる条項に基づき、監護親と非監護親の協力のもとで実施されることが望ましいが、一方で給付を命ずる審判、給付の意思が表示された調停調書の記載は執行力ある債務名義と同一の効力を有し、その場合の面会交流の定めは面会交流を妨害しないなどの給付を内容とするものは、性質上、間接強制をすることができないものではない。したがって、面会交流の審判ないし調停調書において、面会交流の日時または頻度、各回の面会交流時間の長さ、子の引渡しの方法などが具体的に定められているなど監護親がすべき給付の特定に欠けるところがない場合は、間接強制決定をすることができる。

　けれども、41号事件について最高裁は、「本件条項は、1箇月に2回、土曜日又は日曜日に面会交流をするものとし、また、1回につき6時間面会交流をするとして、面会交流の頻度や各回の面会交流時間の長さは定められているといえるものの、長男及び二男の引渡しの方法については何ら定められてはいない。そうすると、本件審判においては、相手方がすべき給付が十分に特定されているとはいえないから、本件審判に基づき間接強制決定をすることができない」とした。

　47号事件については「本件調停条項……における面会交流をすることを『認める』との文言の使用によって直ちにYの給付の意思が表示されていないとするのは相当ではないが、本件調停条項……は、面会交流の頻度について『2箇月に1回程度』とし、各回の面会交流時間の長さも、『半日程度（原則として午前11時から午後5時まで）』としつつも、『最初は1時間程度から始めることとし、長男の様子を見ながら徐々に時間を延ばすこととする。』とするなど、それらを必ずしも特定していないのであって、本件調停条項……において、『面接交渉の具体的な日時、場所、方法等は、子の福祉に慎重に配慮して、XとY間で協議して定める。』としていることにも照らすと、本件調停調書は、Xと長男との面会交流の大枠を定め、その具体的な内容は、XとYとの協議で定めることを予定しているものといえる。そうすると、本件調停調書においては、Yがすべき給付が十分に特定されているとはいえないから、本件調停調書に基づき間接強制決定をすることはできない」としたのである。

（3）**間接強制決定が肯定された事例**（最決平成25・3・28民集67-3-864。以下、「48号事件」）　　以上2件とは逆に、48号事件では、間接強制決定が認められた。

本件では離婚判決が確定した後、Xと長女（6歳）との面会交流審判が確定した。審判では、長女との面会交流につき、月1回毎月第2土曜日10時から16時まで、X宅以外の債権者が定めた場所で、受渡しはY宅以外の協議で定めた場所とし、協議で定めるが、協議が整わなければ所定の駅改札口付近とし、Yは面会交流開始時の引渡しのほかは面会交流に立会わないなどと定められていた。病気などやむを得ない事情で上記が実施不可の場合や、長女の入学式卒業式運動会などの学校行事参列に関しても定めており、比較的詳細とみえるが、47号事件のようにX・Yの協議で定めることを予定した条項もある。その後Xは面会交流を求めたが、Yは長女が応じないという態度に終始したため、Xは本件審判に基づき間接強制決定を求める申立てをした。

原々審の札幌家裁が間接強制決定をしていたところ、原審、札幌高裁も間接強制を認めて抗告を棄却した（札幌高決平成24・10・30民集67-3-884）。すなわち、本件要領は面会交流の内容を具体的に特定して定めており、長女が面会交流を拒絶する意思を示していることは間接強制を妨げないとして、Xの申立てを認容すべきものとした。そして、Yに対し、本件要領のとおりXが長女と面会交流することを許さなければならないと命じるとともに、不履行1回につき5万円の割合による金員を支払うよう命じる決定をした。

Yからの許可抗告により、最高裁は、面会交流の間接強制を許容する、41号事件と47号事件の2決定と共通の一般論を示したのち、本件の面会交流審判は、子の心情などをふまえてなされているから、子の拒否の意思は、上記審判と異なる状況がない限り、間接強制決定を妨げないと述べたうえ、「本件要領は、面会交流の日時、各回の面会交流時間の長さ及び子の引渡しの方法の定めによりYがすべき給付の特定に欠けるところはないといえるから、本件審判に基づき間接強制決定をすることができる」とした。

以上の最高裁決定の趣旨を、ここでの検討に必要な限りでまとめれば、次の2点となる。第1に、面会交流につき間接強制を肯定したうえで、間接強制を認めるために必要な給付内容要素として、面会交流の日時または頻度、各回の面会交流時間の長さと、子の引渡方法を挙げている。[27]第2に、債務者が子の拒否を主張

---

27) 前掲注25)大阪高決平成19・6・7なども同様の基準を示していた。面会交流の調停調書や審判が債務名義となるための基準に関して詳細は、古谷健二郎「間接強制が面接交渉事件に及ぼす影響について」ケース研究292号（2007）174頁、磯尾俊明「面会交流事件と間接強制について―最近の裁判例の紹介を中心として」ケース研究308号（2013）参照。

しても間接強制決定を妨げないということである。

2　間接強制に必要な債務名義の特定の意義

(1)　債務名義の特定のテクニック　前述の最高裁決定が示した第1点である債務名義の特定基準についての詳細な検討は先行の判例研究に任せることとし、ここでは最高裁決定を前提に、債務名義として必要な特定性を満たす方法につき考えてみる。まず41号事件（前記1(2)(a)）では、最高裁決定が特定要素とした子の引渡方法を欠く債務名義による間接強制が否定された。ただしこの点に関し、その後、引渡方法が必ずしも具体的に記載されていなくても、給付は特定されるとして間接強制を認める裁判例が出されているので、これも参考にする。

> この裁判例（東京高決平成26・3・13判時2232-26）では、引渡方法の具体的特定がなくとも、子の送迎をADR機関に任せることが審判の前提とされていたとして、原決定が取り消され、間接強制が認容された。この事案では、審判の主文において面会交流の日時、頻度および面会交流の長さは明示されているが、子の引渡方法については具体的な引渡しの日時、場所などが明示されていなかった。そのため原審は、債務者Y（母）のなすべき引渡しの内容が特定されていないとしてX（父）の申立てを却下していた（さいたま家久喜出張所決平成25・10・25判時2232-32）。これに対し、Xが抗告を申し立て、審判では公益社団法人家庭問題情報センター（FPIC）を利用し、その職員が子の送迎をすることが前提とされていたところ、Yが面会交流の日程を連絡しても無視したり、連絡方法を秘匿したりするなど、基本的な義務を履行せず、不誠実な対応に終始していると主張した。東京高裁は、審判主文では面会交流を支援する第三者を立ち会わせることができるとされているが、子の引渡場所などは記載上は具体的に特定されていないとしながらも、審判主文にはYがXまたはXがあらかじめ指定した者に対し子を引き渡すことが明記されており、しかも一件記録によれば、X指定の者とはFPIC職員であり、Yが同職員に子を引き渡すことが当事者双方の共通認識になっていたから、実質的には引渡方法についても具体的な定めがあるものと認め、Yがなすべき給付の特定に欠けることをはないとした。

このように、引渡方法を債務名義作成段階に具体的に特定できない場合には、ADR機関に債務者との協議や子の送迎を任せること、すなわち代替執行化して

おくことは、債務名義の特定性を満たすための1つの工夫であろう。また、47号事件（前記1(2)(b)）と48号事件（前記1(3)）の比較からは、協議が整わなかった場合に備えて暫定的に、最低限の具体的な定めを入れておくことも、債務名義作成の一方法となる。

(2)　間接強制における債務名義特定の意義──債務者による任意履行の促し

　面会交流に両当事者の協議を要するのは、前述の最高裁の指摘を待つまでもなく、当然のことである。第1に、面会交流は各回の実施に関しても開始から終了まで細かな段階に分かれ得るし、反面、債務名義に細かく記載すると柔軟性を欠き、実効性を欠く。1回的引渡しの直接強制でさえ、Ⅰ2で前述したように、引渡しという1つの結果までには段階があり、しかも状況に応じて細やかで柔軟な配慮が必要であるため、個別事件の執行にあたっては、当事者や家庭裁判所と地裁執行官の協議・連携を要する。これを受けて、条約実施法による引渡執行は、直接強制でなく代替執行を採ることにより、一連の過程を分節化・明確化し、当事者や家庭裁判所と地裁執行官の協議・連携を促進するものと評価できることは、Ⅰ2(3)で前述した。そうすると、面会交流の執行においても執行段階を分節化し、前記(1)の事件（東京高決平成26・3・13）のように引渡部分を代替執行化することが考えられてよい。41号事件では、原々審が間接強制決定をしていたことから考えても、必要に応じて引渡部分は直接強制や代替執行を想定すること

---

28) 面会交流を分節化し、前段階である子の受渡しは直接強制としているのは、釜元＝沼田・前掲注23) 48頁〔190頁〕注13、47頁〔190頁〕注12。石川明「子との面接交渉を定めた調停条項と間接強制─大阪高裁平成19年6月7日決定（控訴棄却）をめぐって」愛知学院大学論叢法学研究51巻2号（2010）383頁も参照。なお、引渡しは直接強制可能としても反復的となるため、苛酷執行として許されないとするのは、梶村太市「『子のための面接交渉』再論」同・前掲注2) 215頁、榮春彦＝綿貫義昌「面接交渉の具体的形成と執行」若林昌子＝床谷文雄編『新家族法実務大系第2巻　親族2　親子・後見人』（新日本法規出版・2008）347頁注24参照。また第三者機関の関与につき、面会交流原則的実施論批判の立場から検討する、梶村太市「第三者機関の関与と面会要領の詳細化の諸問題─平成25年の2つの東京高裁面会交流決定をめぐって」梶村＝長谷川京子編著『子ども中心の面会交流』（日本加除出版・2015）280頁、303頁。
29) 同旨は、釜元＝沼田・前掲注23) 43頁〔191頁〕。
30) 髙部・前掲注26) 101頁。

により、債務名義の特定性を認めることができるのではないか。

　しかも、ここで求められているのは間接強制であって、引渡しを断行しようとするわけではない。前述の最高裁決定の基準でも面会交流の債務名義で特定を求められているのは債権者と子の問題であって、債務名義上債務者に求められているのは条項に基づく面会交流を許さなければならないということである。債務名義において面会交流方法の特定を要求することは、執行過程を分節化し、執行官やADR機関（本書第2章 II 2（2）参照）に任せられる部分を切り離すことによって、裏から債務者の義務を明確に限定することになると考えられる。ただし、債務者の義務（責任）の領域が明確化しさえすれば十分であって、その具体的な履行方法は債務者に任せつつ、履行を促すというのが、間接強制の方法のはずである。債務者の履行方法を不代替的作為として詳細に固定してしまうと、かえって債務者自身の選択の余地を奪い、結果として実効性も失わせるだろう。[31]

　以上からは、47号事件では、債務者Yに対して協議に応じる義務がむしろ明記されているから、債務名義として特定しているとみるべきである。そして、その義務をYが履行していないことが明らかである以上、間接強制決定がなされるべきであった。具体的には、調停調書によると長男の様子をみながら面会交流時間を延長するといった定めがあり、長男の状況をみて条件の変更を主張できる機会、条件内容の選択権は債務者に与えられている、しかも前述の調停後の離婚訴訟でなされた和解では面会交流が実施されていないことを確認し、合意内容が早期に実現するよう努力するとの合意も重ねられていたこと、それにもかかわらず、Xからの面会交流協議の申入れにYは応じていないことを、裁判所は認定しているのである。そして現状では協議が行き詰まっている結果、執行が申し立てられている以上、債務名義の特定性は認めたうえで、間接強制を認めるべきであり、それにより、当事者間の協議ないし協議ができる関係を形成・促進することが必要となる。これに債務者が抵抗し、協議を避けるのであれば、自分のほう

---

[31] 釜元＝沼田・前掲注23）41頁〔184頁〕は、面会交流についてはあえて債務名義を具体化せず債務者の選択に委ねるべきで、当事者による協議まで封じることは望ましくないとする。

から相応の手続を起こして反論すべきと考えられる。

　以上のこととの関係でしばしば問題となるのが、子の拒否の執行段階での取扱い、債務者による間接強制決定の手続における子の拒否の主張である。48号事件最高裁決定は、子の拒否は間接強制決定の妨げにならないとしているので、次で詳しく検討したい。

III　子の拒否を主張する手続

1　面会交流と引渡しとの議論状況の違い

　引渡しと面会交流の執行段階で、子の拒否が問題となる例は多く見受けられる。ここでは、債務者側が、子の拒否を単独で、またはそれにより子の福祉を害するとして執行に抵抗する状況を想定する。この場合、債務者が子の拒否を主張する手続として異論なく認められているのは、48号事件最高裁決定が言及した①再調停と審判であり、執行段階で子の拒否を主張する手続として議論されているのは、②請求異議訴訟と③間接強制決定の手続である[32]。

　③の間接強制の手続段階で子の拒否が問題となる例はしばしばみられるが、面会交流執行では、結果として申立てを却下した例はみられず[33]、48号事件最高裁決定により③間接強制決定手続における子の拒否を主張すること自体が否定されたと一応みることができよう[34]。これに対し、引渡執行では、東京高裁平成24年

---

32) 髙田・前掲注26) 43頁、上向・前掲注26) 213頁、調停・審判後の新事情の主張手段としてまとめる、野村・前掲注26) 175頁、山木戸・前掲注26) 57頁参照。なお①に関連して、ハーグ条約事案における返還命令後の調停の活用につき、出井直樹「ハーグ条約の実務上の課題（2）」自正61巻11号（2010）65頁

33) 山木戸・前掲注26) 58頁、野村・前掲注26) 176頁。金・前掲注26) 112頁参照。

34) 野村・前掲注26) 178頁参照（ただし、野村秀敏・民商147巻4・5号（2013）482頁は、間接強制手続での主張肯定説とみる。大濱・前掲注26) リマークス49号128頁、山木戸・前掲注26) 58頁参照）。反対は、池田・前掲注26) 306頁、大濱・前掲注26) 法教402号34頁。なお柴田・前掲注26) 78頁は、子の心情等の変化などを間接強制決定後の執行手続でどのように扱うかにつき今後の議論が期待されるとする。

6月6日決定（前記Ⅰ1(3)）で言及されていたように、子の拒否が間接強制決定を阻むことがある。現に最近、債務者立会いなしの、子の通学する小学校舎内での直接強制が子の拒否により不能となった事案で、その後に申し立てられた間接強制がいったん認められながら、これに対する執行抗告において原決定が取り消され、間接強制申立てが却下された例がある（東京高決平成23・3・23家月63-12-92）。学説も、引渡しに関しては子の拒否を間接強制の要件として論じており、それが③間接強制決定手続の主張事由でなく、②や①の事由と考えるべきかについては、面会交流におけるほど、意識的な議論はなかったように見受けられる。

一方、少なくとも面会交流に関しては、子の拒否は②の請求異議訴訟により主張すべきであるとするのが通説ないし有力説とされている[36]。しかし、48号事件最高裁決定が①の再調停・審判のみに触れ、②に言及しなかったのは、子の拒否の主張手続として②を不適切としたものと読み、それに賛成する評釈もある[37]。

ここではさしあたり、48号事件最高裁決定が子の主張は間接強制を妨げないとして挙げた、子の意思はすでに債務名義作成段階で考慮されていることと、債務名義作成時とは異なる新事情は新たな条項を作るための①の申立事由となることの2点を手がかりに、各手続につき検討する。

2　再調停・審判手続の利点

(1) 家裁調査官の関与

48号事件最高裁決定が子の拒否を主張する場と

---

[35] その評釈として間接強制を認めるべきとするのは、村上正子・民商146巻3号（2012）360頁、同・前掲注16）36頁。
[36] 中野・前掲注3）820頁、伊藤茂雄・判タ1184号（2005）122頁、岩松三郎先生傘寿記念『注解強制執行法 4 』（第一法規出版・1978）183頁〔山本卓〕、「子の福祉」に反するとの主張につき、釜元＝沼田・前掲注23）42頁〔188頁〕等。以上を通説ないし有力説と位置づけるのは、野村・前掲注26）、池田・前掲注26）296頁、本間・前掲注26）154頁参照。なお、引渡しにつき、山﨑・前掲注10）189頁は、子の意思能力の有無や子の意向は債務名義作成過程で判断されるべきで子の引渡執行の可否を分けないとする。
[37] 本間・前掲注26）154頁、上向・前掲注26）213頁、山木戸・前掲注26）59頁、田中・前掲注26）67頁。野村・前掲注26）178頁も同旨か。

して再調停・審判に言及した理由のうち、判例評釈が重視するのは、子の意向を聴取する手続としては、家裁調査官が当然に関与できる調停や審判がふさわしいという点、家庭裁判所による調停・審判の手続構造である。

　この最高裁決定の指摘第1点のとおり、もともと子の意思は、審判でも調停でも、家裁調査官による事実調査（家手58条）などで把握されている。15歳以上の子の陳述聴取は必要的とされているし、15歳未満の子の意思把握も想定されている（家手152条2項、258条1項、65条）[38]。ハーグ条約事案では、子の年齢発達程度に照らして意見を考慮することが適当である場合、子の拒否は返還拒否事由とされているし（28条1項5号、ハーグ条約13条2号）、その前提として、子の返還申立手続は家事事件手続法にならって、子の参加（48条、家手42条3項）、子の意思把握（88条、家手65条。家手152条2項参照）の機会を保障する。その際、家裁調査官による事実調査などの手続も備えられている（79条、家手58条）[39]。

　一方、執行手続については明文がないことを理由に（裁61条の1第2項参照）、家裁調査官関与、ひいては審尋における子の意向聴取を否定する見解は少なくない[40]。間接強制手続には、申立ての相手方を審尋しなければならないとされているが（民執172条3項）、子はその対象にならないとして、審尋に関する一般規定（民執5条）の活用が検討されている[41]。ただし、現状としては間接強制決定の手続でも請求異議訴訟でも、子の執行手続への関与には消極的な見解がほとんどである。以上から、子の拒否は再調停・審判の事由になるとされる。

----

38) 必要的な陳述聴取が15歳以上の子に限られているのは、意見や意向を表明できる能力を考え明確な基準を設ける趣旨であり、15歳未満の子の意思把握は同65条によるとされることは、金子修編著『一問一答家事事件手続法』（商事法務・2012）35頁。なお実務運用につき、石垣＝重高・前掲注1) 2756頁、水野＝中野・前掲注1) 2390頁、2395頁、2398頁参照。

39) ハーグ条約に基づく返還手続で子の参加を重視する見解として、大谷美紀子「子の連れ去りに関するハーグ条約―国際人権法の観点から」法時83巻12号（2011）43頁など。

40) 榮＝綿貫・前掲注28) 343頁、釜元＝沼田・前掲注23) 42頁〔187頁〕、本間・前掲注26) 154頁、上向・前掲注26) 212頁。

41) 釜元＝沼田・前掲注23) 42頁〔187頁〕、47頁〔187頁〕注(9)は結論としては否定するが、現状では間接強制を命じる審尋場面で裁判官が確認するしかないともしている（同44頁〔195頁〕）。河野・前掲注26) 80頁、安西・前掲注4) 430頁注(52)参照。

しかし、実際にはすでに、間接強制の審尋手続で、家裁調査官による調査も活用して子自身の意向を聴取し、実体審理の裁判に近い審理をしている[42]。また、間接強制も請求異議訴訟も通常は家裁が審理するのであり（民執35条3項、33条2項1号・6号）、東京高裁平成24年10月5日決定（前記 I 1(2)）の事件で抗告審たる高裁でも家裁調査官を利用している以上、調査官の利用はそれほど無理なこととも思われない。したがって、家裁調査官の関与の可否がそれほど決定的とは考えられない。

（2） 審理の範囲・効果　そこで、前記以外の点として48号事件の最高裁決定の指摘第2点、子の拒否の主張がなされた場合の審理範囲とその効果に関する違いに着目したい。まず、間接強制の決定手続においては、子の拒否は、債務名義を履行するには第三者（子）の協力を要するため、債務者の意思のみによって実現できないという、間接強制を許さない事由として主張されることになる（詳しくは、後記 4(2)）。これが認められた場合の効果も、間接強制申立ての却下であり、債務名義自体は残ることになる。次に、請求異議訴訟の場合、子の拒否は、強制執行が権利濫用や信義則違反にあたる新事情として主張されることが多く、これが認められれば、債務名義が失効すると考えられる。ただし、この点については以下のとおり、議論がある。

まず、債務者の履行すべき義務を、債務名義に記載された最終的な引渡しや面会交流という作為ととらえると、これが果たされない以上、子の拒否に基づく請求異議はあり得ないことになる。引渡しの場合、その根拠としての債権者を親権者や監護者に指定する調停・審判は変わらず残っているから、親権者・監護者指定を変更しない限り、請求異議事由はなく、債務名義の根本たる監護者・親権者指定の変更手続を経てはじめて、請求異議を提起できるという考え方も生じることになる。同様に、面会交流については、請求異議によっても債務名義全体は失効しないとする説が示されている。この説は、婚姻費用の分担の審判に関する議

---

[42] 前掲注25)大阪高決平成14・1・15の受差戻審・神戸家決平成14・8・12家月56-2-147参照。野村・前掲注26) 176頁、池田・前掲注26) 306頁、花元彩「面接交渉の間接強制」判タ1155号（2004）97頁（右近ほか編・前掲注23) 207頁）参照。

論を参照する。すなわち、婚姻関係の解消によって婚姻費用分担義務が消滅したことは請求異議事由となるが、他方、要扶養状態と扶養可能状態の存在を前提として、具体的な権利義務の内容について決めた審判内容は、実体法上事情変更が生じたとしても当然に義務内容を変更させず、請求異議事由とならないとする有力説を挙げる。このことから面会交流も同様に考えて、事情変更によって子の福祉を害することとなったという主張は事情変更による調停・審判で取り扱われ、この場合、請求異議は、間接強制決定の対象となる個別の義務が一時的に権利濫用になるなどの個別の場面で執行力を排除する機能をもつにとどまるとする、つまり請求異議訴訟の対象を元の債務名義でなく間接強制決定とするのである。[43]

　以上の説を採らないにせよ、債務名義から遡って根本となる、親権者・監護者指定や面会交流の権利ないし利益は、なるほど請求異議訴訟の対象ではない。これに対し、調停・審判手続であれば、子の拒否が事情変更、債務名義成立後の新事情として主張された場合、債務名義に係る引渡しや面会交流自体を禁じることはもちろん、新たな債務名義として面会交流についての新たな条項を定めることも、債務名義を覆す根本まで遡って親権者・監護者の変更をすることも可能である。したがって、子の意向聴取を目的とし、債務名義の根本となる実体権にまで遡った審判が可能である点では、一応、調停・審判の手続が優れているといえる。

3　債務者への動機づけ、起動責任転換の必要

　しかし、当事者の負担分配、手続の起動責任の観点からは、もう少し詰めて考えておく必要があるのではないか。引渡しの事例でみられるとおり、子の拒否を主張することで間接強制申立てが却下されるとすれば、債務者にとってはそれで十分であって、子を自分のもとに維持したまま、債権者の協議要求に応じる必要はない。だからこそ、前記2の請求異議訴訟の機能を限定する考え方は、債務名

---

[43] 釜元＝沼田・前掲注23) 42頁〔188頁〕、榮＝綿貫・前掲注28) 349頁注37、上向・前掲注26) 213頁。なお、以上につき、野村・前掲注6) 176頁、山木戸・前掲注26) 58頁も参照。

義やその根本たる権利関係を債権者に残すことにより、債務者に再調停・審判の申立てを促そうとする、債務者が面会交流条件の変更や監護権者・親権者指定の変更を求めて再調停・審判を申し立てる必要性を生み出そうとする立論とも解される。けれども、債務者としては間接強制を阻止しさえすれば、実際上、子を維持し続けて債権者との協議を拒否し続けることが可能であろう。だとすれば、自分から再調停・審判の申立てをして根本から話し合う必要も、請求異議訴訟を提起して債務名義を失効させる必要さえなく、当事者間の関係は断絶し、紛争は行き詰まってしまう。したがって、当事者の関係調整、当事者間の手続負担の分配の観点からは、子の拒否の主張手続として単に再調停・審判を優位に位置づけるのでは足りず、当事者間の交渉関係を断絶させず、債権者ではなく債務者に、その申立ての負担を転換するために、執行手続による誘因を準備しておく必要があるだろう。

　そこで、裁判所としては、債権者の申立てにより債務名義が形成され、これに基づき執行が申し立てられたことをふまえ、債権者の手続負担はいったん果たされたとみて、間接強制決定をすべきことになる。その後の手続で債務者に協議を続ける動機、手続を起動する負担を課すために、債務者がこの段階で子の拒否を主張しても間接強制決定を否定すべきではない。48号事件最高裁決定が、子の拒否の意思は、債務名義と異なる状況がない限り、間接強制決定を妨げないとしたのも、単に（家裁調査官を活用して）債務名義作成機関が子の意向を聴取したということでなく、当事者の交渉促進、負担分配の意味で評価することができよう。

　まず、個別事件において債務名義が作成されているということは、強制執行を予定していることを意味する。とくに面会交流では執行方法として間接強制のみを想定しているから、個別の債務名義は間接強制を予定して作成されていることになる。面会交流の間接強制に消極的な見解でさえ、任意履行のみをめざす事案とは違い、間接強制の実施を視野に入れる事案では、それを見据えた債務名義を作成すべきと述べている。[44] そうすると債務名義作成の時点までの子をはじめとす

---

44) 梶村・前掲注24)『裁判例からみた面会交流調停・審判の実務』311頁。面会交流の調停で常に間接強制を想定しているわけではなく、監護親の態度を硬直化させないために

る当事者間の関係、具体的な事件状況をふまえて、場合によっては子が拒否していても引渡しや面会交流を強制する執行を予定している以上、単なる子の拒否の主張では間接強制決定を阻止できないと考えられる。

さらに、当事者の手続的な公平、当事者間での手続負担の分配という観点から、債権者は、自分の申し立てた調停や審判などにより、子の意向聴取も経たうえで債務名義を作成したことにより、すでに手続的な負担は果たしたと認められる。したがって債権者としては当然に間接強制決定に進んでよく、これに反対するのであればひとまず起訴責任を転換し、今度は債務者のほうから何らかの手続を起こさせてよいのではなかろうか。

これに対し、48号事件の評釈には、子の拒否の主張をいっさい排除して間接強制決定に進むことに関しては、若干の躊躇も示されている。子の拒否の意志が強固な場合には、特段の事情を認めて間接強制を否定しないと、強制金が累積して苛酷執行になると指摘するもの、債務者が再調停・審判申立てをしても、それだけでは執行手続は止まらないとして、執行停止のための審判前の保全処分申立てに言及するものがある。しかし、間接強制を認めることにより、手続を一歩進めて追い詰めない以上、債務者には次の手続を起こす動機は生じないと考えられ、手続の起動負担は債権者に残り続ける。面会交流では、債権者は、その実施をあきらめない限り、その可能な条件を探すために、自ら再度の申立てを行うことになろう。ただし、どのような条件ならば面会交流が可能なのかは、子と生活する債務者こそ認識できるはずである。一方、間接強制を認めて強制金決定がなされても、債権者はさらに執行文付与を申し立てる負担も果たさなければならない。強制金を取り立てるまでには、まだ段階を経る必要があること（後記 **Ⅳ 2（2）** 参照）も考えれば、ここで間接強制決定をして一歩進むことは認めてよいのではないか。

は必ずしもそうすべきでないことにつき、中野・前掲注26）52頁も参照。
45）大濱・前掲注26）リマークス49号129頁。
46）野村・前掲注26）175頁など。なお本件ではYは非協力的でなく、子の拒否による実施困難を一方的にYに負担させることは問題とするのは、小池・前掲注26）94頁。

そうすると、子の拒否の主張は根本的には再調停・審判でなされるべきであるとして、執行手続上は間接強制決定の手続でなく、請求異議訴訟で取り上げるのが妥当であるとの見通しが立つ。次に、子の拒否が執行手続においてどのように主張され、どのように扱われてきたか、従来の議論から検討する。

4　子の拒否の主張構成のあり方
──請求異議訴訟と間接強制決定の手続の比較

（1）　請求異議事由としての構成──義務履行済みによる請求権の消滅　子の拒否が債務者によってどの手続でどのような事由として構成されて主張されるべきかは必ずしも明確でないように思われる。子の拒否の主張の扱いを直接論じる学説は少ないとされるが、判例は、子の拒否の主張のみでは間接強制を否定する理由にならないと解する一方で、子の拒否が「子の福祉」を害することになるとの事情は債務名義成立後の事情変更の主張として請求異議事由あるいは再調停・審判の事由と位置づけている、と整理される[47]。

おそらく債務者は実務上、子の拒否を「子の福祉」に結びつけて、まずは直面している間接強制を妨げる事由として漠然と主張してくる。それを受けた裁判所も「子の福祉」に関わる事情を請求異議事由と再調停・審判の事由に振り分けながら、ではどのような請求異議事由にあたるのかを明確にしていない。ここで、面会交流に関する著名裁判例による整理を挙げてみる。それによれば、まず、監護している子が面会交流権利者である実親に対し、その従前の養育態度などに起因する強い拒否的感情を抱いていて、面会交流が子に情緒的混乱を生じさせ、子と監護者実親との生活関係に悪影響を及ぼすなど、「子の福祉」を害するおそれがあるといった事情は、主に子および監護実親の側における事情として、いったんは間接強制を拒むことができる「正当の理由」とされた（神戸家決平成14・8・

---

47) 大濱・前掲注26) リマークス49号128頁、山木戸・前掲注26) 57頁、池田・前掲注26) 296頁参照。なお、判例の立場を採るものとして、釜元＝沼田・前掲注23) 42頁〔189頁〕、髙部・前掲注26) 107頁。

12家月56-2-147（前掲注42）)。しかし、その抗告審（大阪高決平成15・3・25家月56-2-158（前掲注25)))は間接強制を認め、そのような事情を請求異議事由とし、一方で、調停成立後の事情の変更により面会交流が「子の福祉」に反するという、非監護実親側の間接強制を不相当とする事由を「特別の事情」と位置づけて区別し、これは再調停・審判の事由となるとした。

以上をみると、「子の福祉」に反する事情を請求異議事由と再調停・審判の事由に分け、債務者に手続負担を負わせようとしているが、なぜ間接強制決定の手続ではなく請求異議事由か、どのような請求異議事由にあたるのかまでは述べていない。

まず子の拒否により、執行が「子の福祉」に反するという主張は、それ自体を前面に出すならば、2で前述のとおり、審判対象の範囲とそれに応じた手続の構造の観点からやはり調停・審判によるべきであろう。そうすれば債務名義も、その根本の権利にもわたる調整が可能である。次に、子の拒否を、間接強制を妨げる事由として主張しようとするのであれば、執行法上は、第三者（子）の協力を要する債務者だけでは履行し得ない債務であるという構成が採られるべきであり、これに関しては近時議論があるので、後述する。そのように整理したうえで、残された、請求異議事由としての構成を考えてみると、実務上よくみられるのは権利濫用・信義則違反という請求異議事由構成である。たしかに判例・学説によれば一般的に、特定の債務名義につき、それを利用しての強制執行が信義則に反し、あるいは権利の濫用として許されない場合、強制執行に関する限りでは債務名義表示の請求権が存在しない場合と別異に取り扱う理由がないとして、請求異議事由となると解されている。しかし、そのような構成は本来、子が拒否している場合として一概に論じられない例外と位置づけることになろうし、また権利濫用とは債権者側の事情に関するものと解され、直前に参考とした大阪高裁決定がこれを再調停・審判の事由となる「特別の事情」と位置づけていることからしても、

------

48) 花元・前掲注42)判タ96頁、池田・前掲注26) 297頁、梶村・前掲注24)『裁判例からみた面会交流調停・審判の実務』123頁、河野・前掲注26) 75頁参照。

49) 中野・前掲注3) 246頁。著名な例として、最判昭和37・5・24民集16-5-1157。

あまり適切とは考えられない。そうすると、これを請求異議事由として主張するならば、執行を妨げるのは債務者でなく子の拒否であって、すでに債務者としては義務を履行済みであるという、請求権を消滅させる事由として構成することはできないだろうか。このように考えるならば、明文の本来的請求事由となる（民執35条1項）。

　ただし、そうするとこの請求異議事由は、間接強制を妨げる事由と考えられてきた、前述2（2）の第三者の協力を要すること、さらには近時学説が説く、債務者としては義務を尽くしたという主張と重なるから、2つの関係が問題となる。そこで、次に間接強制を妨げる事由としての構成に検討を進める。

（2）　間接強制決定を妨げる事由としての構成——債務者のみでなし得ない債務

　債務者による子の拒否の主張は、間接強制決定の手続では債務者のみの意思によってなし得ないため間接強制の要件を欠くという主張として構成される。これは、従来の判例・通説の理解に基づく。すなわち、裁判例は旧規定（旧民訴734条）が「債務者が其の意思のみに因り為し得べき行為」であることを間接強制の要件とみていたし、学説も、第三者の協力を必要とする場合は心理的強制を加えただけでは目的を達し得ないから当然に間接強制は許されない、あるいは第三者の協力を容易に得られる見込みがないときに限り、間接強制は許されないと解していた。[50]

　しかし、近時の学説は、債務の履行に第三者の協力を要する場合は極めて多いため、それだけでは執行を否定せず、その履行が債務者の意思のみにかかるかどうかを慎重に判断すべきとする。そしてこの説は、上記の債務者による履行可能性、執行方法で克服できない外的障害があるかどうかを審査する場として、間接強制についての決定前の審尋によるべきとし、その証明責任は原則として債権者にあるにしても債務者の主張する特段の事情については、その不存在の証明責任

---

[50] 前者は我妻榮『新訂債権総論』（岩波書店・1964）93頁、後者は兼子一『増補強制執行法』（酒井書店・1951）289頁。これらの見解や裁判例、ドイツにおけるものも含めた検討は、山本和彦「間接強制の活用と限界」曹時66巻10号（2014）2717頁参照。

は債務者にあると解している[51]。また、上記旧規定の母法であるドイツ民事訴訟法888条の議論を参考に、債務者の履行に際して第三者の協力を要する場合には、債務者が第三者の協力を得るために期待可能なすべてのことをしているかどうかを基準とし、それをしているが第三者の協力が得られない場合に間接強制を許さないとする見解が主張されている[52]。そしてこの見解は、期待可能なすべてのことをしたことについては債務者に主張証明責任があるが、すべてをし尽くしたとの主張立証は困難であるため、客観的な状況から通常期待されるような措置をしたことの証明がなされた場合は、さらに追加すべき点があれば債権者が具体的に主張したうえで、債務者にそれをしたことの証明責任が課されるとする。これを新規場面としての条約実施法もふまえた子の引渡事例に適用し、子の発達段階に応じた場合分けをして、子に物心がついていない場合は間接強制を拒めないが、逆に子が独立の判断を行える場合には子に対して可能な範囲で説得行為を行ったことを主張立証すべきであり、上記の中間の場合には、子の意思が親に従属的である以上、引渡しがなされない限り間接強制は可能とまとめている[53]。

　同様の指摘は、すでに面会交流に関しても引渡しに関してもなされていた。たとえば、面会交流については、現に裁判例自身が、面会交流決定はすでに子の意向をふまえてなされている以上、拒否している子に働きかけて債権者に対する拒否的感情を和らげ、円滑に子が単独で面会交流できるようにすることが債務者に命じられていると述べて、間接強制を肯定した（甲府家決平成23・10・19家月64-8-67）。債務者が親権者として子を説得指導しさえすれば債務名義の履行は可能として、間接強制を認めた例もある（東京高決平成24・1・12家月64-8-60（前掲注25)))[54]。債務名義が作成されている以上は、面会交流を可能にするのが債務者の責務とされたのであり、子の心身に配慮して働きかければ、心理的動揺などは取り除かれることが期待できるという債務名義作成機関の判断があるとも指摘され

---

51) 中野・前掲注3) 811頁。
52) 松本博之『民事執行保全法』（弘文堂・2011）330頁、山本・前掲注50) 2729頁。
53) 山本・前掲注50) 2739頁。
54) その評釈として、犬伏由子・リマークス47号（2013）73頁。

る。一方、引渡しに関しては、債務名義に基づく間接強制の申立てを、債務者が不作為義務に違反するおそれについての債権者の立証がないとして却下した決定（東京高決平成23・3・23家月63-12-92（前掲**1**））に対し、子と債権者が面会する際や直接強制を試みた際に債務者が具体的妨害行為をしていないこと、単に何もしていないことで義務違反はないとはせずに、債務者には子を説得すべき義務があるとの批判もあった。[56]

（3）　債務者の手続負担——抗弁か、請求異議事由か　以上から、ここで確認したいのは、近時の学説により間接強制を妨げる事由として債務者の抗弁と位置づけられている内容は、(1)で前述した請求異議事由の内容と重なるということである。そうすると、請求異議事由が間接強制決定手続における審判対象となるかという一般的問題につながる。[57] 面会交流に関しては、間接強制を妨げる事由ではなく請求異議事由となるとするのが通説ないし有力説とされてきた。それが、意識的にその根拠としているのは、間接強制決定の手続が子の意向聴取を予定していないという点のほか、当事者の負担分配の視点、すなわち審判・調停調書に既判力はないとしても、[58] 債務名義成立後の事情変更の主張は起訴責任を債務者に転換すべきという点である。[59] このような議論を考慮すると、前述48号事件最高裁決定が、すでに子の意思もふまえて債務名義が作成されていることを理由に、子の拒否により間接強制が妨げられないとしたのも、起訴責任転換の必要から当然とみられようし、ひいては間接強制決定の手続における子の拒否の主張を封じたものと解される。

---

55) 榮＝綿貫・前掲注28) 342頁。釜元＝沼田・前掲注23) 42頁〔185頁、186頁〕も参照。
56) 村上・前掲注35) 364頁。これに対し、犬伏・前掲注54) 73頁はこの債務者は子を説得することに協力的であるため義務違反がないと認められた例と位置づける。どのような内容が債務者から主張立証されれば、義務履行済みとして間接強制が否定されるかという問題については、本書では、これ以上立ち入らない。
57) 肯定説として、大濱しのぶ『フランスのアストラント——第二次世界大戦後の展開』（信山社・2004) 496頁、中野貞一郎『訴訟関係と訴訟行為』（弘文堂・1961) 278頁（ただし、同『強制執行・破産の研究』（有斐閣・1971) 27頁は否定）。野村秀敏・民商147巻4・5号（2012) 481頁も参照。
58) 本間・前掲注26) 154頁、釜元＝沼田・前掲注23) 42頁〔188頁〕参照。
59) 釜元＝沼田・前掲注23) 42頁〔186頁〕、花元・前掲注42) 97頁〔206頁〕。

ただし、間接強制決定手続における主張をいっさい認めないことには、前述のとおり留保をつける見解や反対もある[60]。また引渡しに関しては、前述 **1** のとおり、まだ意識的議論はなされていないようにも見受けられる[61]。前述 48 号事件最高裁決定の射程が引渡事例にも及ぶのか見極める必要があり、裁判例の集積が待たれる。ここではさしあたり、債務者に起訴責任を転換すべきとしても、請求異議訴訟では重過ぎないかが気にかかる。子の拒否の主張によって容易に間接強制申立てが却下されるとすると債務者に起訴責任は転換されないので、いったん第一審では間接強制金決定に進むとしても、抗告を申し立てる負担を債務者に負わせれば、債務者の負担として十分とも考えられる。けれども、抗告審であっても、そこで子の拒否の主張により間接強制が認められないことになれば、第一審で認めた間接強制が不適法であったことになり、結局、子の拒否は間接強制を妨げる事由となってしまうだろう。さらにまた、抗告審たる高裁が、請求異議訴訟を担当する債務名義を作成した第一審の家裁よりも子の拒否に関する審理に適しているとも思われない。現段階では、やはり面会交流に関する通説・有力説に従って、請求異議事由と考えておく[62]。

IV まとめ──執行手続における当事者間の協議

1 執行の手続化

従来から執行手続は債務名義に記載された実体権を、そのまま機械的・効率的に実現する手続と考えられているが、面会交流はもちろん、一回的な直接強制も

---

60) 前者は大濱・前掲注 26) リマークス 49 号 129 頁、後者は池田・前掲注 26) 306 頁。大濱しのぶ・リマークス 34 号（2007）125 頁も参照。
61) 面会交流とともに引渡しも視野に入れるものとして、大濱・前掲注 26) リマークス 49 号 128 頁も参照。
62) 安西・前掲注 4) 421 頁、小田司編『民事執行法・民事保全法』（弘文堂・2014）207 頁〔安西明子〕。

IV　まとめ——執行手続における当事者間の協議

可能である子の引渡しも機械的に強制できないし、すべきでもない。その執行に際しては、当事者間の協議、債務名義がすでに作成されたことをふまえつつも、債務名義作成と同様の手続を要する。

本章Ⅰでは、子の引渡しを断行する手続につき、条約実施法は代替執行を採用することにより、債務名義を作成した家庭裁判所が、執行も担当して債務名義作成手続とその執行手続をつなぎ得ること、両当事者の一連の紛争経過を見守り、各地裁執行官と連携して、債務者立会いのもと、子と返還実施者（原則、債権者）を対面させる機会を保障し得ることをみた。これにより、国内事案の直接強制においても、家庭裁判所と地裁執行官が連携し、当事者が一堂に会することにより、その協議を促進する手続となることが期待される。なお、代替執行によれば、申立てをする債権者だけでなく、債務者には審尋の機会が保障され（民執171条3項）、単純な断行でなく、当事者に手続機会が開かれる点も評価できる。

本章Ⅱでは間接強制について、面会交流につき間接強制を認めるために必要な債務名義の特定性を問題とした最高裁決定を紹介し、債務名義の特定性を争う手続の意味を、それ自体が債務者のなすべき作為について協議することと位置づけた。債務名義で記載されているのは主に債権者と子の面会交流条件であって、その詳細かつ一義的記載を求めると現実の履行のための柔軟性を欠いて実効性がなくなるし、その特定は債務者の義務の特定には直結しない。また特定しないほうが、債務者に履行方法の選択権を与え、任意の履行を促すという間接強制の機能にも適合する。そこで債務名義に債務者の行為が細かく記載されていなくても、間接強制手続における債務名義の解釈作業としては、両当事者の紛争経過をふまえて、面会交流の執行過程を分節化して債務者がしなくてよい部分は代替執行化し、債務者に任される領域を限定することにより、債務名義の特定を認めていくべきことを主張した。そしてここでは、債務名義の特定性を争う手続の中で、面会交流の債務名義を作成した家庭裁判所の前で当事者が協議できることを示した。債務者の義務範囲につき協議していくことは、債務者が子の拒否を主張して執行に抵抗する場合にも、行われる。

本章Ⅲでは、債務者は執行を妨げるために様々な場面で子の拒否を主張するが、それを主張すべき手続場面についても、その主張の構成についても議論が分

かれており、面会交流と引渡しとの統一的な議論はみられないことを示した。そこで、従来の議論を整理し、子の拒否を子の福祉の問題として根本的に問題とするならば再調停・審判の手続によるべきあるが、その申立てを債務者に促す、すなわち起訴責任転換のためには間接強制決定手続においては子の拒否の主張を排除して間接強制決定をしておく必要があることを主張した。子の拒否の主張により間接強制決定ができないとすると、債務者としてはもはや債権者と協議する動機はなくなり、紛争が行き詰まる。そこで子の拒否を執行手続において主張するには、間接強制の手続ではなく請求異議訴訟によるべきこと、その主張は権利濫用・信義則違反としてではなく、義務を履行済みで請求権は消滅しているという請求異議事由と構成すべきことを主張した。すなわち、その手続において子が拒否しているから債務名義どおりの結果が得られないのであり、債務者としてはなすべき作為を尽くしたことを債務者に主張させ、債権者はさらに残された債務者の作為義務を特定していくという形で、両当事者の協議がなされることになる。

　このように執行手続は単なる権利実現手続以上の、当事者間の協議を促進・保障する手続と位置づけることができよう。

2　2つの執行方法の選択と移行

（1）　執行方法の選択　最後に、引渡しに関する2つの執行方法、すなわち引渡しを断行する直接強制または代替執行と、任意履行を債務者に促す間接強制の選択と移行にも触れておく。国内事案の引渡執行に関しては、Ⅰ1（1）で前述のとおり、実務では間接強制か直接強制かという選択で、実効性の観点から後者を選択する傾向にある。有力説では間接強制から直接強制への移行が想定されていた。一方、平成15年の民事執行法改正により間接強制の適用範囲が拡大し[63]（民執173条）、従来から実施可能な直接強制（代替執行）と間接強制の選択や併用が議論されており、動産執行、ひいては子の引渡執行もこの間接強制の拡大領域

---

63) 道垣内弘人ほか『新しい担保・執行制度〔増補版〕』（有斐閣・2004）155頁〔山本和彦〕参照。

に含まれる。東京高裁平成24年6月6月決定（前記 I 1(3)）でも、審判前保全処分に基づく直接強制が不能となった後に、本案の審判で繰り返し引渡しを命じる際、後の間接強制の利用に言及していた。この点につき条約実施法は、間接強制を前置し、代替執行を申し立てるのは、間接強制決定が確定した日から2週間を経過した後（当該決定において定められた債務を履行すべき一定の期間がこれより後である場合は、その期間を経過した後）でなければならないとする（136条）。

以上をふまえて、まず2つの執行方法の選択につき、改正法による間接強制適用領域では債権者に任されているのに対し、条約実施法では選択の余地はない。国内事案執行でもハーグ条約事案同様、間接強制を前置すべきかという点については、前記 I 1の具体例の保全処分に基づく執行のように緊急性がある場合が少なくない以上、肯定すべきとは思われない。ただし、債権者としては、間接強制を採ると決めていない場合でも、執行方法の選択を相談したり、直接強制を採る場合にも地裁執行官との連携に向けて打ち合わせる意味で、債務名義作成機関である家裁に連絡をしておくことは有効と考えられる。なお、間接強制を申し立てれば、債務者審尋もなされるので（民執172条3項）、債務名義作成後に再び家庭裁判所による当事者関係の調整が可能となる。

次に、改正後に適用可能となった間接強制は、従前から認められていた直接強制（代替執行）ができない場合にも許されるのか、という問題にも触れておく。これは、債務者が自己の意思のみで履行できない債務である場合を念頭に置き、一般的な問題として指摘されている。これを肯定すると、東京高裁平成24年6

---

64) 中野・前掲注3) 806頁、建入則久＝今井和男編『Q＆A新しい担保・執行制度解説』（三省堂・2004）161頁等。なお、一般には実効性の観点からの選択が主張されるが、筆者は当事者間の公平、当事者間の関係調整の観点からの選択を主張したことがある（小田編・前掲注62) 213頁〔安西〕）。
65) 子の引渡しにつき、どの執行方法を採るかを債権者、執行機関、債務名義作成機関の間で検討するシステムを提案する、西川・前掲注10) 58頁。
66) 梅本聡子「間接強制の可否についての実務上の問題」金法1972号（2013）43頁は、結論として肯定する
67) 反対に鈴木雄輔「間接強制と代替執行・直接強制の併用の許否」金法1990号（2014）60頁は、従前強制執行ができなかった事案にまで間接強制は認められないとする。ただし、これは債務者のみによる履行可能性の解釈次第である。否定説では債務者の義務を

月6日決定の事例のように子の拒否によりすでに直接強制が不能終了した場合には、その控訴審決定が述べたように、その後に間接強制を認められないことになる。しかし、Ⅲ 4(2)で前述したとおり、最近の議論では主に実効性の観点から、債務者には子の説得などを行う義務がまだ残っているとして間接強制を肯定する傾向にあり、むしろ直接強制が困難あるいは不能な場合に間接強制の活用領域を見出すものといえる。[68] 実効性よりも当事者の関係調整のための協議をめざし、子の拒否自体よりも債務者の作為内容について（間接強制手続でなく請求異議訴訟で）協議すべきとする私見によっても、債務者に起訴責任を転換するために、間接強制は認められると考える。

(2) 執行方法の移行——後行手続の開始と間接強制の終了の手続　執行方法の併用は並行申立てと並行決定・実施の場面に分かれる。まず、前者について否定する説は、権利実現に不可欠ではないし、苛酷執行となるなどとするのに対し、実効性の観点に加え、債務者の選択の困難を根拠に肯定する説が多数である。[69] 一方、条約実施法は並行申立てを想定していない。[70] 国内事案の執行でも、直接強制をまず実施する傾向にあり、もし選択に迷えば家庭裁判所への相談もあり得ることからも、ここでは並行申立てよりも、一方から他方への移行を考えておく（本書第4章Ⅳ 2(5)参照）。国内事案では主に直接強制が不能となった後の間接強制への移行、逆にハーグ条約事案では間接強制決定確定後の代替執行への移行であり、家庭裁判所への相談も想定しつつ、いずれも債権者の申立て、その選択に任される。

　　具体化しようとする点が注目される。義務を特定した結果、それを尽くしたとみられる場合には、いずれにせよ間接強制は否定される。
68) 梅本・前掲注66) 44頁、山本・前掲注50) 2714頁。
69) 大濱しのぶ「間接強制と他の執行方法との併用の許否——間接強制と代替執行の併用が問題になった事例を手掛かりとして」判タ1217号（2006）73頁。並行申立ては許すが、並行決定（実施）を認めないのは中野・前掲注3) 806頁。小田編・前掲注62) 213頁〔安西〕も参照。
70) 山本・前掲注50) 2712頁。このほか、小林明彦「間接強制の適用範囲の拡張と執行方法の選択」ジュリ1461号（2013）86頁。並行申立てを許さず、一方を却下すると他方が不奏功となった後にあらためて却下されたほうの申立てをしなければならないことになり、不相当とする鈴木・前掲注67) 57頁。

並行決定に関して問題となるのは、主にハーグ条約事案で、間接強制決定の効力がどこまで継続するとみるべきかである。子の引渡しの国内事案(間接強制先行の場合)では一般的に、間接強制決定の中で履行済みまでと終期を定める主文例が多く、このことから一般的に、あらかじめ存続期間を定める運用が望ましいとの指摘がある。議論があるのは、間接強制決定後に代替執行が実施される場合、前者の終期である。この点につき、学説においては、授権決定がなされた段階で債務者の作為債務の履行着手と同視し間接強制金の発生を妨げるとする見解が出されたが、その後、授権決定による執行が実施された段階、費用前払決定では現実に前払いがなされた段階に初めて債務者の義務が果たされたとする見解が出されている。後者は実効性を重視するものと解される。ここでの関心は代替執行の一定段階で間接強制を停止させる手続である。ハーグ条約事案であれば両執行方法を担当するのは家裁であるから、債権者により強制金取立てのため間接強制金決定に補充執行文の付与が家裁書記官に申し立てられれば、その際に、代替執行が授権決定後のどの段階にあるかを把握して、執行文の付与の許否判断をすることが可能であろう。国内事案では間接強制を担当する家裁は地裁執行官による直接強制の実施状況を制度的には知り得ないが、条約実施法の影響による家庭裁判所と地裁執行官の連携がここでも期待される。また、学説によればすでに強制金取立ての執行に関して一般的に、補充執行文の付与を受けるには債権者が間接強制違反の事実を証明する文書を提出してしなければならないが、履行命令の違反

----

71) 可能性としては、国内事案につき直接強制の申立て後、その実施前の間接強制申立ておよび間接強制決定も考えられる。2つの執行担当機関は異なるが、前述Ⅲ 2(2)のとおり債務名義作成機関たる家裁の直接強制への協力があれば、2つの執行方法の整理は可能と考えておく。なお、間接強制に猶予期間を設定する可能性もあるなら(梅本・前掲注 66) 44 頁)、他の執行の実施期間を見込んでおくこともできよう。

72) 鈴木・前掲注 67) 67 頁。

73) 前者は中野・前掲注 3) 806 頁、後者は山本・前掲注 50) 2714 頁。おそらく、小林・前掲注 70) 92 頁、鈴木・前掲注 67) 65 頁も後者とみられる。

74) 条約実施規則 87 条 3 項では家庭裁判所から地裁執行官に対する協力が規定されているが、間接強制について逆の協力も当然あり得る。なお、代替執行の場合における地裁執行官の調書作成については、民事執行規則 13 条 4 項・1 項・2 項参照。

75) 鈴木・前掲注 67) 67 頁注 48。

は債務者の証明すべき本来の義務履行のないことに係るから、意思表示の擬制の条文（民執174条3項）を類推し、裁判所書記官は、債務者に一定の期間を定めて、履行の事実を証明する文書の提出を催告すべきものと、解されていた[76]。これを用いて、強制金取立てを阻止したい債務者を関与させることにより実施状況を家庭裁判所が把握することが可能ならば、債務者に請求異議を提起させるまでの必要はないだろう[77]。

---

76) 中野・前掲注3) 812頁、竹下守夫ほか『ハンディコンメンタール民事執行法』（判例タイムズ社・1985) 416頁〔竹下〕。
77) 鈴木・前掲注67) 67頁は、請求異議訴訟では負担が重いとする。

第 4 章

子の引渡執行の過去・現在そして未来

I はじめに

　子の引渡しに関する強制執行は、初期における人身保護請求の多用から、家庭裁判所の保全処分の活用が図られるようになり、その中で、強制執行のあり方の問題が大きくクローズアップされることとなった。しかし、民事執行法が本来的に予定しているのは物ないし権利を客体とする強制執行（対物執行）であり、これを、人を客体とする強制執行（対人執行）にどのように適用するのかについては、引渡しを命じる債務名義の解釈、強制執行に伴う子に対する心理的影響への配慮や、対人執行であるがゆえの執行現場での様々な困難等の事情等が相まって、様々な解釈論や運用論が唱えられるに至っていた。そのような中、かねてから批准の当否が問題となっていたハーグ条約が批准され、平成25（2013）年6月には条約実施法が成立し（平成25年法律第48号）、同年11月には条約実施規則が制定され、それぞれ、平成26（2014）年4月に施行された。条約実施法においては、子の引渡しおよび返還につき、解放実施行為と返還実施行為とに分けたうえ、返還実施行為の強制執行の方法について、間接強制を前置させつつ、これと代替執行を組み合わせるという、これまでにない特色をもった制度が採用され、また、解放実施行為にあたって配慮すべき事項について比較的詳細な規定が置かれていることから、従来の国内での子の引渡執行での解釈運用に大きな影響を与えるものとなっている。そして、ハーグ条約は、子の引渡しだけではなく、子との面会交流についても重きを置いており、条約実施法でもその趣旨の規定が置かれていること、引渡しの成否にかかわらず、面会交流の実現は大きな意義を有すると考えられることから、両者の関連についても検討していくことが必要と考えられる。そこで、本章では、このようなハーグ条約および条約実施法が、これまでの国内における子の引渡執行の事案（以下、「国内事案」）や面会交流の事案の解釈論と運用論にどのような影響を与えるか、そして、国内事案における規律は今後どうあるべきかという点についても、検討を加えることとする。そして、かかる検討にあたっては、これまでの国内事案に関する解釈論・運用論の流れを振り返ることから開始し、現時点での一応の到達点を明らかにしたうえで、これが条約実施

法にどのような影響を与えたか、また逆に、同条約等が国内事案の解釈運用にどのような変容をもたらしつつあるのかといった点について検討・考察し、さらに、対人執行としての子の引渡しの強制執行の規律に関し、今後の立法および解釈運用のあり方について、私見を明らかにすることとしたい。また、このような検討をする中で、子の引渡事案に隣接する子との面会交流事案について、その相互関係をどのように考えるべきか、また、両制度をどのように適切に運用していくべきかといった点についても、他章との関連を意識しつつ、若干ではあるが言及したいと考えている。

　以上から、本章では、このような検討に必要な範囲で、ハーグ条約および条約実施法に基づく子の引渡手続の解釈運用に言及はするものの、これを主眼とするものではなく、あくまで国内事案を念頭に置いているということを、あらかじめ断っておく。

II　過去——人身保護請求による解決

1　2つの最高裁判例——消極的容認から積極的評価へ

（1）　最高裁昭和33年5月28日大法廷判決（民集12-8-1224）

　「原審が当事者間に争のない事実と認めたところによって考察すれば、本件の実質は要するに、幼児の養育者であった請求者と、現にその幼児を監護する拘束者たるその祖父及び祖母との間の幼児引渡の問題即ち幼児に対する監護権の所在の問題に帰着するものである。ところで元来人身保護の制度の趣旨とするところは無権限又は違法な物理的拘束から被拘束者を釈放することにあるから、かかる問題を人身保護事件として取扱うことには全然疑義の余地がないわけではない。しかしながら幼児なるが故にこの制度の保護の範囲外にあるという理由は存しない。又この制度が今日その適用範囲を拡張し、幼児引渡に及ぼされるにいたっていることは、内外の学説判例に徴して明かである。さらにわが人身保護規則（37条）も法がこれを認めていることを前提とするものと解し得ないことはない。そうして幼児引渡の請求についても規則4条の制約が適用されることは当然である。」

この最高裁昭和 33 年 5 月 28 日大法廷判決は、子の引渡しに関する人身保護法の適用を認めた最高裁昭和 24 年 1 月 18 日判決（民集 3-1-10）、最高裁昭和 29 年 12 月 16 日判決（民集 8-12-2169）などを受けてのものであるが、特徴的な点は、本来的な人身保護法の適用場面ではないということを指摘しつつ、どちらかといえば消極的選択として同法の適用を考えていたことがうかがわれる点である。最高裁昭和 33 年 5 月 28 日大法廷判決以降、このような方向性、すなわち、人身保護法を用いることについてのある種の懐疑ないし消極的姿勢が定着するかに思われたが、この流れに大きな変化をもたらしたと思われるのが、次の最高裁昭和 43 年 7 月 4 日判決である。

（2） 最高裁昭和 43 年 7 月 4 日判決（民集 22-7-1441）

　「意思能力のない幼児を監護するときには、当然幼児に対する身体の自由を制限する行為が伴なうものであるから、その監護自体を人身保護法および同規則にいわゆる拘束と解するに妨げないものであることは、当裁判所の判例……［前掲最大判昭和 33・5・28］の趣旨とするところである。このことは、右監護の方法の当、不当または愛情にもとづくかどうかとは、かかわりのないことである。原判決のこの点に関する判断は、右と同趣旨と解せられるから、正当であって、所論の違法はない。論旨は、これと異なる見解のもとに原判決を非難するものであって、採用することができない。」

　「夫婦関係が破綻に瀕しているときに、夫婦の一方が他方に対し、人身保護法にもとづきその共同親権に服する幼児の引渡を請求することができる場合のあること、および右の場合、裁判所は、子を拘束する夫婦の一方が法律上監護権を有することのみを理由としてその請求を排斥すべきものでなく、子に対する現在の拘束状態が実質的に不当であるか否かをも考慮して、その請求の許否を決すべきであることは、当裁判所の判例とするところであり……［前掲最判昭和 24・1・18］、右拘束状態の当、不当を決するについては、夫婦のいずれに監護せしめるのが子の幸福に適するかを主眼として定めるのを相当とする。そして、夫婦が別居し未だ離婚に至らない場合において、夫婦のいずれがその子を監護すべきかは、いずれ恒久的には、夫婦離婚の際、その協議により、協議がととのわないときは、家事審判法、人事訴訟手続法所定の手続により定められるものではあるが、それまでの間、暫定的に子を監護すべき親として夫婦のいずれを選ぶべきかを決するについても、主として子の幸福を基準としてこれを定めるのが適当といわなければならない。

　原審が適法に確定した事実関係によれば、被拘束者（昭和 41 年 7 月 26 日生）は、

上告人、被上告人夫婦間の嫡出子であってその共同親権に服する者であるが、生後1カ月余で右夫婦が別居したため、以来約1年2カ月にわたり母である被上告人のもとで養育監護され、同人が外勤する間はその実母に事実上監護されていたこと、および上告人はこの間被拘束者のために金銭的支出をしなかったばかりか、被上告人から金銭的要求がなければ、同人および被拘束者の籍を抜いてやってもよいと述べるなど、父としては、いささか被拘束者に対する愛情が不足していることが窺われるばかりでなく、上告人が被拘束者を自己の許におくについては、原審認定のとおりいちじるしく不穏当な手段を弄している点からすれば、上告人の被拘束者に対する監護養育に適切を欠くおそれなしとせず、また上告人が被拘束者の監護養育を委ねたAは、拘束者である上告人の止宿先の住人にすぎない第三者であるというのであって、被拘束者が未だ2才に満たない幼児であることを併せ考慮するときは、同上を上告人のもとにおくよりも母である被上告人の膝下に監護せしめることが被拘束者の幸福を図るゆえんであること明白といわなければならない。

　上告人が指摘するとおり、人身保護法による救済の請求については、人身保護規則4条本文に定める制約特に拘束の違法性が顕著であることの制約が存し、幼児引渡を求める人身保護請求についても右の制約が存するものではあるが〔前掲最大判昭和33・5・28〕、前示本件の事実関係のもとにおいて、夫婦の一方が他方の意思に反し適法な手続によらないで、その共同親権に服する子を排他的に監護することは、それ自体適法な親権の行使といえないばかりでなく、その監護の下におかれるよりも、夫婦の他の一方に監護されることが子の幸福を図ること明白であれば、これをもって、右幼児に対する拘束が権限なしになされていることが顕著であるものというを妨げないものである。」

　この判決は、前掲最高裁昭和33年5月28日大法廷判決をふまえつつも、両親の監護状態を比較して、いずれの親に監護させるのが子の福祉に適合するかを比較考量して、その請求の当否を決定すべきとしている点に特徴がある。すなわち、人身保護規則4条の制約（拘束が権限なしにされていることが顕著である場合に限り、これをすることができる）があることは、一応の前提としつつも、かかる顕著性の判断において、両親の監護状態を比較して、請求者のもとで監護させることが格段に子の幸福に適するという観点から判断しているものとみられるのである。[1]

....

1) 最高裁判所判例解説民事篇昭和43年度（上）525頁〔柳川俊一〕は、本判決の理解の仕方として、1つは、事件当事者である両親の監護状態を比較考察して、いずれの親に監

ここでは、前掲最高裁昭和33年5月28日大法廷判決にみられたような、人身保護法を用いることについての疑義などは影を潜め、むしろ、同法の積極的な活用を示唆するような判示となっているといえよう。そして、この最高裁昭和43年7月4日判決を契機に、子の引渡しについての人身保護法による解決が本格化するようになったといえ、そこでのキーポイントは、迅速性を有する審理判断と、事後の執行の問題を残さない（事実上の）処理の2点であったと考えられる。以下、この点を、もう少し詳しくみていくこととしたい。

2　人身保護請求の多用

（1）　迅速性・実効性との関係　人身保護法を用いる場合のメリットとして第1に挙げられるのは、その処理の迅速性である。すなわち、人身保護請求があったときは、裁判所は速やかに裁判しなければならず、他の事件処理に優先して行わなければならないこと（同法6条、同規11条）、適法な請求であれば、ただちに準備調査を行うべきこと（同法9条）、審問期日は、原則として請求があった日から1週間以内に開かなくてはならないこと（同法12条4項）、証拠調べは疎明で足りること（同法5条、15条）、判決の言渡しも、原則として、審問終結の日から5日以内に行うべきこと（同規36条）などが定められており、迅速処理にかなりの意を用いていることがうかがわれる。そして、このことを端的に示したのが、最高裁昭和59年3月29日判決（家月37-2-141、判時1133-72）である。

> 同判決は、別居中の夫婦間の子につき、母親が監護していたところ、離婚等の家事調停係属中に、父親が母親に無断で子を自分のもとに連れ戻したという事案で、名古屋地裁（原審）において母親の人身保護請求が認容されたが、父親が、本件のような事案では子の引渡しの仮処分を求めることができるのだから、人身保護規則4条の「他に救済の目的を達するのに適当な方法があるとき」に該当し、人身保護請求は許

護させるのが子の幸福に適するかを検討したうえ、請求の当否を決しているという見方、もう1つは、拘束者の監護状態のみを考察して、その監護状態が子の幸福に適しないわけではないからとして、請求を排斥したという見方があるとしたうえで、本判決は前者の考え方によったものといえるであろうとしている。

されないと主張した。最高裁はこれに対し、以下のような理由でこれを退けた。

「仮に所論のように、本件において被拘束者を上告人による拘束から救済するために、被上告人が家庭裁判所に被拘束者の監護者の指定の審判を申し立て、家事審判規則52条の2に従い被拘束者の引渡の仮処分を申請する方法によることができるとしても、一般的には、そのような方法によっては、人身保護法によるほどに迅速かつ効果的に被拘束者の救済の目的を達することができないことが明白であるというべきであるから、本件において、被上告人が上告人に対し人身保護法による被拘束者の引渡を請求することを妨げるものではないと解するのが相当である。」

この判決は、人身保護請求のほうが、子の引渡しの仮処分に比べ、迅速性と実効性の両面において優れていることを明確に判示した点に特徴がある。引渡しの仮処分は、昭和55年の家事審判法等の改正によって新設されたものであり、「子の監護をめぐる紛争の処理は科学的な調査機構を有する家庭裁判所の審判手続により行うことが望ましく、この度、本案審判の先取りとして子の引渡しの仮処分を命ずることが可能となったことから、この種の問題の解決に相当の威力を発揮する」ことが期待されていたにもかかわらず、同最高裁昭和59年3月29日判決が人身保護請求の優位性を明示したことにより、施行後まもなく実務上活用されなくなるという結末がもたらされてしまった。そして、これ以降は、子の引渡しについて迅速に解決するのは人身保護請求であるという実務的理解が、完全に定着するに至ったと考えられる。

（2）　**事後における執行の問題を残さない（事実上の）引渡し**　ここで、前述のような実務的理解ないし傾向を支える要因となった、人身保護請求事件の処理に関する実務上の一般的取扱いに言及する必要がある。ここでは、近時の東京地裁民事第9部での運用をみていくことにするが、このような運用は、基本的には、人身保護請求が主流になった時期以降は取られていたのではないかと推測される。

まず、人身保護請求が係属した場合、裁判官による請求者面接が速やかに開か

---

2) 最高裁判所事務総局「改正民法及び家事審判法規に関する執務資料」家庭裁判資料121号（1981）86頁。
3) 永末秀伸＝境博英「人身保護請求手続の実務―子の引渡しを求める事例を中心として」新民事執行実務13号（2015）159頁以下、とくに163頁。

れ、人身保護請求の実質的要件（拘束の有無、顕著な違法性、補充性）等を具備しているかを中心に、子の現状や、事前に家庭裁判所の手続（審判前の保全処分等）や執行官による引渡しの強制執行が行われているかなどについて調査がされ、それと同時に今後の手続進行に必要かつ有益な事項についても聴取がされる。それらが適法なものと判断される場合には、拘束の事由その他の事項について速やかに準備調査期日を開く。そして、この準備調査において、拘束事由の存否等について一応の心証を形成し[4]、さらに、任意の引渡し等を内容とする和解が相当と判断すれば、これを勧告し、準備調査期日を続行して和解交渉を行う。そして、和解困難な場合で、人身保護請求に理由があると判断したときには、速やかに人身保護命令を発令して審問期日を指定し、審問を行う。審問期日には、請求者、拘束者および被拘束者である子とその代理人らが出頭し、審問期日の間は、被拘束者は別室で裁判所職員とともに待機する。そして、審問後に認容判決がされた場合、それとほぼ同時に、請求者本人に非拘束者を引き渡す[5]。

　このような人身保護手続での子の引渡しの運用からすれば、人身保護事件での判決に執行力があるか否かの議論とは関係なく[6]、人身保護請求の場合は、判決後の執行の問題はほとんど顕在化しないまま、判決言渡しとほぼ同時に請求人に事実上引き渡すことで完了していたということができる。このような事実上の引渡しの運用は、その法的根拠はともかくとしても[7]、人身保護請求の実効性を高いも

---

4) 永末＝境・前掲注3）165頁によれば、弁護士を準備調査段階から国選代理人として選任するケースもあること、国選代理人は、子の現在の監護状況に関する事実関係を調査するため、債務者や子らと面談し、その結果について詳細に裁判所に報告するよう求め、裁判所はこれを審理の際の重要な資料にするとのことである。
5) 審問中の子の待機や引渡しに関する具体的運用については、永末＝境・前掲注3）167頁以下参照。
6) 人身保護請求事件の判決の執行力を否定した裁判例として、東京地決昭和47・12・20判時709-58、大阪高決平成2・10・31判タ746-213がある。
7) 瀬木比呂志「子の引渡しに関する家裁の裁判と人身保護請求の役割分担―子の引渡しに関する家裁の裁判の結果の適正な実現のために」判タ1081号（2002）49頁以下。とくに56頁は、このような事実上の引渡しの法的根拠をあえて求めるとすれば、人身保護命令が拘束者に送達された後は、被拘束者はその送達の時から人身保護命令を発した裁判所によって当該拘束の場所において監護されるとする人身保護規則25条1項であろうとしつつ、ここでいう監護とは、抽象的な支配権を意味するに過ぎず、裁判所が自己の手

のにしているという理解ないし評価がされていた一因といえ、これが、子の引渡事案での人身保護請求の利用を一般化させていたともいえる。

　このように、子の引渡しにおいて人身保護請求が主流となることに対しては、疑問を呈したり、審判前の保全処分の活用を説く見解もあったが、前述のような実務を動かすには至らなかったといえる。しかし、このような流れは、再び最高裁判決によって一変することになる。最高裁平成5年10月19日判決（民集47-8-5099）の出現である。

III　現在——人身保護請求から家事事件手続へ

1　最高裁平成5年10月19日判決（民集47-8-5099（共同親権者間の事例））

(1)　事　案

　父（X）のもとで監護養育されていた当時3歳および4歳であった子につき、母（Y）が人身保護法に基づいて子の引渡しを請求した。事実関係は、Xは、上記2人の子を、伯母の墓参の帰途にそのまま自分の実家に連れ帰ってそこで生活するようになり、Yが引渡しを求めたがこれを拒絶し、これに対して同人が2人の子を連れ出そうとしたところ、追いかけてきたXの父母と子の奪い合いになり、結局、2人の子はXのもとに連れ戻されたというものである。原審は、夫婦の一方が他方に対し、人身保護法に基づき、共同親権に服する幼児の引渡しを請求した場合、当該拘束に顕著な違法性があるかどうかは、夫婦いずれに監護させるのが子の幸福に適するかを主眼として判断すべきであるとし、また、2人の子が3歳および4歳であることからすれば、特段の事情がない限り、父親よりも母親のもとで監護・養育されるのが

もとに被拘束者の身柄を確保する趣旨ではないと解されることから、このような解釈はやや苦しいとする。
8)　梶村太市「別居中の夫婦間における幼児引渡をめぐる諸問題」家月28巻8号（1976）1頁、長谷部由起子「子の監護に関する審判前保全処分と人身保護請求」ジュリ臨時増刊862号（1986）140頁。

適切であり、子の福祉に適合するという前提に立って、双方の事情を比較し、結論として、母であるYのもとで養育することが子の福祉にかなうものであり、Xの拘束には顕著な違法性があると述べて、人身保護請求を認容した（神戸地判平成 5・3・22 家月 45-10-50）。これに対しXが上告し、本判決は、以下のとおり判示して、原判決を破棄して原審に差し戻した。なお、この判決には、可部恒雄裁判官の補足意見が付されており、これが、子の引渡請求に関する人身保護請求と家事事件手続との関係を検討するうえで重要である。

（2） 法廷意見

「夫婦の一方（請求者）が他方（拘束者）に対し、人身保護法に基づき、共同親権に服する幼児の引渡しを請求した場合には、夫婦のいずれに監護させるのが子の幸福に適するかを主眼として子に対する拘束状態の当不当を定め、その請求の許否を決すべきである……〔前掲1（2）の最判昭和 43・7・4〕。そして、この場合において、拘束者による幼児に対する監護・拘束が権限なしにされていることが顕著である（人身保護規則 4 条参照）ということができるためには、右幼児が拘束者の監護の下に置かれるよりも、請求者に監護されることが子の幸福に適することが明白であることを要するもの、いいかえれば、拘束者が右幼児を監護することが子の幸福に反することが明白であることを要するものというべきである（前記判決参照）。けだし、夫婦がその間の子である幼児に対して共同で親権を行使している場合には、夫婦の一方による右幼児に対する監護は、親権に基づくものとして、特段の事情がない限り、適法というべきであるから、右監護・拘束が人身保護規則 4 条にいう顕著な違法性があるというためには、右監護が子の幸福に反することが明白であることを要するものといわなければならないからである。」

「これを本件についてみるのに、原審の確定した事実関係によれば、被拘束者らに対する愛情、監護意欲及び居住環境の点においてYとXらとの間には大差がなく、経済的な面ではYは自活能力が十分でなくXらに比べて幾分劣る、というのである。そうだとすると、前示したところに照らせば、本件においては、被拘束者らがXらの監護の下に置かれるよりも、Yに監護されることがその幸福に適することが明白であるということはできない。換言すれば、Xらが被拘束者らを監護することがその幸福に反することが明白であるということはできないのである。結局、原審は、右に判示した点を十分に認識して検討することなく、単に被拘束者らのように 3、4 歳の幼児にとっては父親よりも母親の下で監護・養育されるのが適切であるということから、本件拘束に顕著な違法性があるとしたものであって、右判断には人身保護法 2 条、人身保護規則 4 条の解釈適用を誤った違法があり、右違法が判決の結論に影響を及ぼすことは明らかである。」

（3）　可部恒雄裁判官補足意見

「最後に言及を要するのは、昭和55年法律第51号による家事審判法の一部改正についてである。右改正により執行力を有する審判前の保全処分の制度が新設され（家事審判法15条の3）、これを承けて家事審判規則52条の2は、子の監護者の指定その他子の監護に関する審判の申立てがあった場合に、家庭裁判所は、申立てにより必要な保全処分を命ずることができる旨を明定した。この保全処分が審判前における子の引渡しを含むことは、同規則53条の規定に徴しても疑問の余地がない。

本件にみられるような共に親権を有する別居中の夫婦（幼児の父母）の間における監護権を巡る紛争は、本来、家庭裁判所の専属的守備範囲に属し、家事審判の制度、家庭裁判所の人的・物的の機構・設備は、このような問題の調査・審判のためにこそ存在するのである。しかるに、幼児の安危に関りがなく、その監護・保育に格別火急の問題の存しない本件の如き場合に、昭和55年改正による審判前の保全処分の活用……を差し置いて、『請求の方式、管轄裁判所、上訴期間、事件の優先処理等手続の面において民事刑事等の他の救済手続とは異って、簡易迅速なことを特色とし』『非常応急的な特別の救済方法である』人身保護法による救済を必要とする理由は、とうてい見出し難いものといわなければならない。」

「このような審判ないし審判前の仮処分は、正しく家庭裁判所の表芸ともいうべきものであり、制度改正にもかかわらず、なおこれが活用されることなく、地方裁判所による人身保護請求が頻用されるとすれば、一面その安易な運用につき反省を要するとともに、他面、家庭裁判所の存在理由にかかわる底の問題として認識されることを要するものと私は考える。」

最高裁平成5年10月19日判決は、人身保護法に基づいて、共同親権に服する幼児の引渡しを夫婦間で請求する場合において、拘束者による監護につき拘束の違法性が顕著であるということができるためには、その監護が請求者による監護と比べて、子の幸福に反することが明白であることを要するとし、前掲最高裁昭和43年7月4日判決以降、単に請求者と拘束者による子の監護状態を比較考量して人身保護請求の拒否を決定すべきものとする理解ないし運用がみられたことに鑑み、顕著性の要件を明確にしたものと評することができる。しかし、最高裁平成5年10月19日判決の意義は、そのような人身保護規則の解釈論にとどまらず、前述のような人身保護請求の利用に関して制限的な解釈を採ることで、子の監護権をめぐる紛争については、家庭裁判所の手続を利用することこそが本道であり、家庭裁判所の人的・物的な機構や設備は、このような紛争の適切な解決に

こそ用いられるべきと指摘した点にあり、可部裁判官の補足意見は、まさに、このような趣旨においてとらえられるべきものであったといえる。

このようにして、子の監護紛争の解決の主役は家庭裁判所であるという流れが最高裁平成5年10月19日判決によって形成され、家庭裁判所実務は、この流れに正面から対応することを否が応でも求められることになった。そして、このことは、これまで大きく顕在化することのなかった問題を表舞台に出す結果となった。すなわち、家事審判（保全処分）での審判内容を、どのように強制執行手続で実現するかという点である。以下、これらの流れについて概観する。

2　実務における高揚と戸惑い

（1）　**家庭裁判所における議論の高揚**　前掲最高裁平成5年10月19日判決を受け、子の引渡しの保全処分の活用および審理の方式について、家裁実務に携わる裁判官を中心に、様々な研究や協議結果が公刊されるようになった。そのうち、手続運営に関する基本的な方向性は、①別居中の夫婦間の子の引渡しに関する紛争は、原則として、家事審判手続（とくに、審判前の保全処分手続）によるべきであること、②人身保護請求が相当と考えられる事件類型か、家事審判が相当と考えられる事件類型かの振り分けは、地方裁判所と家庭裁判所との間で連携ないし協力して対処すべきであること、③審判前の保全処分については、審問手続を中心とし、さらに調査官による機動的かつ効率的な利用が重要であることなどが打ち出されるに至った。そして、執行方法については、間接強制説がなお優勢ではあるものの、審判結果の実効性確保等の見地から、直接強制説も有力に主張されるといった状況になっていった。また、間接強制説を採る者でも、理論的に直接強制はおよそ不可能であるとする見解は少なく、むしろ、理論的には考慮の余地はあるが、執行実務の混乱を懸念して間接強制説に与している者も多いとの整理もなされた。[9]

---

[9] 最高裁判所事務総局家庭局「平成7年度家事事件担当裁判官協議会における協議結果の概要―子の引渡事件の処理に関し考慮すべき事項」家月48巻11号（1996）1頁。

このように、家庭裁判所の実務においては、保全処分の活用に関する議論の深まりとともに、これまであまりクローズアップされてこなかった執行方法についても関心が高まり、直接強制説も有力に主張されるなど、家事審判手続の実効性確保に向けた議論が高揚していた。

（2）　地方裁判所（執行機関）の戸惑い　一方、前掲最高裁平成5年10月19日判決を契機に、執行方法の再検討を迫られることとなった地方裁判所、とくに執行機関においては、これに対する戸惑いや混乱、とくに直接強制容認説への戸惑いがみられたように思われる。執行方法については、子の引渡請求が主として民事訴訟で審理されていた時期から、間接強制のみが許容されるとする説が多数であり、直接強制説は少数であって、このことは、執行実務においても同様であったからである。また、執行実務においては、仮に直接強制の申立てがなされても、いわゆる窓口指導によりこれを撤回させたり、受理してもこれをただちに却下するという運用が取られていたようである。このような中、最高裁平成5年10月19日判決が出現して、これまでの間接強制一本主義に対して疑問が出されるようになり、直接強制を望む当事者との間で様々な問題が生じてきた。札幌地裁平成6年7月8日決定（家月47-4-71）は、債権者による直接強制申立てを却下した執行官の処分に対する執行異議事件であり、これまでの執行実務の運用と、直接強制による引渡実現を求める当事者の意向が真っ向から対立したケースであった。

札幌地裁平成6年7月8日決定は、親権者変更申立事件を本案としてなされた子の引渡仮処分申立事件の審判書を債務名義とするものであり、その主文には、「相手方は申立人に対し事件本人甲野A男を仮に引き渡せ」との記載があったが、いわゆる「幼児の引渡」請求というのも、その実質は、親権行使妨害排除請求と解すべきであるとし（最判昭和35・3・15民集14-3-430、最判昭和38・9・17民集17-8-968参照。その意味で、本件においては、親権者たる地位の暫定的形成と親権行

---

10)　『執行官提要〔第4版〕』（法曹会・1998）267頁。
11)　山﨑恒「子の引渡しと直接強制」山﨑＝山田俊雄編『新・裁判実務大系12民事執行法』（青林書院・2001）393頁。

使妨害禁止の不作為命令とを内容とする仮処分命令が、事案に適する債務名義の形態であると考える）、本件債務名義における前記主文の記載をもって、ただちに引渡請求権を肯定する趣旨のものとは解することはできないとした。そのうえで、直接強制の可否については、以下のとおり判示して、これを全面的に否定した。

「本件債務名義は、……家事審判法15条の3及び家事審判規則52条の2による審判前の保全処分として発令された仮処分命令であるところ、その執行について、家事審判法は、『民事保全法その他の仮処分の執行……に関する法令の規定に従う。』としているのみで（同法15条の3第6項）、何ら特別の執行方法を規定しておらず、これを承けるべき民事保全法52条1項も、『仮処分の執行については、……強制執行の例による。』とするに止まっている。とすれば、執行官が本件強制執行を執行官法1条1号事務として遂行し得るか否かは、結局のところ、民事執行法に基づいて幼児の引渡執行をなし得るかという点にかかっていることになる。

民事執行法上、執行官が執行機関とされている引渡執行のなかで、本件において利用可能な方法としては、動産の引渡執行（民事執行法169条）以外には想定できない。本件において、申立代理人が本件債務名義に基づく引渡執行を執行官に対して申し立てたのも、かかる見解に基づくものであろう。

しかしながら、一般に引渡執行は、執行官が債務者の目的物に対する占有を解いてこれを債権者に引き渡す方法によりなされるものである（講学上、いわゆる『与える債務』についての強制執行方法とされている。）から、そこには債務者による目的物に対する排他的全面的支配関係が存在することが前提である。そして、引渡執行が許される実質的根拠は、目的物に対する債務者の支配を解いてそれを債権者に引き渡すことにより、債務者と目的物との関係を債権者と目的物との関係に置換することが可能であることから、国家が強制的にこれを実施しても債務者の人格尊重の理念に抵触せず、かつ、最も効果的な方法であることに求められると考える。そうだとすると、たとえ幼児であってもそこには人格の主体もしくは少なくともその萌芽を認めるのが相当であって、その引渡執行を許容するときは、親の子に対する占有ないし支配関係なるものを想定するのと同一の結果をもたらすことになり相当ではなく（本件では親権者の意思をも無視することにもなる。）、物と幼児とを同一視することはできないというべきである。しかも、この種の強制執行申立ての実質は、債務者と幼児との間の人格的接触と債権者と幼児との間のそれとの異質性を前提にしたうえで、債務者と幼児との間の人格的接触を遮断するとともに、債権者と幼児との間の親子の人格的接触を暫定的にせよ確保しようとするところにあると解されるのであって、人格的接触が本来的に相互交流的性格を有することからすると、幼児の引渡によって、

債務者と幼児との関係と同一の関係を債権者との間で実現することにはならず、これを強制的に行うとすれば、もはや国家機関による強制的実現の許容性の範囲を逸脱するといわざるを得ない。

　これに対しては、家事審判法が仮処分命令に関する規定を設けながら、その執行に関する規定をおかなかったのは（特に、同法 15 条の 3 は、昭和 55 年法律第 51 号による家事審判法の一部改正によって新設された規定であり、これを承けて設けられた家事審判規則 52 条の 2 とともに、実効性の高い保全処分であることが期待されていたことは、立法当時の資料等から明らかである。）、あるいは動産執行に『準じて』なし得るという理解がその前提として存在していたと考える余地もなくはない。しかしながら、執行法規が、執行機関の活動に確実な基礎と明確な枠組みを与えているというその存在意義と機能に徴するならば、執行機関がこれを解釈運用するにあたっては、形式的画一性を重視すべきであって、むやみに拡張ないし類推をすべきではないと考える。もちろん、当裁判所としても、執行機関が法律を解釈運用する際において、合理的裁量権行使の必要性や目的論的解釈の必要性及び合理性をも否定するものではないが、これはあくまで規定が存在する場合の解釈運用に関するものであって、執行の本質が国民の権利等に対する制限ないしその剥脱にあることに鑑みると、執行機関としては、規定の存在しない分野に踏み込んでその権限行使を行うのには極めて慎重にならざるを得ないと考える。したがって、民事執行法上、幼児の引渡を許容する明文の規定は存在しないといわざるを得ない以上、子の引渡を直接的に求める執行は許されないというべきである。」

　この札幌地裁平成 6 年 7 月 8 日決定は、これまで一般的に解されてきた子の引渡請求権の性質および引渡執行という側面において物と子を同一視することはできないこと、動産執行の規定を子の引渡しの場合に拡張ないし類推することは慎重に対処すべきであることを根拠に、直接強制を否定したものであり、従来の地裁（執行機関）側の執行方法に関する多数説を整理敷衍しているものと評価し得る。そして、その背後には、引渡しの直接強制がもたらす子の人格への影響への配慮もまた、読み取れるように思われる。このような、子の人格に対する悪影響への懸念は、執行機関だけではなく、家庭裁判所の実務家の中においても強く残っており、このことが、直接強制説を採ることを躊躇させ、間接強制説が根強く主張されていることの要因になっているとも考えられる。

　（3）　**地方裁判所（執行機関）の態度に対する疑問・反発**　　このように、地方裁判所（執行機関）は直接強制になかなか踏み出さなかったことから、家庭裁

判所の実務家の一部から、直接強制によるべきという声が徐々に強くなっていった。とくに梶村太市裁判官（当時）は、子の意思能力の有無を問わず直接強制が妥当すると解すべきであるとし、間接強制説のほうがむしろ子の人格形成に悪影響が生じるとの論を展開して、直接強制説を強力に主張された[12]。このような直接強制説の台頭の背景には、保全処分での審理の充実を図り、その結果として迅速に子の引渡しを命じる審判を出しているにもかかわらず、地方裁判所（執行機関）がこれに応えることなく間接強制にとどまっていたことに対するある種の苛立ちや焦燥感があったように思われる。

3　学説の分立

他方、学説の状況に目を転じると、子の引渡請求の執行方法については、同請求が民事訴訟事項であるとされていた時期から、様々な対立がみられた[13]。ここでの問題ないし困難は、本来的には、物または権利に対する強制執行を前提として制度が組み立てられている民事執行法において、1個の人格（ないしその萌芽）を有する子に対する強制執行を扱う（あるいは扱わざるを得ない）という点にあるものと解され、また、審判等の主文と執行方法とが果たして対応関係に立つのかという点も、必ずしも明確ではないという点にあると考えられる。

（1）**間接強制限定説**[14]　直接強制等はできず、間接強制のみが許される。子が人格をもつ1個の存在であることを重視し、そのような者に対する「支配」「占有」を認めることは相当ではないという点が根拠になっている。

----

12) 梶村太市「子の引渡請求の裁判管轄と執行方法」司法研修所論集創立50周年記念特集号2巻・家事編（1997）312頁。
13) この点に関する詳細な研究として、半田吉信「幼児引渡請求とその強制方法(1)〜(3・完)」千葉大学法学論集1巻2号（1987）1頁、2巻1号（1987）25頁、同2号（1988）49頁がある。
14) 大判大正元・12・19民録18-1087、大決昭和5・7・31新聞3152-6、前掲2(2)札幌地決平成6・7・8、我妻榮『親族法』（有斐閣・1961）332頁、松本博之『民事執行保全法』（弘文堂・2011）323頁。

III　現在——人身保護請求から家事事件手続へ　185

（2）　直接強制説[15]　意思能力のない子は、動産に準じて、執行官がこれを取り上げて債権者に引き渡す（もとより、子の取扱いについては配慮が必要とする）。意思能力のない子に限定して直接強制を認める場合、子に意思能力ありと判断する基準年齢は何歳程度かという難問が出てくるが、従来は10歳前後を基準としていたようである。[16]

（3）　折衷説

①直接強制原則説[17]

　直接強制を原則としつつ、これによることが不能または不適切である場合には間接強制によるべきとする説。意思能力のない子に対してのみ直接強制を認める説[18]も、ここに位置づけることができよう。

②間接強制原則説[19]

　間接強制を原則としつつ、これが奏功しない場合には直接強制を認める説。

③不作為執行説[20]

　債務者が子の引取りを妨害する場合には、執行裁判所は、妨害の抑圧のために間接強制として金銭（強制金）の支払いを命じ、あるいは、（場合によっては間接強制と並行して）将来のための適当な処分（171条、民414条3項）として、執行官による子の取上げや、債権者への子の引渡しを認めるとする説。この説は、子の引渡請求の法的性格を親権行使に対する妨害排

---

15) 広島高松江支判昭和28・7・3家月5-10-33、田中加藤男「監護処分」判タ臨時増刊250号（1970）200頁、三ケ月章『民事執行法』（弘文堂・1981）413頁、梶村・前掲注12）344頁。なお、民法学では、近時は、この見解が有力なようである。中田裕康『債権総論〔第3版〕』（岩波書店・2013）87頁。

16) 田中英夫「人身保護手続」鈴木忠一＝三ケ月章監修『新・実務民事訴訟講座8 非訟・家事・人訴事件』（日本評論社・1981）454頁。

17) 山﨑・前掲注11）394頁。

18) 兼子一『強制執行法〔増補版〕』（酒井書店・1954）278頁、田中康久『新民事執行法の解説〔増補改訂版〕』（金融財政事情研究会・1995）369頁、鈴木忠一＝三ケ月章『注解民事執行法(5) 非金銭執行§168～173 担保権実行・罰則§181～198』（第一法規出版・1985）7頁〔富越和厚〕。

19) 鈴木禄弥＝唄孝一『人事法1』（有斐閣・1980）174頁。

20) 山木戸克己「幼児の引渡」中田淳一＝三ケ月章編『民事訴訟法演習II』（有斐閣・1964）241頁、中野貞一郎『民事執行法〔増補新訂6版〕』（青林書院・2010）799頁。

除請求（親権行使に対する受忍義務という不作為義務）と規定したうえで、間接強制を原則としつつ、債務者がこの義務に違反した場合には、前記のとおりの処分を認めるとするものである。

このような学説の分布や流れをみると、当初は間接強制説が主流であったが、次第に子の引渡執行の実効性確保という見地から直接強制説も唱えられるようになり、さらに、間接強制との組み合わせにより、より最適な執行を実現しようとする方向に展開していったといえよう[21]。

4　民事執行実務での直接強制の受容と家庭裁判所との連携

（1）　直接強制の受容と家庭裁判所との連携　このような流れの中、執行実務の側も、従来の間接強制説から徐々に動きをみせるようになっていった。その契機となったのが、直接強制を原則としつつ、その執行の具体的方法において、子の人格や意思を最大限尊重し、子の福祉に合致した執行方法を採るべきとする説の提唱であった[22]。その要点としては、①執行官と権利者との間での事前の打ち合わせの必要と、執行官から権利者への執行方法に関する説明の励行、②執行日時の迅速指定と権利者の執行現場での立会いの要請、③執行官からの説得により、自発的に子の引渡しがなされるようにすることを基本とする運用、④子や義務者に対する有形力行使の禁止、⑤執行官が要請した場合に、家庭裁判所の協力が得られるようなシステムの構築、といった点が挙げられている。

そして、このような「ソフトな強制執行」論を契機として、東京地裁をはじめとして、各地の裁判所で直接強制による運用が徐々に始まり、また、家庭裁判所

---

21) なお、野村秀敏「審判前の子の引渡しの保全処分の執行と執行期間」小島武司先生古稀祝賀『民事司法の法理と政策（上）』（商事法務・2008）1025頁以下。とくに1031頁以下によれば、ドイツでは、子の引渡しの強制執行につき、非訟裁判所による強制金決定（間接強制）によるが、これに付加して、実力を行使しての子の取上げ（直接強制）も、裁判所の特別の命令があれば執行することができ、子の命令は、原則として、前に戒告（警告）したうえで発令されなければならないと定められている。
22) 山﨑・前掲注11) 396頁以下。

との連携についても、担当執行官と担当調査官による事前ミーティングを実施し、直接強制を実施することが子の福祉に反するような状況にあるか、子の通常存在する場所と監護環境、現に監護をしている者の性格・行動傾向、直接強制を実施するにあたってとくに注意すべき事項などについて、打ち合わせがなされるようになった[23]。

（2） 運用論によることの問題性　このように、執行実務は、直接強制を原則とする方向に転換していったが、その中で様々な困難に逢着することとなった。その主たる原因は、物や権利といった、その取扱い自体にはさほどの配慮を必要としないものが執行の客体ではなく、1個の人格をもった人間が執行の客体であり、その生活環境等の具体的状況によってきめ細かな配慮が必要になるという点にあったといえる。また、客体である子の生活環境が千差万別ということになれば、直接強制の方法もおのずからその場に応じたものを選択せざるを得ないが、そのことが、個々の執行機関（執行官）による運用のばらつきを生むことにもなった。また、その中には、直接強制の方法として果たして妥当なものであったのか、疑問符が付くような事例も含まれていたように思われる[24]。

このような実務状況の中で、ハーグ条約および条約実施法に関する立法が検討されていった。

5　ハーグ条約および条約実施法

条約実施法の立法経過、とくに強制執行の方法についての議論の経過は、序章において、すでに詳細に論じられているので、ここでは、要点のみを示すこととしたい。

---

23) 青木晋「子の引渡しの執行実務」新民事執行実務4号（2006）87頁。
24) 青木・前掲注23) 90頁で紹介されている、甲山ケース（一般公道上で、面会交流のために債務者とともにいた子を、執行官の指示に基づいて債権者が抱きかかえて連れ去り、タクシーに乗ったが、債務者がタクシーのボンネットに覆い被さったため、執行官が債務者を引きずり下ろしてタクシーを発進させた）も、その方法の相当性については疑問符が付く事案ではなかったかと思われる。

（1） 間接強制と代替執行の段階的実施形態　常居所地国への子の返還は、現在子を監護している者により自発的に行われることが、子の利益の観点からは望ましく、子の返還の強制執行の場合にも、子の心身に与える負担がより少ない方法で行うのが望ましいことから、条約実施法では、まずは間接強制によって、子の返還を命じられた者に返還義務の履行を心理的に促し、それによっても履行されない場合に限り、より強力な手段である代替執行の手段をすることができるものとしている（136条）。また、ハーグ条約に基づく返還の対象となる者は16歳に達するまでの子であることから、子の返還を命じる裁判がされた後に子が16歳に達した場合は、子の返還の代替執行をすることはできず、また、その後に子を返還しないことを理由として間接強制金の支払いを命じてはならないとしている（135条）。

（2） 解放実施行為と返還実施行為　子の返還の代替執行は、子の返還を命じられた者（債務者）による子の監護を解く行為（解放実施行為）と、解放された子を常居所地国まで返還する行為（返還実施行為）とに分けられるが、前者については執行官が[25]、後者については返還実施者が、それぞれ債務者に代わってこれを行うとしている（138条）。そして、返還実施者の指定については、返還実施者が長時間子とともに行動しなければならないこと、そのような者を裁判所が指定することは困難であることなどに鑑み、代替執行の申立ての際に、返還実施者となるべき者を特定してしなければならないものとした（137条）。

（3） 解放実施行為での執行方法に関する配慮　解放実施にあたっては、子に与える心理的影響を十分に考慮し、以下のとおり、規律が定められている（140条）。

---

[25] 解放実施行為については、執行官以外の者に授権することはできないとして、裁判所の裁量を排除している。山本和彦「ハーグ条約実施法の概要と子の返還執行手続」新民事執行実務12号（2014）35頁は、このように執行官に限定した理由につき、「子の解放実施については、子の心身に重大な影響を与える可能性があり、その将来にも影響することから、常に執行官によることとして、慎重な配慮がされることを法律として期待したものということができよう」としている。これまでの子の引渡しの強制執行における執行官の実務経験が評価されてのことといえよう。

①執行は、子の返還を命じられた者の住居その他の占有する場所において行う。
②債務者に対する説得（子の監護を解くために必要な行為としての）、返還実施者と債務者・子を面会させる。
③監護を解く行為は、子が債務者とともにいる場合に限りできる（同時存在原則）[26]。
④解放実施行為をするための権限として、債務者の占有する場所への立入権、子の捜索権、子の解放に関する処分等の権限、および抵抗排除のための威力行使を認める。
⑤子に対する直接の威力は禁止する（子以外の者に対しても、威力を用いることが子の心身に有害な影響を及ぼすおそれがあるときは禁止する）。

（4） 返還実施行為での執行方法に関する配慮 解放実施行為が奏功した後、返還実施者は、解放実施者（執行官）から子を受け取り、常居所地国に返還するために子の監護その他の必要な行為をすることができる（141条1項）。なお、子の返還の代替執行には、民事執行法171条6項の適用が排除されており（141条2項）、その結果、民事執行法6条2項は準用されないので、返還実施者は職務執行の際に抵抗を受けたとしても、執行官に対して援助を求めることはできず、同法6条1項の警察上の援助も受けられないことになる点に注意が必要である。

6　条約実施法の規定および運用上の留意点
　　──関係者の連携という視点

　解放実施行為の執行に関する条約実施法の規律は前記5（3）のとおりであるが、このような規律は、解放実施の対象となる子の利益を最大限に尊重し、かつ、円滑・確実な執行を可能にすべく設けられたものということができる。したがって、解放実施の運用にあたっても、このような趣旨をふまえた措置が必要になるとい

---

26) 子が単独でいる状況での解放実施は禁止される。

うべきである。そして、このような条約実施法に基づく運用、とくに債権者と家庭裁判所および執行官との連携については、国内執行の運用にも影響を及ぼすものであるから、以下、これについて、やや詳しく検討することとしたい。

（1）　解放実施申立ての留意点　　債権者は、子の返還の代替執行の決定（以下、「授権決定」）を得た後、債務者および子が所在する地（解放実施地）を管轄する地裁所属の執行官に対し、解放実施の申立てを行うことになる。このように、解放実施地の特定は管轄を決定するための重要な要素となること、また、申立てを受ける執行官にとっても、事前の準備を遺漏なく進めるためには、早期に申立てに関する情報に接する必要があると考えられることなどからすれば、債権者としては、解放実施地を早期に特定するとともに、授権決定申立てと同時かその直後に、執行官に対して必要な情報提供を行うべきである。[27]

（2）　債権者からの情報提供　　円滑な解放実施の実現のためには、債務者および子の状況等をよく知り得る立場にあると考えられる債権者および返還実施者から、様々な情報を収集する必要がある。そこで、条約実施規則87条1項は、執行官が、債権者および返還実施者に対して、債務者および子の生活状況、解放実施を行うべき場所の状況、解放実施の実現の見込み、子を常居所地国に返還する時期および方法等についての情報等の提供につき、協力を求めることができるとしている。

（3）　家庭裁判所からの情報提供　　執行官としては、授権決定申立てをした債権者および返還実施者から、債務者および子の状況等について情報を得ることは必要かつ相当といえる。しかし、債権者等は申立て時における債務者および子の現状を必ずしも正確に把握しているとは限らず、むしろ、そのような情報が途絶えてしまっている場合が多いのではないかと推測される。他方、子の返還申立事件および返還に関する強制執行事件を担当する家庭裁判所は、現時点での債務者および子の状況など、解放実施にあたっての参考となる情報を入手している場

---

[27] 向井宣人「円滑な解放実施の実現に向けて―債権者および返還実施者に望まれる事前準備の視点から」新民事執行実務13号（2015）146頁は、執行官宛てに事前連絡票（同論文156頁）を送付するのが望ましいとする。

合もあると考えられる。条約実施規則87条3項は、このような観点から、子の返還を命じる終局決定をした家庭裁判所は、解放実施に関し、執行官に対して、子の返還申立事件に関する情報の提供その他の必要な協力をすることができるものとした。これは、執行官が官署としての家庭裁判所に対し、解放実施の参考資料を得るために、情報の提供を求める旨の援助請求をすることができるとしたものであり、官署としての家庭裁判所は、執行官に対して情報提供義務を負うことになるが、手続法上の家庭裁判所に対する干渉とならないよう、同裁判所が提供につき同意した情報のみを提供することになる。

(4) 小　括　このような条約実施規則の規定内容等からすれば、債権者と家庭裁判所および執行官とが、債務者や子の状況等について、その有する情報を相互に提供して共通理解をもち、それに基づいて最も適切な解放実施および返還実施行為を図ることが、円滑な子の引渡しを実現するうえでの不可欠の前提となっているといえよう。

7　条約実施法の国内執行に対する影響

前記5(3)のとおり、条約実施法は、解放実施行為での執行方法につき、執行官による直接強制によることとしつつも、その具体的方法において、子への心理的影響等に最大限配慮したものとなっている。また、このような解放実施の前提として、債権者と家庭裁判所および執行官とが、債務者や子の状況等について情報を共有することが重要であるとの認識のもと、条約実施規則において様々な規定を置いていることも、前記6で述べたとおりである。このような執行方法への配慮や、当事者と執行機関、裁判機関との連携は、これまでの国内執行においても運用レベルで事実上採用されてきたものであり（いわゆる、「ソフトな強制執行」論や、家庭裁判所と執行官との事前打ち合わせの運用等）、その意味では、ハーグ条約事案と国内執行とでは、運用において根本的な差異はなかったと考えられる。

---

28) 最高裁判所事務総局家庭局監修『国際的な子の奪取の民事上の側面に関する条約の実施に関する法律執務資料（家庭裁判資料第198号）』（法曹会・2014) 227頁。

もっとも、具体的執行の場面においては、少数ではあるが問題のある事案もみられたのは確かであり、そのような事態を避け、円滑かつ適切な方法による執行を実現すること、そして、そのための指標となるものが国内執行でも求められていたと考えられる。このような中、条約実施法と同規則は、子の心理的影響に対する配慮等を明文によって整備したことから、これら諸規定が、今後の国内執行の指標になることは、ある意味、当然といえよう。したがって、国内事案での子の引渡しの執行の運用については、今後は、条約実施法等の規定の趣旨に沿う形で運用されるべきこととなろう[29]。

　このように、運用面において、条約実施法等は十分な指標たり得るといえるが、同時に、条約実施法等の制定は、国内事案での執行法をはじめとする諸規定の整備の必要性を浮かび上がらせる結果となったように思われる。すなわち、ハーグ条約事案については、条約実施法等による整備がされ、その趣旨は国内事案でも尊重すべきこととなるのに対し、国内事案での法的根拠は、依然として民事執行法に求めざるを得ないところ、同法の規定は、基本的には物に対する強制執行等を念頭に置いたものであり、人に対する強制執行を念頭に置いたものではないことから、どうしても、その解釈運用において無理が生じてしまうという点が挙げられる。また、条約実施規則による前記情報提供のシステムについては、国内事案においても重要であると考えられるが、これを個々の事案での運用論に委ねることは、人に対する強制執行という事柄の性質上、相当ではないと考えられる。さらにいえば、このような家庭裁判所と執行官の連携システムは、これまでの強制執行手続において基本構造を形成するとされてきた「権利判定機関（訴訟裁判所）と権利実行機関（執行裁判所等の執行機関）の分離」の原則につき、その変容を迫るものとなっていると考えられるが、人に対する強制執行におけるこのような基本構造の変容については、やはり、立法によるのが相当ではないかとも考え

---

[29] 福島政幸「ハーグ条約および国内実施法における解放実施事務が国内における子の引渡執行に与える影響」新民事執行実務 12 号（2014）44 頁は、条約実施法上の執行官の権限に関する規定内容の大部分は、子の引渡しの国内執行における執行官の行動規範を示すものといえるとしている。

られる。

　そこで、以下では、このような問題意識に基づき、人に対する強制執行（対人執行）に関する規律のあり方としてはどのようなものが考えられるのかについて、検討することとしたい。

IV　未来——対人執行手続の立法化

1　対人執行に関する立法による規律の必要性

　これまで検討してきたとおり、子の引渡しの強制執行は、当初の人身保護手続の多用によりそれほど大きな問題とはなってこなかったが、家庭裁判所の保全処分や審判等の活用により、そのあり方がクローズアップされてきたといえる。しかしながら、民事執行法をはじめとするわが国の強制執行の体系は、基本的に、物や権利を執行の対象として予定したものであり（以下、「対物執行」）、この体系の中に子の引渡しの強制執行を適切に位置づけることは困難であったといえ、そのことが、子の引渡しの強制執行の解釈運用において、様々な誤解や戸惑いを生み出す原因になっていたように思われる[30]。このことからすれば、今後は、民事執行法の中に、子の引渡しを中心とした対人執行の手続につき、新たな立法（以下、「対人執行（法）」という）を行うべきと考えられる[31]。そして、その根拠ないし必要

---

30) 直接強制説が動産執行の規定（169条）を準用するとしていたことに対し、「人間を物として扱うのか」といった誤解ないし批判が加えられたのは、その典型であろう。もちろん、直接強制説はそのようなことを意図しておらず、民事執行法の枠内で考える限り、この規定位しか類推の基礎にすることができなかった、いわば消極的選択の結果であったということではなかったかと思われる。福島・前掲注29）42頁は、明文の規定がない状況で、ある意味では便宜的に民事執行法の動産執行の類推適用によっているものといえるとしている。
31) ドイツも、当初は、動産引渡しの強制執行の規定に従い直接強制によるべきものとしていたが、後に非訟事件手続法33条の規律に従って運用がなされている。中野・前掲注20）804頁参照。

性については、以下のとおり、整理することができるように思われる。

（1）　人身の自由等に対する制約の観点　子の引渡しの強制執行は、子の人身の自由などの基本的人権に対する制約という側面があることからすれば、運用ではなく、立法による規律が望ましいと考えられる。

（2）　運用のみに委ねることの問題性ないし危険性　客体が1個の人格を有する人間であり、執行の与える心理的打撃や後半生への影響が予測しがたいことからすれば、法律学的側面のみならず、心理学的側面等からも、様々な知見を得て[32]、それに基づいて、立法によってまずは大枠を設定し、そのうえで運用論を検討すべきではないかと思われる。各当事者や関係者の知見を十分に活用して迅速[33]かつ適切に対応することが、対物執行の場面以上に重要と考えられる。

（3）　人身保護法による救済の限界　対人執行の立法の必要性を検討するにあたっては、従来の人身保護法による救済との関係をどのように整理するかが大きな問題である。これにつき、人身保護法による場合の救済の迅速性は大きなメリットであり、とくに現に監護している者のもとで虐待がされている疑いがある場合や、家事事件手続法上の保全処分の執行に債務者が従わない場合などは実効性が高いという考え方もあり得ると思われる。しかし、前者の虐待事例については、まずは保全処分を先行させ、その中での調査や審問を通じて監護環境の問題点を明らかにしたうえで、場合によっては迅速な引渡しの実現とともに、児童相談所等への橋渡しを考慮する必要があるが、そのような手段を採るのに適した手続は、やはり保全処分ではないかと思われる[34]。また、後者の不服従事例については、人身保護法の適用を認めるのが判例（最判平成6・4・26民集48-3-992）では

---

32) これを個別事案ごとに行うことには相当な困難があった。
33) ここでは、とくに発達心理学の領域の知見を活用することが必要になろう。これにつき、解放実施行為の場面での子の心理と考えられる対応について研究したものとして、菅原ますみ「ハーグ条約における解放実施実務と子の心理」新民事執行実務12号（2014）53頁があり、参考になる。
34) 人身保護請求での審理の実情や問題点については、瀬木・前掲注7) 49頁が詳しい。また、幼児虐待等の人身保護手続による対応について同論文は、児童相談所等の職員の告発や通報を受けて公的機関（たとえば、検察官）が当事者となって人身保護請求を行う、といったシステムが最も実効性が高いとする。

あるが、これにしてもあくまで例外的場合に認められるに過ぎないものであるから、この方法を主流にすることは相当ではないと解される。もっとも、子の連れ去りの態様において違法性が顕著であり、種々の理由から子の迅速な返還（原状回復）が求められるような事態も想定されることから、人身保護手続を利用することがまったく考えられないではないが、このような事態についても、新たな立法の中で規定を置くことが相当ではないかと考えられる。

2 規律の方向性
―――様々な知見を十分に活用した迅速・柔軟かつ適切な対応

以上からすると、個別の立法化が望ましいといえると思われるが、では、そのような立法を検討するうえでの基本的視座としては、どのようなものが考えられるであろうか。

まずは、債務者による任意の子の引渡しを多くのケースで実現し得るような制度設計が望まれよう。この点、債務名義作成段階において、これまでは、その主文の記載方法によって執行方法が決定されるという考えが主流であったように思われるが、今後は、かかる主文の記載方法に過度にとらわれることなく、その執行方法については、子の状況や監護親の意向等をふまえて、柔軟に対処し得るようにすることが必要ではないかと考えられる。また、強制執行手続に入った後も、それによる引渡しは、あくまで他の手段が尽きた場合に考慮すべきものであるという点が重要であると考えられる。このような考慮からすれば、家庭裁判所と執

---

35) 最判平成6・4・26以降、実務家（とくに弁護士）の中には、保全処分をまずは得ておき、それに基づく強制執行についてはあっさり執行不能として、同最高裁判決に基づき、人身保護請求で最終的解決を図る、という方針を採る者が少なくないと聞く。このような、保全処分を、いわば「踏み台」ないし「途中駅」としかとらえない傾向があるとすれば問題であろうし、保全処分で得られた情報が有効活用されないこと、家裁との連携が断ち切られてしまうこと、そのことによって面会交流等の様々な解決の途が基本的に閉ざされてしまうことなどの問題点も指摘できよう。もっとも、裏返せば、家事事件手続一般に対する、一部弁護士の低評価（遅い、ぬるい、効果がない）の現れともみられなくはない。瀬木・前掲注7) 67頁参照。

行機関との連携システムを構築することが何よりも重要であるといえ、また、(4)で後述する任意履行の催告制度等の新たな制度は、このような趣旨から提案したものである。また、ハーグ条約および条約実施法では、子の引渡しの執行と並んで、面会交流の重要性とその斡旋について詳細な規定が置かれており、国内事案の場合も、これら面会交流の重要性は同じであるから、子の引渡しの執行のプロセスの中でも、執行債務者の当事者としての地位の保障、そして対象となる子の福祉の実現の見地から、たとえ強制執行手続に入った後であっても、面会交流等の、いわばソフトランディングを図る方向に適宜誘導するシステムを、一定程度構築することも重要であると考える。また、このようなシステムの運用、とくに子の引渡しの強制執行にあたっては、これまで家庭裁判所が蓄積してきた人間関係諸科学に関する知見や、外部の有識者による知見も十分活用しつつ、対人執行にふさわしい態勢を整えることが必要になるのはもちろんである。

　また、審判確定後、強制執行に移行するまでの間に、子の引渡しを困難とする事情が発生した場合には、それに対して柔軟に対応し得る制度設計とすることが重要である。

　そして、執行方法については、ハーグ条約および条約実施法では、返還実施行為の目的が、子を常居所地国にまずは戻すということにあることから、それに適合すべく、間接強制と代替執行の組み合わせという形に落ち着いたものといえる。これに対し、国内執行の場合、そもそも、子を債権者に引き渡すという債務がどのような法的性格を有するかについては、前述した執行方法をめぐる対立と関係して、様々な説があることは周知のとおりであるが、このような説の対立と、現在の民事執行法が予定している各種執行方法が、主文の記載と果たして1対1で対応するのか、あるいは、法的性格論と執行方法は切り離して考察することが可能なのか、さらに実際的見地からも、前述のような検討を経た末に導き出された執行方法が果たして実効性のあるものかどうか、といった諸点についても検討が必要になってくると考えられる。加えて、このような執行方法の検討の末、仮に直接強制が可能であると解した場合、その具体的運用のあり方が最後に問題となり、国内執行法での解放実施行為の規律が国内事案に関する新たな立法でも採用し得るかといった点が問われる。以下では、これらの点について、未熟ではある

が、私見を明らかにすることとしたい。

（1） 子の引渡請求権の性格　　子の引渡請求権の性格については、引渡しの執行の際にどのような執行方法が許容されるかという議論も絡んで様々な見解があるが、判例上は、親権者の監護権の行使を妨害しないことを求める妨害排除請求であるとされている。しかし、多くの裁判例においては、妨害排除請求の場合の典型的文例である、「債務者は、債権者が子を引き取ることを妨害してはならない」という文言は用いず、端的に、「債務者は、債権者に対し、子を引き渡せ」という文言を用いることが多い。このことは、子の引渡義務が、単なる妨害排除の受忍義務としての側面だけではなく、債務者が子に対する事実的支配を債権者に移転するという作為義務を負っていることの表れとみることができるように思われるし、また、そのほうが、事柄の実態に即し、さらに、子という、1個の人格（あるいはその萌芽）を有する者を客体とする請求権の法的性格としては適しているように思われる。このように、子の引渡義務の内容が一義的に定めがたいものであるとするならば、その執行方法においても、おのずから多様な手段が認められてしかるべきと解される。そして、このような多様な手段を認め、それを実効化するためには、強制執行の直近の時点での子の監護状況等を検討し、それに適した形の執行方法をその時点で選択し、特定することが必要ではないか、また、主文の段階で執行方法を特定することは必要的ではないとすべきではないかと考える。

このような考察を、いま一度法的に整理すれば、次のようになろう。すなわち、

---

36) 山﨑・前掲注11) 395頁は、現実の子の引渡事件のほとんどは、「子を引き渡せ」、「子を仮に引き渡せ」との主文によっているのであり、このことは、実務が長年にわたり、子の引渡請求の性質を妨害排除請求権とともに引渡請求権の性質を併せもつものとしてとらえてきていると評価できるのではないかとしている。この部分は、執行方法において直接強制説が妥当であることの論拠の一環として記述されているものではあるが、法的性格が一様ではないことの根拠としても援用し得るものと考えられる。

37) 引渡しの申立ての時点において、いかなる執行方法が適切かという点をふまえて申立ての趣旨（主文に相当する部分）を決定することは、生育途上にある子を執行の客体とする対人執行の場合は困難であることが多く、とくに、非監護親である債権者の側からそれを主張することは困難であろう。

38) 以下の検討は、山﨑・前掲注11) 388頁、野村・前掲注21) 1053頁以下に負うところが

子の引渡しを命じる裁判が出された段階においては、債権者において直接強制を可能とする請求（作為請求）とするか、間接強制を可能にする請求（不作為請求）とするか、そのいずれかに特定することは困難であること、それが審判における審理によっても明確にならない場合もあることからすれば、この段階での引渡しの命令は、子を債権者に引き渡すという作為義務だけではなく、不作為義務をも包含する抽象的な引渡請求権（あえて命名すれば、「債権者の有する監護養育権に基づく、子に対する事実的支配の移転を請求する権利」とでもいおうか）にとどまるものと解され、「子を引き渡せ」という主文も、このような引渡請求権の抽象的性格に対応するものとして解すべきであろう。[39] そして、どのような執行方法が適切かは、強制執行の申立段階において、債務者の前記命令に対する態度、債務者の妨害行為の具体的態様、子の意思能力の有無および程度、債務者に対してどの執行方法が最も実効性が高いと考えられるかといった諸点を考慮して、最終的には特定すべきではないかと考える。これを換言すれば、抽象的権利としての引渡請求権が、執行段階において初めて具体的内容をもった権利として形成・生成されるといってもよいであろう。これは、対人執行においては、通常の民事執行とは異なり、権利判定機関と権利実行機関との区別、あるいは執行手続の形式性という議論が、ただちにはあてはまらないことの1つの現れともいえよう。このようなことからも、通常の対物執行の場合と対人執行の場合の規律を分けるべきとする見解が、妥当性を有するのではないかと考える。

（2） 債務名義作成段階——条件付審判や確認審判等の可能性　（1）で述べたように、執行方法については、最終的には強制執行申立ての段階で特定すればよ

大きい。

39) これに対し、野村・前掲注21) 1060頁は、直接強制が許容されている場合は「引き渡せ」という主文が妥当するが、抽象的引渡請求権の存在を認め、または形成する子の裁判の主文について「引き渡せ」とすることは、直接強制が可能であるとの誤解を与えることになるので妥当ではなく、「子に対する事実的支配の移転へ協力せよ」として区別するのが適当ではないかとされる。しかし、私見では、直接強制可能な場合であっても、それが具体的に形成され、強制執行に熟するのは執行申立て時、裁判時においてとくに区別する必要はないと考えられること、「引き渡せ」という主文が、ただちに直接強制を意味するとまでは解しがたいことなどから、本文のように考えている。

いと解されるが、その前提としての事実的支配の移転請求権を現時点（審判時点）において確定し得るかという点については、なお事態の推移をみながら決定したいという場合もあり得よう。そのようなことからすれば、子の監護に関する処分として子の引渡しを申し立てた場合であっても、審理の結果、ただちに引き渡すことは相当ではないが、将来の一定の事実の実現を条件とする審判や、場合によっては、引渡請求権の確認にとどめる審判の可能性についても検討されてよいのではないか。この場合、家事事件での申立事項の拘束力をどのように考えるのか、また、かかる審判を出すことが当事者の意思に反しないか、さらに、そのような審判に実際的意味があるのかについても検討が必要となる。このうち、確認審判については、根本的な紛争解決という点からすれば、果たして申立ての利益があるといえるかは疑問もあろうが、これを機に面会交流等の調停ないし審判につないでいくことが可能になり、これらを通じて、子をめぐる紛争についての終局的解決が図り得るとするならば、一概にその必要性を否定し去ることはできないと思われるし、当事者の意思にも反するものではないということはできよう。子の引渡しを命じる審判の法的性格について、前述のように抽象的な引渡請求権といった性格づけをした場合、このような確認審判と法的性格の差異は実質的に大きくないといえ、従来の実務とそれほど大きな断絶があるわけではないともいえそうである。

　このほか、条件付審判については、子の引渡しの申立ては認容すべきであるが、現時点では引渡しが困難である場合、あるいは、申立人側の受入れ態勢が整っていないと判断される場合には有効であると考えられる。さらに、条件成就の際には、執行文付与機関（家庭裁判所）での執行文付与が必要になると解されるが、

---

40) 後者の確認審判については、子の引渡しに関する請求権を有することを確認するにとどまるものではあるが、子の監護に関する処分（監護者指定）の審判と併合することで、その実効性は肯定できると思われる。
41) このような確認審判があれば、後に子の引渡しの審判を求めた際に、確認審判による引渡請求権の存在が、特段の事情がない限り、いわば先決関係に類するものとして位置づけられ、迅速な引渡しの認容審判につなげることが可能になると思われる。もっとも、民事訴訟での既判力の作用のような、厳格な拘束を内容とするものではない。
42) 給付を命ずる審判については、「執行力ある債務名義と同一の効力を有する」とされて

その際に、調査官等を執行文付与機関の、いわば補助機関として活用して、条件成就の有無について、その基礎となる事実の調査を行わせることも考えられるし、これと並行して、調査官による環境調整の措置（家手59条3項）を活用することも考えられよう。

また、このような審判は、審判確定から引渡しの強制執行までが、いわば一直線になされるものではなく、その間に前述のように様々な調整の機会があることから、子や当事者をめぐる状況が大きく変化した場合でも、子がそうした状況に翻弄される場面が少なくなるのではないかとも考えられる。

これに対し、このような条件付審判等は、監護親と被監護親、および子との間の法的関係を固定化してしまい、柔軟性ある措置を採りにくくなるのではないかという懸念もある。しかしながら、前述したような条件成就の有無に関する審査等を通じて、家庭裁判所が継続的にそのケースに関与する機会ができるのであり、その中で様々な措置（たとえば、面会交流へ力点を置くといった方向転換等）も比較的柔軟に図り得るのではないかと考えており、法的関係を硬直化するといった懸念はあたらないのではないだろうか。

（3）　強制執行着手前の家庭裁判所と執行機関との連携　　執行段階において、子の引渡請求権の具体的内容や執行方法が確定していくという構造を前提とすれば、家庭裁判所としては、子の引渡しを命じる債務名義の作成（およびそれに基づく執行文付与）によってその職務が完了するわけではなく、債務名義作成段階で家庭裁判所が得た情報を執行機関やその他関係機関が共有し、子の利益や心理状態に配慮した適切な執行が可能となるようにすべきことが重要である。これについては、現在、事前打ち合わせの運用が取られていることは前記Ⅲ4（1）で述べたとおりであるが、これを正式な制度として認知すべきではないかと考える。

おり（家手75条）、この文言からすれば、執行文は不要とも考えられるが、前記文言からただちに執行文不要とする帰結に結びつくものではないと考えられること（中野・前掲注20）271頁）、条件成就の有無を執行機関が調査しなければならないとすることは相当ではないと考えられることから（金融財政事情研究会編『注釈民事執行法(2)』（きんざい・1983）125頁〔近藤崇晴〕本文のとおり解している。同旨として、福永有利『民事執行法・民事保全法〔第2版〕』（有斐閣・2011）70頁。

具体的には、民事訴訟の進行協議期日（民訴規95条）をヒントに、訴訟法上の家庭裁判所から執行機関（執行官）に対し、審判に至る経過や当事者の意向等について伝達し、執行にあたっての留意点等、手続進行にあたって必要な事項について協議する期日を設けることができるとすることが考えられよう。この点、条約実施法87条の情報提供制度と同様の規定を国内執行においても置くことが考えられるが、前述したような期日方式のほうが、より実効的かつ的確な情報交換がなし得るのではないだろうか。また、条約実施規則の情報提供制度は、執行機関である執行官から、債務名義作成機関である家庭裁判所に対して情報提供を求めるという流れになっているところ、私見の協議期日制度は、それとは逆に、債務名義作成機関である家庭裁判所が、当該債務名義による子の引渡しの強制執行上の留意点等をいわば積極的に伝達するものとして位置づけていることに特徴がある[43]。このような流れは、強制執行手続一般における、債務名義作成機関から執行機関への執行力の公証（伝達）という流れと軌を一にするものであり、対人執行の場面における公証（伝達）機能を実質的に担わせようとする点に趣旨ないし目的がある[44]。もとより、このような制度をより実効的なものとするためには、家庭裁判所から執行機関への迅速かつ的確な情報伝達がなされることが必要であり、執行機関との連携に関する家庭裁判所の積極的な姿勢が何よりも求められることになろう。

これに対しては、家庭裁判所からの情報提供は、当事者のプライバシー保護の観点等から慎重に対処すべきであると考える向きもあろう。しかし、家庭裁判所は、返還命令の発令機関として、迅速かつ円滑な子の引渡しについて当然に大き

---

43) 条約実施規則87条による場合は、国家機関同士の協力関係ということが前面に出てこざるを得ないから、執行官と官署としての家庭裁判所、そして訴訟法上の家庭裁判所との関係調整がどうしても必要になり、運用において難しい部分が生ずる可能性がある。これに対し、本文のような協議期日方式では、官署としての家庭裁判所ではなく、訴訟法上の裁判所と執行機関としての執行官が直接に接触して行うことになるのであり、実効性が高く、これまでの事前打ち合わせ制度との連続性もあるといえる。
44) 物や権利を対象とする対物執行（通常の民事執行）の場合、この役割を担うのが執行文であるが、対人執行の場合は、子に対する執行ということから、通常の執行文とは異なり、より実質的な情報の伝達が必要になる。

な利害関係をもっているのであり、条約実施法の付調停制度（144条）にみられるように、命令後においてもなお関与の余地があること、また、（1）で述べたとおり、執行段階において、子の引渡請求権の具体的内容や執行方法が確定していくという構造を前提とすれば、引渡しを命じる債務名義の作成（およびそれに基づく執行文付与）によって家庭裁判所としては、職務が完了するわけではないことから、単に返還命令を発令して事足れりとすることは許されず、その後の執行やその他の手続が円滑に進行できるようにする責務を負っているというべきである（このあたりも、対物執行としての強制執行手続との大きな差異であると考えられる）。協議期日制度も、そのような趣旨の延長線上にあるものといえるから、執行機関との連携については積極的に取り組む必要があると考えられる。とくに、家庭裁判所調査官の作成に係る調査報告書は、子の利益という観点に立って、その基礎となる子の監護状況や債権者の養育環境等が具体的に記載されていることが少なくないから、その提供は重要な意味を有する。

（4）　**任意履行の催告および進行協議期日**　条約実施法においては、調査官による履行勧告の制度が設けられており（121条）、国内事案についても同様の制度がある。しかし、これのみでは、任意履行を促す手段としては不十分なように思われる。

　子の引渡しについては、その性格上、当事者間での任意の履行によることが対物執行の場合以上に相当と考えられることは、前述したとおりであるが、これを審判確定後の当事者間の交渉等に委ねてしまうと、実現可能性は確実に減少し、結局のところ、強制執行にならざるを得ないと考えられる。また、引渡しだけでなく、他の手段（面会交流等）による解決が相当な事案であっても、当事者がイニシアティブをとってこのような交渉を行うことは、事実上、かなり困難であると考えられる。このようなことから、任意の履行を催告し、さらに他の手段や手続への架け橋となるものとして、任意引渡しの催告期日制度を設けることを提案したい。[45] 具体的には、①引渡義務者を最寄りの裁判所に呼び出し、②執行官が引

---

45) 不動産等の引渡しまたは明渡しの催告制度（168条の2）にヒントを得たものである。

渡義務者に対し、任意の引渡しを催告し説得する、そのうえで③執行官から、今後予想される引渡しの断行時期について引渡義務者に告知する[46]、という流れが根幹になる。また、期日をいつ開くかについては、債権者の意向等も考慮しつつ、執行官が指定することになるが、間接強制決定後であっても可能とすべきであろうし、むしろ、そのほうが実効性があるのではないかとも考えられる。そして、他の手段や手続への架け橋という観点から、この催告期日には、必要に応じて、引渡事件を担当した家裁調査官が同席または別室で待機することを可能としたり、債務者が任意の引渡しや、面会交流等に積極的に応じる意向を示したような場合は、家裁調査官が執行官から引き継いで、それに適した手続（家事調停や審判申立て等）を案内するなど、適宜アドバイスを行うことを可能にしてはどうかと考える。また、場合によっては、この催告期日で引渡しをすることも可能とすべきとも考えるが、その場合には、債権者の出頭も必要となろう[47]。

また、催告制度の趣旨からすれば、催告期日に正当な理由なく出頭しなかった引渡義務者に対しては、もはや任意の履行は期待できないとして、特段の事情がない限り、ただちに強制執行（直接強制）を可能とすべきではないかと考える。

なお、この催告期日は、あくまで任意履行に向けての説得と将来における引渡執行を予告するという点に目的ないし趣旨があり、当事者間での利害再調整を目的とするものではないから、執行官がそのような調整役としての役割を果たすことは相当ではないと考える。しかしながら、たとえば、当事者からの任意の引渡しや面会交流に関する問い合わせ等に対し手続教示等を行うことは差し支えなく、むしろそのような機能を果たすことは、子をめぐる紛争のソフトランディングを図るためにも必要かつ重要と考えられる。その意味では、ある程度の柔軟性を残しておくことが重要であろう。

（5） 間接強制前置について　　条約実施法においては、子の返還実施にあ

---

46) 断行期日については、具体的な日時まで告知する必要はないと解されるが、任意履行するか否かの決断を早期に促すという見地からは、ある程度の幅はもちつつも、断行予定日を告知するという運用は考えられよう。
47) このあたりの事前調整として、履行勧告（121条1項）などを活用することが考えられよう。

たって、間接強制が必ず前置される。その趣旨は、解放実施という強制的な手続を前提とする代替執行（返還実施）による前に、債務者に対して自発的に義務履行の機会を与え、子に与える心理的負担を小さくすることにあると考えられている[48]。しかし、つとに指摘されているように、間接強制は、資力のある義務者に対しては無力であり、資力のない義務者には過酷執行となること、間接強制に抗しきれずに子を引き渡した場合、義務者としては強制金支払いに耐えかねて子を引き渡したということにもなるが、これは、子の心情に少なからぬ悪影響を及ぼすとも考えられること、条約実施法においては、間接強制の期間は間接強制決定が確定後2週間とかなり短期間であり、どこまで実効性があるかは疑問であること、債務者に自発的な履行の機会を与えることを考えるのであれば、前記催告手続によるほうがより直接的で実効性が高いと考えられることなどからすれば、（条約実施法での間接強制がどの程度実効性があるかの検証次第ではあるが、）少なくとも、条約実施法と同様の形式で間接強制を前置する必要まではないと考える。仮に間接強制を採用するのであれば、単に強制金決定をするだけではなく、前述した任意履行の催告制度などを組み合わせて制度化したほうがより実効性あるものになるのではないだろうか。なお、間接強制を前置した場合でも、任意の引渡しを促進し、それに対する債務者の協力を確保するという見地からは、間接強制決定後に催告期日を開き、そこに債務者が出席して任意の引渡しに応じる意向を示した場合は、すでに出されていた間接強制決定を取り消すことができるといった制度設計にすることも考えられよう[49]。

（6） 直接強制か代替執行か間接強制か　条約実施法においては、返還実施の方法としては代替執行によることとしている。これは、常居所地国に子を返還する義務が、権利者に対して子を引き渡す義務まで包含しておらず、また、義務者が自ら子を当該常居所地国に連れて帰る必要もないことから、代替的作為義務

---

48) 山本・前掲注25) 34頁。
49) 間接強制決定が取り消されれば、その後の強制執行（直接強制）は行われないことになる。もっとも、強制執行の引き延ばしに利用されることがないよう、その真意の確認等については何らかの手当は必要になろう。

であり、その執行方法は代替執行が原則となる、というところから導かれたものと解される。しかしながら、返還実施行為それ自体については代替性を有するとしても、それ以前の解放実施行為を含む一連の執行行為としてとらえるならば、実質的には引渡執行の性格を有するものとも解されるから、代替執行ということで説明しきれるかは、なお疑問が残るように思われる。

　これに対し、国内事案での子の引渡しについては、従来から、親権の一内容としての身上監護権に基づき、これを侵害する者に対する引渡請求権があると解されており、かかる引渡請求権については、親権行使に対する妨害排除請求権と構成する説があり、判例もこれを前提としたものがある[50]。もっとも、親権行使または身上監護権行使に対する妨害の態様は様々であることからすれば、妨害排除請求の具体的内容も多様になると考えられる[51]。たとえば、子に対する虐待や監禁など違法性が高い行為がなされている場合は、引渡しに関する受忍等の不作為だけでは足りず、子の引取りなどの作為が必要とされる場合もあり得るから、とくに執行方法を限定する必要はなく、直接強制についてもこれを排除する必要はないと考えられるし、条約実施法との関係から代替執行という枠組みにとらわれる必要もないと考える[52]。また、平成15年の民事執行法の改正により、間接強制の適用範囲が拡大されたが、このことも、執行方法の多様化を後押しするものとなろう。もっとも、この点の法的枠組みについては、立法の際には、条約実施法での運用実績などをふまえて、なお具体的かつ精密に検討していく必要があろう[53]。

....

50) 最判昭和35・3・15民集14-3-430等。
51) 吉村真幸「直接強制による幼児の引渡執行の可否（札幌地裁決定平成6・7・8）」家月47巻8号（1995）115頁以下。とくに126頁は、親権行使または監護権行使に対する妨害の態様は様々あると考えられ、他人に対する妨害排除請求の内容が、妨害の態様に応じて分かれてくるのは当然ではなかろうかとし、幼児の福祉の観点からみると、手段を限定することなく、事案に即した現実的な解決方法を採る必要があると考えられるとしているが、この点は、私見も同旨である。
52) 引渡請求権の法的性格に関する私見によれば、引渡しを命じる主文の記載と執行方法とは、とくに対応関係に立つものではないと解されるから、本文のように解することも可能であろう。
53) 私見について、前述した学説の中にあえて位置づけるとすれば、様々な執行手段の組み合わせが可能であるという意味において、不作為執行説にある程度近いとはいい得る。

（7） 引渡しの対象となる子の年齢　　国内事案での直接強制の可否をめぐる前述の議論は、直接強制が可能な年齢は何歳かという観点からも議論がされてきた。これにつき条約実施法は、16歳未満の子に限って解放実施および返還実施の対象とする旨を明示している。引渡執行による子に対する心理的影響についての定見がいまだないことや、子の置かれた生活環境や心身の発育度によって個々に異なる影響が考えられることからすれば、国内執行の場合も一律に上限を設けることは適当ではないという考えもあろうが、子の心身発育の一般的な状況を前提とする限り、国内事案においても直接強制可能な年齢上限を16歳とすることについては、特段の問題はないように思われる。

（8） 直接強制の実施方法　　条約実施法においては、返還実施行為の執行については代替執行として整理がされ、その前段階の解放実施行為については直接強制的手段が用いられることを前提として、事前の準備的手続や解放実施における説得といった点が重視されており、また、解放実施行為の具体的方法においても、実力の行使は、例外的かつ必要最小限のものとして位置づけられている。このような解放実施行為に関する基本的枠組みについては、国内事案の直接強制においても等しく妥当すると解すべきであり、今後の立法においても、基本的にはこの方向で明文化することが必要ではないかと考える。[54]

　　　ただ、その前提としての請求権をどのようなものとしてとらえるのか（不作為請求権に尽きると考えてよいか）、その請求権と子の引渡しの執行方法の多様性確保との関係はどのように整理すべきかについては、前記（**1**）で検討したとおりである。なお、この点については、中田・前掲注15）86頁が、不作為債務においては、不作為を命じる債務名義が単純であっても、執行段階でそれを実現する方法は多様であり得ると指摘していることが示唆に富む。また、村上正子「子の引渡請求の強制執行再考のための覚書」筑波法政53号（2012）35頁以下、とくに43頁は、民事執行法173条1項前文により、執行方法の選択について債権者の自由が認められ、物の引渡請求権や代替的作為でも間接強制が認められるようになったことを根拠として、今後検討すべきは、直接強制の可否ではなく、その具体的な方法であり、またいずれかの択一的な執行方法の選択ではなく、その併用または段階的な実施も視野に入れた柔軟かつ実効性のある実現手段のあり方であるとされるが、基本的な方向性においては支持できる。

　54）もっとも、ここで考えなくてはならないのは、前述した執行官による引渡しの催告などが行われていたり、家庭裁判所等による任意引渡しに向けての説得活動等が行われていたのであれば、それによって債務者に対する手続保障は十分にされているといえ、その

ここで問題になるのは、直接強制の執行現場において執行官のとるべきスタンスである。これにつき、家庭裁判所と執行機関との連携ないし一体化という点を強調していくと、執行官が引渡しの執行にあたって、引渡しに向けた説得の域を超えて、何らかの関係調整の役割を果たすことが要請される、という方向性が出てくることも考えられる[55]。しかし、引渡しの強制執行の実行段階でいう連携とは、子の引渡しが命じられた場合に、それを子への心理的影響や関係者の種々の負担を最小限にする形で円滑に実現できるかということに重点を置いたものであり、かかる連携とは、各機関が一定の統一した方向性で行動すべき一種の公法上の義務を権利者、義務者および子に対して負っていることの現れとみるべきである。条約実施法において執行官が負っている義務も、そのような意味での、執行の円滑な実現を図るためのものであると考えられるのであり、この点は、国内執行の場面でもいささかも変わりはないというべきである。

もとより、前記のような執行官の行為が行われていく中で、当事者間で話し合い等の機運ができれば、それを尊重することは相当と考えられよう。しかしそれは、子の引渡しの実現に向けた一連の行為の中で、当事者間において自発的にそうした機運が生まれた場合に限定されるべきであり、それを超えて執行官が話し合いを積極的に慫慂することは、執行官の現場での判断を混乱させたり、その運

ようなことからすれば、解放実施行為に関する条約実施法の枠組みについては、かかる手続保障が十分にされたことを前提に、ある程度緩和することはできないのか、という点である。この点についてはなお検討したいが、実際には、どの程度の働きかけをもって手続保障が充足されたといえるか、執行方法に関する現在の条約実施法の制約をどこまで緩和し得るかの線引きについては難しいところがあるかもしれない。ただ、引渡しの執行にあたって、執行官があまりに及び腰になってしまうことは、権利の実現という観点からは問題である。さしあたっては、強制執行の前段階での手続において、債務者に十分な主張の機会を与えたうえで、最終的に直接強制もやむなしということになれば、条約実施法の規律は前提としつつも、具体的状況に応じてある程度強い働きかけ等を行い、その結果、引渡しが実現したとしても、それは、債務者および子の受忍すべき範囲内のものということができると思われる。

55) 安西明子「子の引渡しをめぐる判断・執行手続―ハーグ条約実施法とその影響」河野正憲先生古稀祝賀『民事手続法の比較法的・歴史的研究』(慈学社出版・2014) 403 頁以下、とくに 419 頁参照。

用次第では家庭裁判所や申立人との間での不信感を招きかねないと思われる。[56]

　このようなことからすれば、執行官は、子の引渡しの執行にあたっては、まずは引渡しの実現に向けた説得その他の行為を行い、さらに引渡しについても、実力行使に関する条約実施法の規律を前提としつつ、自らの職務を的確かつ迅速に行うことが要請されているというべきであろう。

　（9）　執行後の事後措置　　執行終了後は、執行官は執行調書を作成する義務があるが、引渡しが完了した場合、それに至るまでの具体的態様については、その後の親権者や監護者指定に関する家事事件の審理にあたって重要な資料となることから、ある程度詳細に記載することが要請される。また、執行不能に終わった場合でも、不能に至った事実経過や理由について、ある程度詳細に記載しておく必要があると考えられる。たとえば、引渡しの執行の際に、義務者がどのような意向を示していたか、子の様子はどうであったかについて具体的に記載することは、権利者にとっては、次の手段を考える有力な手がかりとなるものであるし、また、家庭裁判所にとっても、離婚あるいは親権者の指定や監護者の指定に関する事件が係属中であれば、その進行にあたっての有力な資料の1つになると考えられるからである。このあたりは、立法による明文化を考えてよいであろう。やや細かい、運用論に属することではあるが、家庭裁判所と執行機関との連携を考えるにあたっては、逸することのできない点であるように思われる。

　また、引渡執行の奏功または不奏功を問わず、それに関連する家事事件が係属中のときには、子の状況に関する調査命令を出して、調査官が監護状況等に関する経過観察を行ったり、場合によっては、子へのアフターケアのために専門家への仲介を行ったり、試行的な面会交流を実現すべく、当事者に働きかけることが[57]

---

56) とくに、任意引渡しの催告を経て強制執行に至っている場合は、なおさらであろうと思われる。債務者に対しては、相応の手続保障がされていると解し得るからである。

57) 菅原・前掲注33) 54頁は、解放実施は子の幸福に至る道筋を目指した重要な変換点ではあるが終結点ではないこと、専門家の関与と両親に対する心理教育を含めた事前・事後の十分なアフターケアによって、解放実施前後のストレス体験からの回復を図ることが必要であるとされる。そして、私見では、家裁調査官も、事実の調査等を通じて、このようなケアの役割を担うべき場面があるように思われる。

考えられてよいであろう。また、運用論に属することではあるが、離婚調停や監護者指定の審判や調停が係属している場合は、子の生活状況に関する調査をふまえて、子の問題に関して優先的に合意形成を行うことも考えてよいであろう。

(10) **人身保護手続との関係**　対人執行手続において子の引渡しが執行不能となった場合、債権者は人身保護法に基づく子の引渡しを求めることができるか。これについては、条約実施法との関係で議論が始まっているようであり、たとえば、条約実施法の返還命令が確定すると、それにより債務者の監護は許されなくなるのではないか、その関係で人身保護規則4条の顕著な違法性が肯定される余地があるのではないかが問題となる。私見では、返還命令確定によって、債務者は子を常居所地国に返還すべき義務を負い、返還後に監護権の所在について終局的に決定するというハーグ条約および条約実施法の基本構造からすれば、返還命令確定後は、債務者は子の監護権を喪失すると解するのが自然であり、それにもかかわらず債務者が監護を継続すれば、その違法性が顕著であると認定する方向に働く有力な要素になることは否定しがたいように思われる。

また、返還命令が出された後に、条約実施法に基づく間接強制等の措置がとられることなく、人身保護法に基づく子の引渡しを求めることができるかという点も、問題になっているようである。これは、人身保護請求の補充性の要件にかかわる問題といえるが、条約実施法が、間接強制前置を採用し、さらに付調停等の柔軟かつ多様な選択肢を強制執行段階でも残していること、これらは、子の引渡しがもたらす子への心理的影響を最小限にしようという配慮の表れと解されること、人身保護手続ではこのような配慮は基本的になし得ないことからすれば、条約実施法に基づく間接強制等の措置がとられていない段階での人身保護請求は補充性の要件を充たさないというべきと思われる。

そして、このような解釈は、対人執行手続においても基本的に妥当するものと解されるが、そもそも、対人執行手続に加えて、人身保護請求の手続を存置させることは果たして適切といえるのか（屋上屋を重ねることにならないか）、対人執

---

58) 永末＝境・前掲注3) 176頁以下。

行手続がいわゆるトンネル手続化してしまうことはないか、人身保護手続の利用を認める方向をとる場合、その必要性がどこにあるのかといった点について、具体的かつ慎重な議論が必要であろう。

V おわりに

　子の引渡しの強制執行をめぐる問題は、人身保護請求が多用された第1期には大きくクローズアップされることはなかったものの、人身保護請求に対する抑制的解釈と家事事件手続による処理が重視された第2期において大きな問題となり、様々な裁判例および学説が出され、実務運用においても様々な動きがみられた。そして、ハーグ条約および条約実施法の施行を契機に、新たな対人執行に関する法的規律を検討する第3期に入ったものと考えられる。この第3期においては、第2期までに蓄積された様々な実務運用およびそれに対する学説を基礎に、対物執行の枠組みとは異なる規律を構築することが要請されているというべきであり、これは、従来の民事執行手続の基本構造（権利判定機関と権利執行機関の分離、執行手続の形式性等）に再検討を促すものとなっていると考えられる。この点につき、本章では、1個の人格ないしその萌芽を有する子に対する強制執行は、単に、その客体が物や権利とは異なるという理解だけにとどまらず、その子の人格に大きな影響を与え得るものだという認識から出発すべきこと、その執行方法の選択と実行において様々な配慮が必要なことはもとより、その前段階である債務名義の作成段階や、執行申立後執行開始までの各段階、そして執行終了後の事後措置に至るまで、家庭裁判所と執行機関とが、子の利益に配慮した適切かつ実効的な解決を図るという共通の認識のもとに行動すべきであること[59]、そのためにも、権

---

59) ここでいう「適切かつ実効的な解決」とは、単に、子の引渡しの強制執行それ自体を円滑かつ迅速に行うということだけを意味するものではない。もとより、権利実現という観点からは、前述のような円滑性や迅速性が重要であることは確かであるが、子の引渡しの強制執行については、そのような点だけではなく、子の利益に適合した解決のあり方（たとえば、引渡しに代えて面会交流の実現を優先させる等）を探ることも、適切か

利判定機関と権利執行機関とを区別するという従来の民事執行法の基本構造を一定程度見直していく必要があるという観点から、今後の立法論について検討したものである。そして、ハーグ条約および条約実施法の諸規定は、このような観点を多く含む立法となっており、今後の対人執行法の立法化にあたっては参考にすべき点が多い。その意味で、ハーグ条約および条約実施法の問題ないし課題は、わが国の子の監護に関する家裁実務および子の引渡しに関する民事執行実務の問題ないし課題であるといってもよい。本章が、そのような幅広い検討のきっかけになれば幸いである。

....

つ実効的な解決につながる場合もあるということである（それゆえにこそ、家庭裁判所と執行機関との連携が重要となる）。条約実施法がそのようなことを予定していることは、これまでの検討で明らかであると思われる。新たな対人執行法の立法にあたっても、このような意味での適切かつ実効的解決をめざすような制度設計にすべきであろう。

事項索引

あ
与える債務 ……………………………………… 36
アンダーテイキング（undertaking）……… 32, 68

え
援助の申請 ……………………………………… 8

お
親子関係の構築 ………………………………… 76

か
外国裁判の承認・執行 ………………………… 69
外国返還援助 …………………………………… 8
外国面会交流援助 ……………………………… 8
解放実施行為 …………………………………… 11
　──と返還実施行為 ………………………… 188
解放実施者 …………………………………… 41, 42
　──の権限 …………………………………… 42
確認審判 ……………………………………… 198
家裁調査官 ………………… 88, 134, 152, 200, 203, 208
家庭裁判所以外の（公的な）支援 ……… 95, 96
家庭裁判所による支援 ………………………… 88
関係変容型 ……………………………………… 77
間接強制 …………………… 11, 22, 26, 27, 31, 90
　　　　　　　 132, 143, 146, 153, 159, 164, 166
間接強制限定説 ……………………………… 184
間接強制説 …………………………………… 180
間接強制前置 ……………… 46, 48, 62, 136, 165
間接面会 ……………………………………… 92

き
起訴（動）責任転換 ………… 154, 161, 166, 168
協議期日制度 ………………………………… 202
強制金決定 …………………………………… 156
強制金取立て ………………………………… 167
記録の閲覧等の制限（面会交流における）…… 56

け
警察上の援助 ………………………………… 51
原則的実施論の台頭 ………………………… 100

こ
公益社団法人家庭問題情報センター（FPIC）
　………………………………………………… 147
交渉あっせん型 ……………………………… 77
子の意向聴取 …………………………… 152, 161
子の意思 ………………………………… 4, 10, 45
子の監護に関する処分 ………………………… 2
子の拒否 …………………………… 146, 150, 163
子のことでの協力 …………………………… 74
子の最善の利益 ……………………………… 6
子の参加 …………………………………… 152
子の引渡事件 ………………………………… 118
　──の進め方 ……………………………… 116
　──の特徴 ………………………………… 114
　──の目的 ………………………………… 112
子の引渡しと強制執行 ……………………… 121
子の引渡しの許否の判断 …………………… 124
子の返還に関する裁判手続 …………………… 9
子の利益 ……………………………………… 4
子への配慮 …………………………………… 72
コンフリクト・エンゲージメント・アプローチ
　………………………………………………… 77

さ
再調停と審判 …………………………… 150, 164
再調停ないし再審判の申立て ………………… 93
債務者の立会い ………………………… 135, 139
債務者のみでなし得ない債務 ………… 159, 165
債務名義の特定（性） ………………… 147, 163

し
試行面会 ……………………………………… 80
事実の調査及び証拠調べ …………………… 82
執行官 ………………………………………… 39
執行方法 …………………………………… 132
　──の移行 ………………………………… 166
　──の選択 ………………………………… 164
授権決定 ………………………………… 38, 139
授権決定手続 ………………………………… 64
出国禁止命令 ………………………………… 10

準備調査期日 ………………………… 176
条件付審判 …………………………… 198
将来のための適当な処分 …………… 133
親権の停止と面会交流 ……………… 84
親権剥奪と面会交流 ………………… 85
進行協議期日 ………………………… 201
人身保護規則4条 …………………… 173
人身保護請求 ………………………… 2, 170
審判事件の進め方 …………………… 81
審判主文 ……………………………… 107
審判の目的 …………………………… 82
審判前の保全処分 …………………… 133
審問期日 ……………………………… 176

す

ステップ方式 ………………………… 77

せ

請求異議事由 ………………………… 157
請求異議訴訟 ………… 150, 153, 164, 168
接触の権利（right of access）……… 5, 20

た

対人執行 ……………………………… 193
代替執行 ……… 11, 36-38, 62, 136, 147, 163, 164, 166
代替執行類似執行 …………………… 41
代替的作為義務 …………… 36, 38, 61, 62
対物執行 ……………………………… 193
単純執行文 …………………………… 137

ち

中央当局 ……………………………… 7
　　――の役割 …………………………… 8
抽象的な作為命令 …………………… 25
調停事件の進め方 …………………… 76
調停条項 ……………………………… 107
調停スタイルの選択と組合せ ……… 78
調停調書 ……………………………… 144
直接強制 ……… 26, 27, 34, 132, 137, 140, 141, 164, 166
　　――の可否 …………………………… 118
直接強制説 ……………………… 180, 185

と

同時存在原則 ………………………… 189
同席調停と別席調停 ………………… 76

トータル方式 ………………………… 77

な

為す債務 ……………………………… 22, 58

に

日本国返還援助 ……………………… 8
日本国面会交流援助 ………………… 8
任意引渡しの催告期日制度 ………… 202

は

ハーグ条約と子の面会交流事件 …… 110

ひ

比較基準説 …………………………… 102
引渡請求権 …………………………… 28
非代替的作為義務 …………………… 22, 28
評価裁断型 …………………………… 77

ふ

不作為義務 …………………………… 94
不作為執行 …………………………… 62
不作為執行説 ………………………… 133, 185
不作為請求権 ………………………… 63

へ

平成15年の民事執行法改正 ………… 164
返還拒否事由 ………………………… 9
返還実施行為 ………………………… 11
返還実施者 …………………… 41, 47, 140
　　――の権限 ……………………… 42, 43, 47
　　――の指定 …………………………… 49
　　――の選任 …………………………… 41
返還実施における執行官の役割 …… 51
返還事由 ……………………………… 9
返還命令の強制執行 ………………… 10
返還命令の主文 ………………… 23, 30, 32

ほ

妨害排除請求 ………………………… 3
補充執行文 …………………………… 167
保全処分 ……………………………… 170

み

ミラー・オーダー（mirror order）… 68

め

面会交流 ································ 11, 142
　──に向けての支援 ·················· 88
　──の障害 ···························· 109
　──の申立て ···························· 55
　──の目的 ································ 83
面会交流援助申請 ························ 66
面会交流権 ································· 6
　──の権利性 ···························· 98
面会交流事件の特徴 ···················· 86

り

履行勧告 ································ 90, 142

判例索引

●大審院
大判大正元・12・19 民録 18-1087 ································· 184
大決昭和 5・7・31 新聞 3152-6 ··································· 184

●最高裁判所
最判昭和 24・1・18 民集 3-1-10 ································· 172
最判昭和 29・12・16 民集 8-12-2169 ····························· 172
最大判昭和 33・5・28 民集 12-8-1224 ························ 171-174
最判昭和 35・3・15 民集 14-3-430 ······················· 3, 181, 205
最判昭和 37・5・24 民集 16-5-1157 ······························· 158
最判昭和 38・9・17 民集 17-8-968 ································ 181
最判昭和 43・7・4 民集 22-7-1441 ····················· 172, 174, 178, 179
最判昭和 59・3・29 家月 37-2-141・判時 1133-72 ············ 174, 175
最決昭和 59・7・6 家月 37-5-35 ························ 98, 101, 104
最判平成 5・10・19 民集 47-8-5099 ············· 2, 4, 118, 119, 177, 179-181
最判平成 6・4・26 民集 48-3-992 ················ 2, 118, 119, 194, 195
最判平成 6・7・8 家月 47-5-43 ····································· 3
最判平成 11・4・26 家月 51-10-109 ································ 3
最判平成 11・5・25 家月 51-10-118 ································ 3
最決平成 12・5・1 民集 54-5-1607 ··············· 2, 98, 101, 104, 142
最決平成 15・3・18 家月 58-4-70 ································· 128
最決平成 17・12・6 家月 58-4-59 ································· 128
最決平成 22・8・4 家月 63-1-97 ···································· 3
最決平成 25・3・28 集民 243-261・裁時 1577-4・判時 2191-46・判タ 1391-126〔41 号事件〕············ 144
最決平成 25・3・28 集民 243-271・裁時 1577-4〔47 号事件〕········ 91, 144
最決平成 25・3・28 民集 67-3-864〔48 号事件〕················· 91, 145

●高等裁判所
広島高松江支判昭和 28・7・3 家月 5-10-33 ······················· 185
東京高決昭和 49・6・19 東高民時報 25-6-108・判時 747-59 ········ 89
大阪高決平成 2・10・31 判タ 746-213 ···························· 176
大阪高決平成 14・1・15 家月 56-2-142 ······················ 143, 153
高松高決平成 14・11・15 家月 55-4-66 ···························· 91
大阪高決平成 15・3・25 家月 56-2-158 ······················ 143, 158
東京高決平成 15・7・15 判タ 1131-228 ····························· 94
東京高決平成 18・8・7 判タ 1268-268 ······························ 91
大阪高決平成 19・6・7 判タ 1276-338 ······················· 143, 146
大阪高決平成 21・6・30 判例集等未登載 ··························· 94
大阪高決平成 22・7・23 家月 63-3-81 ······························ 87
東京高決平成 23・3・23 家月 63-12-92 ······················ 151, 161

東京高決平成 24・1・12 家月 64-8-60 ··· 143, 160
東京高決平成 24・6・6 判時 2152-44・判タ 1383-333 ························ 134, 141, 150, 165
高松高決平成 24・9・24 判例集等未登載 ·· 144
東京高決平成 24・10・5 判タ 1383-330 ································· 133, 139, 141, 142, 153
仙台高決平成 24・10・29 判例集等未登載 ·· 144
札幌高決平成 24・10・30 民集 67-3-884 ·· 146
東京高決平成 25・6・25 家月 65-7-183 ··· 86
東京高決平成 26・3・13 判時 2232-26 ··· 147, 148

● **地方裁判所**
東京地決昭和 47・12・20 判時 709-58 ·· 176
東京地決昭和 63・10・21 家月 41-10-145 ··· 99
東京地判平成 2・11・28 判時 1384-71・判タ 759-250 ······························· 112
神戸地判平成 5・3・22 家月 45-10-50 ·· 178
札幌地決平成 6・7・8 家月 47-4-71 ··································· 137, 181, 183, 184
静岡地浜松支判平成 11・12・21 判時 1713-92 ··· 99
東京地立川支決平成 21・4・28 家月 61-11-80 ··· 138
横浜地判平成 21・7・8 家月 63-3-95 ·· 99

● **家庭裁判所**
東京家審昭和 39・12・14 家月 17-4-55 ·· 142
京都家審昭和 47・9・19 家月 25-7-44 ··· 89
京都家審平成 6・3・31 判時 1545-81 ·· 112
東京家審平成 8・3・28 家月 49-7-80 ·· 137
神戸家決平成 14・8・12 家月 56-2-147 ··· 153, 157
京都家審平成 18・3・31 家月 58-11-62 ·· 109
東京家審平成 18・7・31 家月 59-3-73 ··· 92
さいたま家審平成 19・7・19 家月 60-2-149 ··· 92
岡山家津山支決平成 20・9・18 家月 61-7-69 ·· 143
東京家八王子支審平成 21・1・22 家月 61-11-87 ······································ 94
甲府家決平成 23・10・19 家月 64-8-67 ·· 160
さいたま家川越支審平成 24・4・26 判時 2152-46 ·································· 135
さいたま家川越支審平成 24・5・10 判例集等未登載 ······························· 134
さいたま家久喜出張所決平成 25・10・25 判時 2232-32 ·························· 147
京都家審平成 26・2・4 家庭の法と裁判 2-87 ·· 109
福岡家審平成 26・12・4 判例集等未登載 ·· 94

【著者紹介】

村上正子（むらかみ まさこ）　　序章・第1章
1968年生まれ。上智大学法学部国際関係法学科卒業。一橋大学大学院法学研究科博士後期課程修了。筑波大学人文社会科学研究科（系）准教授を経て、現在、筑波大学人文社会系教授。
『国際民事訴訟法』（共著、弘文堂・2009）、『民事訴訟法（有斐閣ストゥディア）』（共著、有斐閣・2014）、「子の監護をめぐる国際紛争の統一的処理―子の監護に関する審判事件の国際裁判管轄の規律のあり方」慶應法学28号（2014）。

安西明子（あんざい あきこ）　　第3章
1968年生まれ。九州大学法学部卒業。九州大学大学院法学研究科修士課程修了、同博士課程中退。中京大学法学部専任講師、福岡大学法学部助教授、成蹊大学法学部助教授、同教授を経て、現在、上智大学法学部教授。
『民事訴訟法（有斐閣ストゥディア）』（共著、有斐閣・2014）、「宗教団体の内部紛争に関する近時の裁判例検討―争点形成の観点から」梅善夫先生・遠藤賢治先生古稀祝賀『民事手続における法と実践』（成文堂・2014）、「子の引渡をめぐる判断・執行手続」河野正憲先生古稀祝賀『民事手続法の比較法的・歴史的研究』（慈学社出版・2014）。

上原裕之（うえはら ひろゆき）　　第2章
1946年生まれ。慶應義塾大学法学部卒業。東京高裁判事、東京家裁部総括判事、熊本家裁所長、広島高裁部総括判事を経て、現在、静岡大学大学院法務研究科特任教授、弁護士。
『遺産分割〔改訂版〕』（共編著、青林書院・2014）、『家事事件重要判決50選』（共編、立花書房・2012）、「家事調停の理論と手続」北野俊光＝梶村太市編『家事・人事事件の理論と実務〔第2版〕』（民事法研究会・2013）、「調停における『傾聴と説得』」法政研究（九大）79巻3号（2012）。

内田義厚（うちだ よしあつ）　　第4章
1964年生まれ。早稲田大学法学部卒業。東京地裁判事、千葉地・家裁一宮支部判事・同簡裁判事、東京地裁判事・東京簡裁判事を経て、現在、早稲田大学大学院法務研究科教授。
「転抵当と担保権実行」佐藤歳二＝山本和彦＝山野目章夫編『新担保・執行法講座第3巻』（共著、民事法研究会・2010）、「新担保・執行法制と民事執行実務」判例タイムズ1149号（2004）、「プライバシー侵害をめぐる裁判例と問題点」滝澤孝臣編『判例展望民事法Ⅲ』（共著、判例タイムズ社・2009）。

村上正子　筑波大学人文社会系教授
安西明子　上智大学法学部教授
上原裕之　静岡大学大学院法務研究科特任教授・弁護士
内田義厚　早稲田大学大学院法務研究科教授

手続からみた子の引渡し・面会交流

2015（平成27）年10月30日　初版1刷発行

著　者　村上正子・安西明子・上原裕之・内田義厚
発行者　鯉渕　友南
発行所　株式会社　弘文堂　101-0062　東京都千代田区神田駿河台1の7
　　　　　　　　　　　　　TEL03(3294)4801　　振替00120-6-53909
　　　　　　　　　　　　　　　　　　　　　　　http://www.koubundou.co.jp

装　幀　大森裕二
印　刷　大盛印刷
製　本　井上製本所

Ⓒ 2015 Masako Murakami, Akiko Anzai,
　　Hiroyuki Uehara & Yoshiatsu Uchida. Printed in Japan.

[JCOPY]　〈(社)出版者著作権管理機構　委託出版物〉
本書の無断複写は著作権法上での例外を除き禁じられています。複写される場合は、そのつど事前に、出版者著作権管理機構（電話 03-3513-6969、FAX 03-3513-6979、e-mail : info@jcopy.or.jp）の許諾を得てください。
また、本書を代行業者等の第三者に依頼してスキャンやデジタル化することは、たとえ個人や家庭内での利用であっても一切認められておりません。

ISBN978-4-335-35651-3

―――― 条解シリーズ ――――

条解民事訴訟法〔第2版〕　　兼子一=原著　松浦馨・新堂幸司・竹下守夫・
　　　　　　　　　　　　　　高橋宏志・加藤新太郎・上原敏夫・高田裕成

条解民事再生法〔第3版〕　　園尾隆司・小林秀之=編

条解会社更生法〔上・中・下〕　兼子一=監修　三ケ月章・竹下守夫・霜島
　　　　　　　　　　　　　　甲一・前田庸・田村諄之輔・青山善充=著
　　　　　　　　　　　　　　　　　　　　　　　　　　（品切れ）

条解破産法〔第2版〕　　　　伊藤眞・岡正晶・田原睦夫・林道晴・
　　　　　　　　　　　　　　松下淳一・森宏司=著

条解不動産登記法　　　　　七戸克彦=監修
　　　　　　　　　　　　　　日本司法書士会連合会・
　　　　　　　　　　　　　　日本土地家屋調査士会連合会=編

条解消費者三法　　　　　　後藤巻則・齋藤雅弘・池本誠司=著
　消費者契約法・特定商取引法・
　割賦販売法

条解弁護士法〔第4版〕　　　日本弁護士連合会調査室=編著

条解刑法〔第3版〕　　　　　前田雅英=編集代表　松本時夫・池田修・
　　　　　　　　　　　　　　渡邉一弘・大谷直人・河村博=編

条解刑事訴訟法〔第4版〕　　松尾浩也=監修　松本時夫・土本武司・
　　　　　　　　　　　　　　池田修・酒巻匡=編集代表

条解行政手続法　　　　　　塩野宏・高木光=著　　（品切れ）

条解行政事件訴訟法〔第4版〕　南博方=原編著
　　　　　　　　　　　　　　高橋滋・市村陽典・山本隆司=編

条解行政情報関連三法　　　高橋滋・斎藤誠・藤井昭夫=編著
　公文書管理法・行政機関情報公開法・
　行政機関個人情報保護法

条解独占禁止法　　　　　　村上政博=編集代表　内田晴康・石田英遠・
　　　　　　　　　　　　　　川合弘造・渡邉恵理子=編

条解精神保健法　　　　　　大谷實=編集代表
　　　　　　　　　　　　　　古田佑紀・町野朔・原敏弘=編　（品切れ）

―――― 弘　文　堂 ――――

＊2015年10月現在